기초에서 응용까지
대화형 GPT
(생성 AI)

강건욱 지음
한영석 감수

지식의 숲
FOREST OF KNOWLEDGE

목차

CONTENTS

제1부 인공지능 (AI)

1. 개요		
	1.1 인공지능(AI, Artificial Intelligence)	012
	1.2 자연지능(NI, Natural Intelligence)	014
	1.3 혼합지능(MI, Mixed Intelligence)	015
	1.4 인공지능의 주요특징 및 활용	017
	1.5 인공지능 관련 용어	019

2. 역사
- 2.1 시대별(Timeline) 역사 — 021
- 2.2 도식적(Timeline) 역사 — 024

3. 분류
- 3.1 인공지능의 분류(일반) — 028
- 3.2 인공지능의 분류(기타) — 032
- 3.3 인공일반지능(AGI) — 033
  - 3.3.1 AGI의 특징 — 033
  - 3.3.2 AGI의 제한사항 및 우려사항 — 034

4. 미래
- 4.1 인공지능 미래의 부정적인 측면 — 038
- 4.2 인공지능 미래의 긍정적인 측면 — 039
- 4.3 2050년을 향한 AI 기술진보 — 040
- • 제1부 연습문제 — 044

제2부 대화형 GPT (생성 AI) 사용법

1. 개요
- 1.1 기본개념과 Timeline — 054
- 1.2 대화형 GPT의 주요기능 및 특징 — 066
- 1.3 대화형 GPT의 종류별 특징 — 068
- 1.4 생성 AI 관련 용어 — 075

2. 대화형 GPT 시작하기
- 2.1 계정만들기 — 080
- 2.2 대화형 GPT(챗GPT) 둘러보기 — 086
- 2.3 프롬프트(Prompt, 명령어) 개요 — 088
- 2.4 프롬프트의 개념도 — 090

	2.5 프롬프트의 흐름도	091
	2.6 효과적인 프롬프트 5계명	092
3. 대화형 GPT 생각하기	3.1 대화형 GPT의 한계	95
	3.2 대화형 GPT의 인증	96
	3.3 대화형 GPT의 표준화	97
	3.4 대화형 GPT의 윤리 5계명	99
	3.5 대화형 GPT의 미래	100
	• 제2부 연습문제	104

제3부 대화형 GPT (생성 AI) 적용 및 실전

1. 대화형 GPT 적용하기	1.1 일상생활	116
	1.1.1 요리 레시피	117
	1.1.2 의료	122
	1.1.3 교육	126
	1.1.4 기타활용	130
	1.2 사무업무	141
	1.2.1 파워포인트제작	142
	1.2.2 엑셀활용	151
	1.2.3 워드파일변환	158
	1.2.4 인사관리	159
	1.2.5 회계처리	163
	1.2.6 마케팅	171
	1.2.7 법률자문	174
	1.3 문화예술컨텐츠	178
	1.3.1 이미지생성	179
	1.3.2 AI인물 만들어보기	195
	1.3.3 음악만들기	203
	1.3.4 영상제작하기	210
	1.3.5 웹사이트 제작하기	218
	1.3.6 문학작품쓰기	226

목 차

CONTENTS

	1.4 프로그래밍	229
	1.4.1 Arduino(아두이노) 코드	231
	1.4.2 MatLab(매트랩) 코드	233
	1.4.3 OpenGL 설계 코드	237
	1.4.4 Python(파이썬) 활용하기	241
	1.5 논문 및 보고서 작성하기	262
	1.5.1 논문	262
	1.5.2 보고서	266
	• 1장 연습문제	272
2. 실전문제	2.1 일상생활	278
	2.2 사무업무	279
	2.3 문화예술컨텐츠	280
	2.4 프로그래밍	282
	2.5 논문 및 보고서 작성하기	282
	• 2장 연습문제(기출문제 포함)	284
	1. 협업형생성AI 대화형 GPT 경진대회	294
	2. 대화형 GPT(생성 AI) 전문가 자격증	296
	3. 대화형 GPT(생성 AI) 교육프로그램	300

부록

지은이의 글

안녕하세요.

2023년 대화형 GPT의 등장으로, 인간과 AI의 협업과 공존의 혁신적인 시대가 열렸습니다.

인공지능(AI)과 대화형 GPT(생성 AI) 기술은 우리의 일상생활과 업무에 혁명적인 변화를 가져왔으며, 지금 우리는 이러한 변화의 중심에 서 있습니다.

이 책은 인공지능의 개요와 대화형 GPT의 사용법과 활용을 통해 이 혁신을 탐구하고자 합니다.

제1부 인공지능에서는 인공지능의 개요와 역사, 분류, 그리고 미래에 대한 이야기를 나눕니다. 우리가 이 기술을 어떻게 이해하고 미래를 준비하느냐는 중요한 고민입니다.

제2~3부 대화형 GPT(생성 AI) 사용법, 적용 및 실전은 이 책의 핵심입니다. 이 부분에서는 대화형 GPT의 기본 개념, 다양한 활용 분야, 그리고 실전문제에 대한 접근법을 다룹니다. 이 부분은 대화형 GPT를 어떻게 활용하고 일상과 업무에 적용할 수 있는지에 대한 실용적인 가이드를 제공합니다.

이 책을 통해, 우리는 기술의 한계와 윤리적 책임을 고려하면서 대화형 GPT를 활용하는 방법을 배울 것입니다. 더 나아가, 우리는 대화형 GPT의 미래를 생각하며 이 기술이 우리 사회와 문화에 미치는 영향에 대한 논의를 진행할 것입니다.

이 책은 대화형 GPT를 다루는 첫걸음이자, 더 나아가기 위한 발판입니다. 이 기술을 이해하고 활용함으로써, 우리는 미래를 더 나은 방향으로 이끌 수 있을 것입니다.

감사합니다.

2023년 11월 1일
저자 **강건욱**

PREFACE

감수의 글

생성AI 기술의 시대가 열렸습니다.

빠르게 전개되는 AI기술의 진화에 맞추어 또 한편에서는 사회와 개인이 AI기술에 기반한 창작과 협업의 방식을 선택해야하는 시점이 되었습니다. AI와 어떻게 살아가야 할지에 대한 다양한 관점에 논쟁의 여지가 있으나 확실한 점은 AI라는 알고리듬적 인격체와 협력하여 살아가야 한다는 것입니다. AI는 사용하는 도구에서, 대화하는 대상으로 진화하였으며, 우리는 도구를 다루는 요령을 숙지하거나, 지식을 직접 발굴하는 대신에 대화하고 내용을 판단하는 능력을 갖춰야 합니다.

본 도서 "대화형 GPT(생성 AI) 사용법 및 활용"은 현대 기술의 중요한 부분을 열기 위한 필수 자료입니다. 저자와 편집자는 기술의 현재와 미래를 함께 고민하고자 노력했으며, 이 책은 그 노력의 결과물로서, AI와의 대화를 기술적인 장르로 정착시키기 위한 체계를 담고 있습니다.

제1부 인공지능에서, 인공지능의 역사와 분류, 그리고 미래에 대한 논의는 기술에 대한 완전한 이해를 돕습니다. 이 부분은 기술에 대한 지식을 갖추지 않은 독자들에게는 필수적인 기반을 제공하며, 이미 기술에 익숙한 독자들에게는 더 깊이있는 통찰을 제공합니다.

제2부와 3부 대화형 GPT(생성 AI) 사용법 및 활용은 이 책의 핵심입니다. 이 부분에서는 대화형 GPT의 다양한 기능과 실제 활용법을 설명하며, 다양한 분야에서의 응용사례를 소개합니다. 특히, 실전문제와 연습문제를 통해 독자들이 학습을 심도 있게 할 수 있도록 구성되어 있습니다.

책의 마지막 부록에 소개된 협업형 생성AI 대화형GPT 경진대회, 대화형GPT 전문가 자격증에 도전하셔서 더 높은 기술적 협업을 느껴 보시길 바랍니다.

이 책은 기술과 혁신에 관심이 있는 모든 분야의 독자에게 강력히 권장되며, 미래의 독자들이 놀라운 기술 세계를 탐구하는 첫걸음이 될 것입니다. 저자와 편집자에게 이 뛰어난 자료를 제공해 준 데 대한 감사의 말씀을 전합니다.

2023년 10월 26일

감수 **한 영 석**

PREFACE

추천의 글

'사람처럼 생각하는 기계'는 인류의 오랜 꿈이었습니다.

인터넷과 스마트폰이 인류의 생활양식을 바꾸어 놓은지 20년 이상 흘렀고, 스마트폰과 AI기술이 우리삶 속에 스며든지 10여년이 되었습니다.

인터넷혁명, 스마트폰혁명에 이어 생성AI 대화형 GPT는 제3의 물결이 될 수 있으며, 기계가 인간의 지능을 넘어서는 특이점(Singularity) 이후를 제4의 물결로 정의할 수도 있습니다.

인류 역사상 모든 기술의 발전은 편리함과 악영향의 긍정과 부정의 양면성을 가지고 발전해 왔습니다. 1956년 미국 다트머스대학교에서 AI(인공지능) 신조어가 나온 이후, 몇 번의 전성기와 빙하기를 거치면서 최근에 생성AI 기술의 시대가 열렸습니다.

2014년 세계적 물리학자 스티븐 호킹 박사는 'AI 발전이 온 인류의 멸망을 초래할 수 있다'고 경고했고, Open AI의 창업 멤버였던 일론 머스크는 '쳇GPT를 거짓말과 편견의 제조기라는 비판과 함께 AI는 핵폭탄보다 더 위험할 수 있다'고 언급하며, AI 개발 속도 조절과 윤리, 규제의 필요성을 강조했습니다. 생성 AI의 핵심인 딥러닝 기술을 개발한 캐나다 토론토대학교 제프리 힌튼 교수는 2023년 5월 구글 부사장직 사표를 내면서 「뉴욕타임스」와의 인터뷰에서 '나의 일생을 후회하며, AI 기술을 제어할 방법을 찾아야 한다. AI 시스템이 자체적으로 코드를 생성해 실행하도록 허용되면 킬러로봇도 현실화될 수 있다'고 AI 위험성을 경고하였습니다. 세계 석학들 또한 기계가 인류를 지배하는 날이 곧 올 것이라는 토론 등 부정적 측면이 지배적입니다.

따라서 빠르게 진화하는 AI와 인간의 선순환적 관계를 형성하기 위해서는 AI 활용에 따른 법적, 윤리적, 사회적 문제와 관련된 규제(Regulation)가 필수적이며, 수년내 등장할 것으로 예견되고 있는 AGI(Artificial General Intelligence, 범용 인공지능)시대를 대비하여, 인간 중심의 기술사회, 인간과 협업하며 공존하는 AI와 함께 지속가능한 사회를 구현해야 합니다.

본 도서 "대화형 GPT(생성 AI)"는 현대 기술 혁명의 정점에서 우리에게 주어진 필수 도구와 지식을 제시하는 혁신적인 책입니다. 이 도서는 혁신의 중심에 서 있는 대화형 GPT를 소개하며, 어떻게 실무에 활용하는지를 상세하게 다루고 있습니다.

인공지능의 개요와 대화형 GPT의 사용법과 활용에 대한 이 책은 기술과 인간의 상호작용에 대한 통찰을 제공합니다. 기초부터 활용에 이르기까지 모든 측면을 다루며, 일상 생활, 사무 업무, 문화 예술, 프로그래밍, 논문 및 보고서 작성과 같은 다양한 분야에서 어떻게 대화형 GPT를 활용할 수 있는지에 대한 통찰을 제공합니다.

이 책은 단순히 기술에 대한 사용법을 가르치는 것을 넘어, 기술의 한계와 윤리적 측면을 생각하고 미래를 예측하는 데 도움을 줍니다. 또한, 실전문제와 연습문제를 통해 독자들이 직접 경험하고 학습할 수 있도록 합니다.

이 책을 통해 대화형 GPT와 같은 현대 기술을 보다 깊이 이해하고, 그것을 통해 새로운 가능성을 탐구할 수 있을 것입니다. 대화형 GPT의 미래를 모색하며, 이 기술이 우리의 세상을 어떻게 형성하는지에 대한 흥미로운 여정을 시작해보세요.

이 책은 기술 열풍과 혁신에 관심 있는 모든 독자들에게 강력히 권장하며, 이 도서가 생성 AI 기술을 사회전반에 적용하는 실용적 문화를 선도적으로 이끌어가는 중추적 시작점이 되기를 기대합니다.

여러분 모두가 행복하고 건강한 삶이 되시길 소망합니다.

감사합니다.

2023년 10월 11일
CoGAI Interactive GPT 경진대회 대회장
(사)국제문화기술진흥원 원장
추천 **강 정 진**

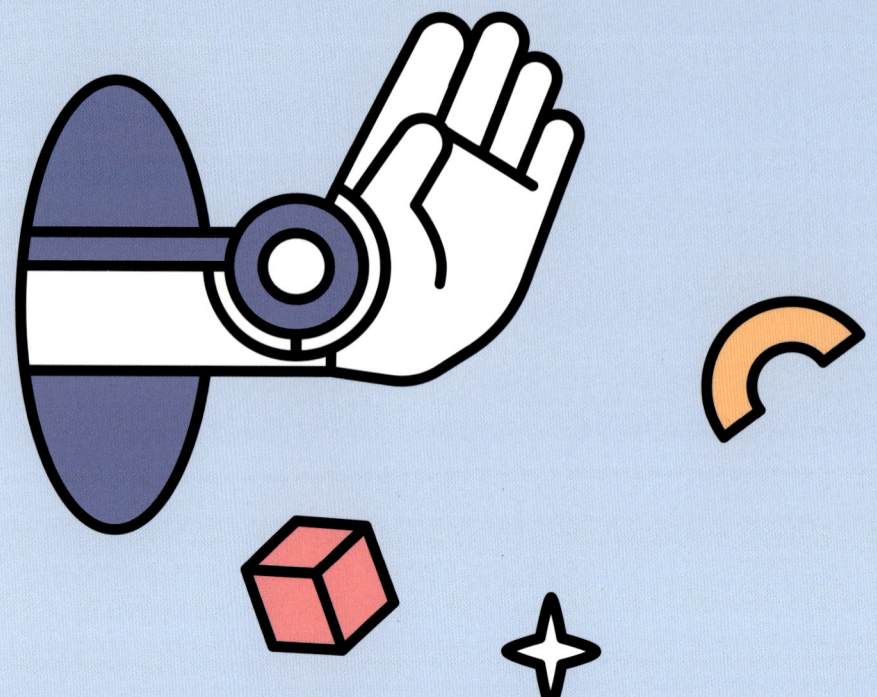

제1부

인공지능 (AI)

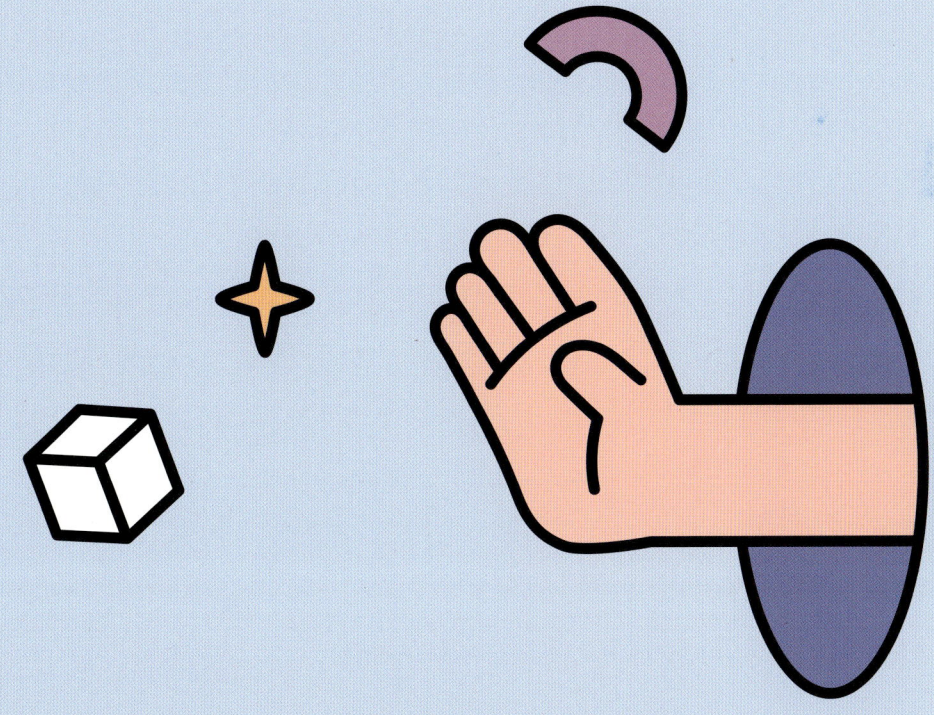

개요

1.1 인공지능(AI, Artificial Intelligence)

- 1956년 다트머스 컨퍼런스(Dartmouth Conference)에서 처음으로 제안
- 컴퓨터가 학습하고 생각하여 스스로 판단할 수 있도록 만드는 기술
- 컴퓨터가 인간의 지능적인 작업을 수행할 수 있는 능력을 가지는 기술 또는 분야
- 인간 뇌 구조를 닮은 '인공신경망'을 만들면서 시작
- 인공지능 분야는 컴퓨터 공학, 뇌과학, 유전학, 심리학, 사회문화적 학문들과도 포괄적으로 관계
- 인공지능에서 학습이 핵심 문제였기 때문에 기계가 학습하는 기법 개발
- 그림1.1은 머신러닝(Machine Learning)과 딥러닝(Deep Learning)의 범위이다.

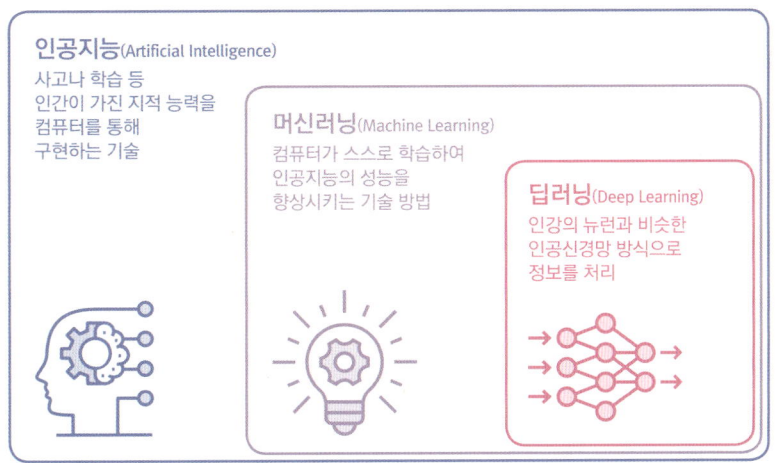

그림1.1 머신러닝과 딥러닝의 범위

▶ 인공지능의 관점을 분류하는 방법은 다양하나, 어떤 분류 기준을 선택하느냐는 연구자의 관점에 따라 달라질 수 있다. 표1.1은 인공지능의 특성과 목적을 다양한 관점에서 살펴볼 수 있으며, 인공지능의 발전과정을 반영하여, 인공지능의 범위를 포괄적으로 정의할 수 있다는 장점이 있다.

표1.1 인공지능의 관점별 개념

관점	특징	목적	대표적인 기술
인지적 관점	인간의 인지 능력을 모방	인간처럼 사고하고, 학습하고, 행동하는 시스템	자연어 처리, 컴퓨터 비전, 로봇
기계학습 관점	데이터를 학습하여 새로운 패턴을 인식	데이터를 학습하여 스스로 문제를 해결하는 시스템	머신 러닝, 딥 러닝
정보처리 관점	정보의 입력, 처리, 출력을 수행	정보의 입력과 출력을 효율적으로 수행하는 시스템	인공신경망, 퍼셉트론
시스템 관점	인간과 상호 작용하고, 환경에 적응	인간과 자연스럽게 소통하고, 환경에 적응하는 시스템	챗봇, 자율주행차
사회적 관점	인간과 함께 공존하고, 사회에 기여	인간과 공존하며, 사회의 문제를 해결하는 시스템	의료 인공지능, 교육 인공지능

1.2 자연지능(NI, Natural Intelligence)

- 인간의 지능, 오직 인간만 가지고 있는 고유의 성질로서, 생물이 가진 지능적인 능력
- 생물체가 태어나거나 자연적으로 발달함에 따라 보유하는 지능
- 무언가를 이해하고 배우는 능력, 인간의 두뇌와 관련된 다양한 인지 능력
- 본능적으로 행동하는 것이 아니라 생각하고 이해함으로써 행동으로 옮기는 능력
- 사물을 인식하고 이해하는 능력, 언어를 사용하여 의사소통하고 이해하는 능력, 문제 해결과 추론을 수행하는 능력, 추상적인 사고와 창의성을 발휘하는 능력 등
- 감정을 인식하고 표현하는 능력, 사회적 상호작용과 사회적 지각 등
- 생물이 진화와 학습을 통해 개발하고 발전시키는 지능
- 인간은 출생 후 경험을 통해 학습하며, 지식과 기술을 습득하여 문제를 해결하고 새로운 상황에 적응 가능
- 우리가 일상 생활에서 인지하고 활용하는 다양한 능력을 포함하고 있으며, 인간의 생존과 사회적 상호작용에 필수적

- 인간 뇌 구조는 크게 뉴런세포(정보의 전달과 처리)와 시냅스(신호의 전달)로 구성
- 인공 뇌 구조 연구는 포괄적 학문(컴퓨터 공학, 뇌과학, 유전학, 심리학 등)의 융합을 통하여, 인간 뇌 구조를 닮은 인공신경망 개발 및 학습 필요
- 그림1.2는 인간뇌 구조와 인공지능 학문 간의 융합을 나타낸 그림이다.

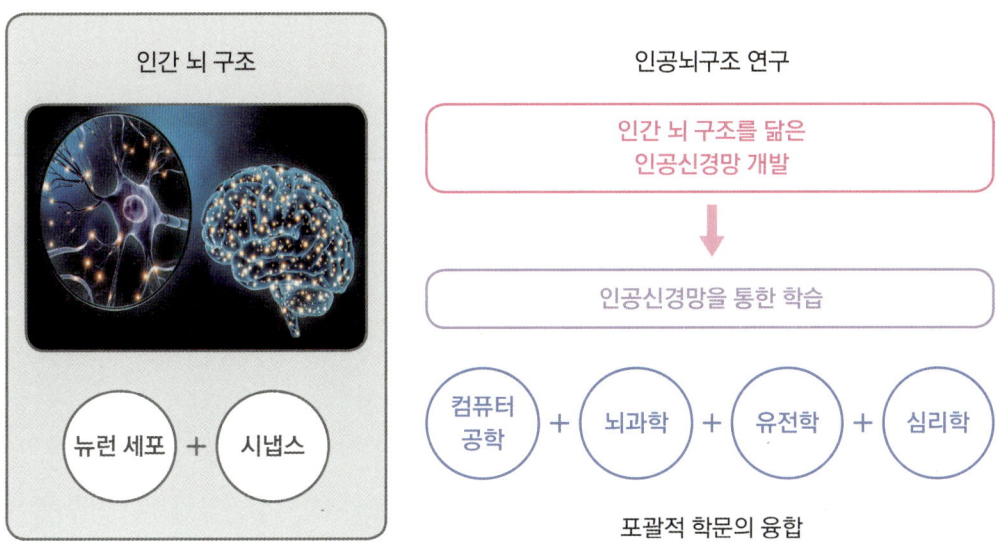

그림1.2 인간 뇌 구조와 인공지능 학문 간의 융합

1.3 혼합지능(MI, Mixed Intelligence)

- ▶ 자연지능(NI, Natural Intelligence)과 인공지능(AI, Artificial Intelligence)의 혼합
- ▶ 인간의 지능과 기계의 지능이 상호보완적으로 협력하여 문제를 해결하고, 더 나은 목표를 달성하는 데 사용
- ▶ 자연어 처리를 통해 인간과 컴퓨터가 원활하게 의사소통하고 정보를 공유하며, 기계 학습과 패턴 인식을 통해 인간의 결정을 지원하고 예측하는 등의 방식으로 혼합지능 구현
- ▶ 다양한 분야에서 응용 : 의료 분야에서는 의료 전문가의 지식과 인공지능 알고리즘의 분석 능력을 결합하여 진단과 치료에 관한 의사 결정을 지원, 제조업에서는 작업자의 노하우와 로봇의 정밀한 작업 능력을 결합하여 생산 과정을 향상

- 인간의 인식과 판단 능력을 존중하면서도 기계의 효율성과 정확성을 활용하는 방향으로 발전
- 인간과 기계가 상호보완적으로 협력하여 미래의 다양한 도전과제를 해결하는 데 기여할 것으로 기대
- 실예로서, NFT(Non-Fungible Token)는 블록체인(BlockChain) 기술과 결합하여 혼합지능 환경에서 많이 사용되는 예 중 하나이다. NFT는 고유하고 대체 불가능한 디지털 자산을 나타내는 토큰이며, 이러한 자산은 블록체인 기술을 기반으로 하며, 각각의 NFT는 고유한 식별자를 가지며 중복되거나 대체할 수 없다. 이러한 특성으로 인해, 디지털 아트워크, 가상 토지, 게임 아이템, 음악, 비디오 클립 등의 디지털 콘텐츠를 고유하게 소유하고 거래할 수 있다.
- 그림1.3은 NI 화가 "두민"과 AI 화가 "이메진 AI"가 협업한 MI 화가의 실예이다. "MI 화가"용어는 2020년 11월 서울대미술관 ACP보고서에서 'Kang Jeong Jin'이 처음 사용한 단어를 인용한다.

NI 화가 "두민", AI 화가 "이메진 AI"가 협업한 작품
'Commune(공동체) with...'

- 두민이 서양화 기법으로 수면 위 독도를 그렸고, 이메진 AI가 동양화 기법으로 수면 아래 독도를 표현
- "피카소를 만원에 사는 유일한 방법"이라는 재미있는 슬로건을 내건 미술투자사이트 아트투게더. 주식처럼 미술품에 대한 지분을 산다. (그래서 구매단위가 "1점"이 아닌 "1주"이다.)

https://youtu.be/qeOqkzlr-nY
(작품기획에서 작업까지 동영상)

그림1.3 MI 화가의 실예

1.4 인공지능의 주요특징 및 활용

▶ 인공지능(AI)은 다음과 같은 주요특징을 가지고 있다.

> 1. **학습 능력:** 인공지능은 데이터를 기반으로 학습하고, 새로운 정보나 경험을 통해 지식을 향상시킬 수 있다. 이러한 학습은 지도학습, 비지도학습, 강화학습, 준지도학습 등 다양한 방식으로 이루어질 수 있다.
> 2. **추론과 결정 능력:** 인공지능은 주어진 정보나 상황을 분석하고, 문제를 해결하며 의사 결정을 내릴 수 있는 능력을 갖추고 있다. 이러한 능력은 패턴 인식, 추론, 추천 시스템 등을 통해 나타난다.
> 3. **자연어 처리:** 인공지능은 인간의 언어를 이해하고 생성할 수 있는 능력을 가질 수 있으며, 이를 통해 자동 번역, 텍스트 분석, 음성 인식, 대화형 시스템 등이 가능하다.
> 4. **기계 시각:** 인공지능은 이미지나 비디오를 처리하고 해석하는 능력을 가질 수 있으며, 컴퓨터 비전 기술을 활용하여 객체 탐지, 얼굴 인식, 이미지 분류 등을 수행한다.
> 5. **범용성 :** AI의 잠재력과 가능성을 보여주는 특징으로, 다양한 분야에 적용할 수 있는 능력이다. 이를 통해 사회 전반에 걸쳐 혁신을 가져올 수 있다.

▶ 이러한 특징을 바탕으로, 다음과 같이, AI는 다양한 분야에서 활용되고 있으며, 인간의 능력을 확장하고 문제 해결을 지원하는 데 큰 역할을 하고 있다.

> 1. **자율 주행 자동차:** 인공지능은 자동차에 탑재되어 도로 상황을 인식하고 운전을 자동화하는데 사용된다.
> 2. **의료 진단 및 헬스케어:** 의료 영상 분석, 질병 예측, 환자 모니터링 등에 인공지능을 활용하여 의료 분야에서 정확성을 높인다.

3. **금융 분야**: 금융 예측, 거래 감시, 사기 탐지 등 금융 서비스에 AI를 적용하여 효율성을 높이고 위험을 관리한다.
4. **로봇 공학**: 로봇 제어와 협력 로봇 분야에서 인공지능은 로봇의 자율성과 작업 능력을 향상시킨다.
5. **자연어 처리와 대화형 인터페이스**: 가상 비서, 음성 검색, 챗봇 등에서 인공지능은 사용자와 자연스러운 대화를 가능하게 한다.
6. **게임 개발**: 게임 캐릭터의 행동과 상호 작용을 개선하고 게임 환경을 최적화하기 위해 AI가 사용된다.
7. **예술과 창작**: AI는 음악, 예술, 문학 등 다양한 창작 분야에서 창작을 지원하고 새로운 형태의 예술 작품을 생성한다.
8. **비즈니스 분석**: 데이터 마이닝과 머신 러닝을 사용하여 비즈니스에서 트렌드 파악, 예측 분석, 마케팅 전략 개선 등에 활용된다.

1.5 인공지능 관련 용어

▶ 표1.2는 인공지능 분야에서 자주 사용되는 용어와 의미를 포함하고 있다.

표1.2 인공지능 관련 용어

용어	의미
인공지능 (Artificial Intelligence)	컴퓨터 시스템이 인간의 지능적인 작업을 모방하거나 수행하는 기술 또는 분야
머신러닝(기계학습) (ML: Machine Learning)	컴퓨터 시스템이 스스로 학습하여(데이터 학습, 패턴 인식) 인공지능의 성능을 향상시키는 기술
딥러닝(심층학습) (DL: Deep Learning)	인공 신경망을 사용하여 데이터를 학습하고 처리하는 기술
딥러닝 프레임워크 (Deep Learning Framework)	딥러닝 모델 개발과 학습을 지원하는 소프트웨어 도구 (예: TensorFlow, PyTorch)
신경망 (Neural Network)	생물학적 신경망과 인공 신경망을 모두 포함한 의미로, 신경세포(뉴런)들이 복잡하게 연결되어 정보를 처리하는 시스템
CNN (Convolutional Neural Networks)	이미지 및 비디오 인식 작업에 일반적으로 사용되는 일종의 신경망
RNN (Recurrent Neural Networks)	언어 생성 및 음성 인식과 같은 시퀀스 모델링 작업에 일반적으로 사용되는 일종의 신경망
데이터 마이닝 (Data Mining)	대규모 데이터에서 유용한 정보와 패턴을 추출하는 과정
스마트 계약 (Smart Contract)	블록체인에서 실행 가능한 계약으로, 조건 충족시 자동 작동
자연어처리 (NLP: Natural Language Processing)	컴퓨터가 인간의 언어를 이해하고 처리하는 기술로, 텍스트 분석, 번역, 요약 등에 사용
BERT(변환기로부터 양방향 인코더 표현) (Bidirectional Encoder Representations from Transformers)	Google에서 개발한 사전 훈련된 변환기 기반 신경망으로 질의 응답 및 언어 번역과 같은 자연어 처리 작업에 널리 사용

GPT(생성 사전학습 변환기) (Generative Pre-trained Transformer)	언어 모델링 및 텍스트 생성 직업에 널리 사용되는 OpenAI에서 개발한 변환기 기반 신경망
강화학습 (RL : Reinforcement Learning)	시행착오를 통해 기계를 훈련하고 긍정적 결과는 보상, 부정적 결과는 처벌하는 ML 유형
지도학습 (Supervised Learning)	입력과 출력 데이터를 사용하여 모델을 학습시키는 ML 유형
비지도학습 (Unsupervised Learning)	분류 또는 레이블이 지정되지 않은, 정답없이 데이터의 패턴과 구조를 기계가 학습하는 ML 유형
전이학습 (Transfer Learning)	하나의 작업에서 학습한 지식을 사용하여 다르지만 관련된 작업을 해결하는 것과 관련된 ML 기술
설명 가능한 AI (XAI : Explainable AI)	인간에게 의사 결정 프로세스를 설명할 수 있는 시스템 개발에 중점을 둔 AI 분야
인공 일반 지능 (AGI: Artificial General Intelligence)	모든 종류의 지능적 작업을 수행할 수 있는 범용 인공 지능
로보틱스 (Robotics)	자율적으로 또는 사람 안내에 따라 물리적 작업을 수행할 수 있는 기계를 설계 및 구축하는 AI 분야
컴퓨터 비젼 (Computer Vision)	컴퓨터 시스템이 이미지나 비디오 데이터를 분석아여 정보를 추출하는 기술
모델 (Model)	학습된 알고리즘으로, 데이터를 기반으로 예측하거나 결정을 내리는 시스템
하이퍼파라미터 (Hyperparameter)	모델 학습 전에 설정하는 변수로, 성능에 큰 영향을 미치는 매개변수
알고리즘 (Algorithm)	문제를 해결하기 위해 설계된 단계적 절차
추상 머신 (Abstract Machine)	복잡한 시스템이나 컴퓨팅 과정을 단순화한 이론적 분석이나 알고리즘 설계 모델

역사

2.1 시대별(Timeline) 역사

▶ 인공지능의 발전과정을 시대별(Timeline)으로 정리하면, 다음과 같이 기원 전과 기원 후 1950년대 이후로 정리된다.

1. **기원 전:** 고대 그리스 철학자들은 기계적 사고와 지능을 논의하기 시작
2. **1950년대(AI의 탄생):** 1956년 앨런 튜링(Alan Turing)은 컴퓨터를 사용하여 지능적인 작업을 수행하는 개념 제안. 존 매카시, 마빈 민스키 등이 초창기 AI 연구를 주도하며 첫 번째 AI 프로그램 개발
3. **1960년대:** AI 분야가 컴퓨터 과학과 심리학의 영향을 받아 급속히 성장. LISP 프로그래밍 언어 등 AI에 특화된 도구와 언어 개발
4. **1970년대(AI 겨울):** 초기에 높은 기대와 실망에 따라 AI 연구가 침체기에 접어들고, 전문가 시스템과 제한된 범위의 문제 해결을 위한 AI 애플리케이션 등장

5. **1980년대(다시 부상)**: 전문가 시스템과 신경망 기반 AI 모델 등이 개발되며, AI 분야가 다시 활기를 띈다.
6. **1990년대(머신 러닝)**: 머신 러닝 알고리즘과 신경망 기술이 발전하며 AI의 새로운 물결이 시작
7. **2000년대(딥러닝)**: 빅 데이터와 클라우드 컴퓨팅의 발전으로 AI 연구와 응용이 더욱 확장되고, 딥 러닝과 심층 신경망 부상으로 이미지 분류, 음성 인식, 자연어 처리 분야에서 큰 발전을 이룬다.
8. **2010년대(딥러닝의 확산)**: 인공 신경망 기반의 딥러닝 모델이 대규모 데이터셋에서 효과적으로 작동하여 많은 분야에서 적용되고, 자율 주행 자동차, 의료 진단, 언어 번역 등 다양한 AI 응용 프로그램 등장
9. **2020년대 이후(AI의 확대적인 사용)**: 자율 주행, 산업용 로봇, 인공지능 보안 시스템, 의료 진단 등 다양한 분야에서 AI의 적용이 계속 확대되고 있다. 특별히 2023년부터 상용서비스를 시작한 대화형 GPT(생성 AI)에 의해 사회 전분야에 AI 응용이 확산되고 있으며, AI의 윤리적인 고려사항과 안전 문제에 대한 논의와 연구가 더욱 중요해지고 있다

▶ 이러한 단계를 통해 AI는 지능적인 기능을 개발하고 사회적, 경제적 영향력을 키우는 중요한 기술로 자리매김하게 되었고, 미래에는 더욱 발전된 AI 기술과 응용분야가 기대된다.

▶ 인공지능 발전과정에서 큰 이슈가 된 사건은 Google 딥마인드(DeepMind) 연구소가 개발한 '알파고(AlphaGo)'(인공지능 바둑 프로그램)로서, 바둑 대국에서 최고의 인간 선수들을 이기면서 역사적인 성과를 거두었다. 다음은 알파고의 주요 역사적 순간들을 요약한 것이다.

1. **2014년 – 딥마인드의 인수**: 딥마인드는 2014년에 구글에 인수되었으며, 이후 딥마인드 연구원들은 기계 학습 및 인공지능 연구에 집중하였다.
2. **2015년 1월 – 알파고 프로토타입**: 딥마인드는 알파고의 초기 버전을 개발하고, 이를 이용하여 여러 바둑 대국을 치렀다. 이 단계에서 알파고는 강력한 바둑 프로그램 중 하나로 인정되었다.
3. **2016년 1월 – 알파고 vs. 이세돌**: 2016년 1월, 알파고는 한국의 세계적인 바둑 선수 이세돌과 대국을 치렀다. 이 대국에서 알파고는 이세돌을 5번 중 4번 이기는 역사적인 승리를 차지했다.(그림1.4)
4. **2017년 – 알파고의 발전**: 이후 알파고는 더 발전하며 다양한 보드 게임에서 인간 선수들을 이기는 능력을 키웠다. 이러한 기술은 다양한 분야에서 응용될 수 있음을 시사했다.
5. **2018년 – 레이디스 포커와 체스**: 알파고는 레이디스 포커와 체스에서도 인간 선수를 이기는 능력을 보였으며, 이를 통해 강력한 게임 플레이어로서의 역할을 확장했다.

▶ 알파고의 성과는 강화학습과 딥러닝 기술의 중요성을 강조하며, 인간 지능을 뛰어넘는 인공 지능의 가능성을 보여주었다. 이러한 연구는 인공 지능 분야에 큰 관심을 불러일으키며 다양한 응용 분야에서의 활용이 기대되고 있다.

예 알파고(AlphaGo)
▶ 2016년 열린 이세돌 9단과의 대결에서 4승 1패로 승리
▶ 알파고는 상대가 놓은 수 다음에 놓을 수 있는 수를 검색하고, 승률이 높은 수를 선택하는 과정을 거친다.

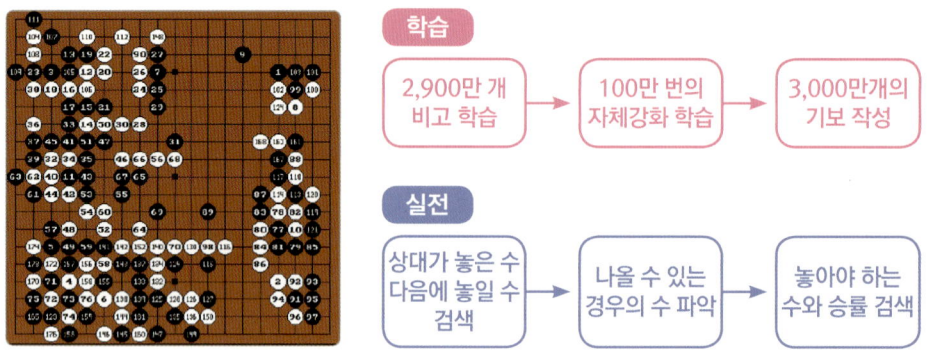

그림1.4 알파고의 학습방법 (출처: https://orgpsy.tistory.com/76)

2.2 도식적(Timeline) 역사

▶ 그림1.5와 그림1.6은 인공지능의 역사를 도식적(Timeline)으로 나타낸 그림이다. 다음과 같이 크게 1~3기로 나눌 수 있다.

1. **제1기**(1950~1970년대): 인공지능의 초기 시대로, 퍼셉트론과 같은 단순한 인공 신경망이 개발되었다. 하지만, 이러한 인공 신경망은 복잡한 문제 해결에 어려움을 겪었다.
2. **제2기**(1970~1980년대): 인공지능의 침체기라고도 불리는 시대로, 인공 신경망의 한계로 인해 인공지능 연구가 주춤했다.
3. **제3기**(1990년대~현재): 인공지능의 부흥기라고도 불리는 시대로, 컴퓨터 성능의 향상과 머신러닝의 발전으로 인해 인공지능 연구가 다시 활발해졌다. 특히, 2010년대 이후 딥러닝 기술의 발전으로 인해 인공지능은 급격한 발전을 이루었다.

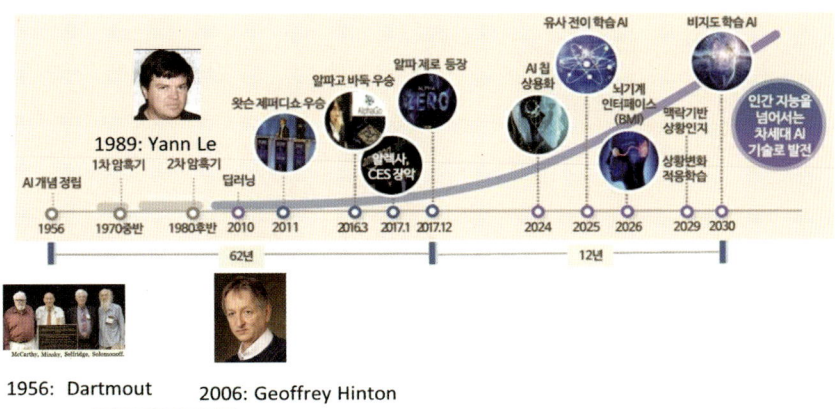

그림1.5 인공지능의 역사(1) (출처: NIPA)

▶ 그림1.6은 제1물결 rule-based AI, 제2물결은 Big data와 Machine Language AI, 제3물결은 Generative AI로 구분하여 나타낸 그림으로, 인공지능 기술의 발전 과정을 이해하는 데 도움이 된다.

> 1. **제1물결**(1950~1970년대): rule-based AI-인간이 규칙을 명시적으로 정의하여 인공지능을 구현하는 방법으로, 간단하고 이해하기 쉽지만, 복잡한 문제 해결에는 어려움을 겪었다. 대표적인 기술은 퍼셉트론(인공 신경망의 기본 구조), 전문가 시스템(특정 분야의 전문가의 지식을 컴퓨터로 구현한 시스템)에 적용된다.
> 2. **제2물결**(1970~1990년대): Big data & Machine Language AI-데이터를 학습하여 패턴을 인식하고, 이를 바탕으로 문제를 해결하는 방법으로, 컴퓨터 성능의 향상과 데이터의 풍부화로 인해 인공 지능 연구가 활발 발전할 수 있었다. 대표적인 기술은 머신러닝, 딥러닝이다
> 3. **제3물결**(1990년대~현재): Generative A-인공지능이 창의적인 콘텐츠를 생성할 수 있는 능력을 갖춘 방법으로, 인공지능 기술의 발전과 함께 더욱 발전할 것으로 기대된다. 대표적인 기술은 자연어 생성, 기계 번역, 자동 운전 등이다.

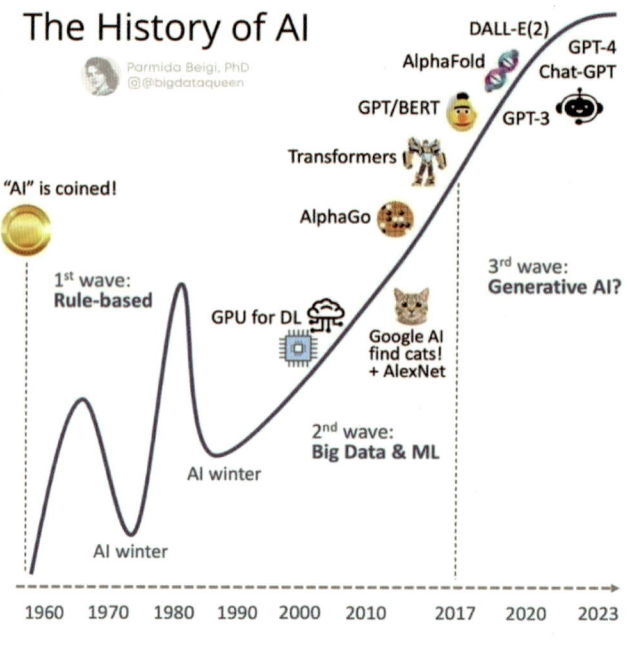

그림1.6 인공지능의 역사(2) (출처: Parmida Beigi, Ph.D)

▶ 그림1.7은 인공지능의 특이점(Singularity)을 나타낸 것으로, 특이점이란 인공지능의 발전이 가속화되어 모든 인류의 지성을 합친 것보다 더 뛰어난 초인공지능이 출현하는 시점을 의미한다. 2005년 미래학자 레이 커즈와일(Ray Kurzweil)은 "특이점이 온다(The Singularity Is Near)"라는 책에서 2045년이 되면, 인공지능이 인류의 지적 한계를 넘어설 것이라는 미래를 예견했다. AI의 특이점이 오는 시기 이후를 제4물결(The 4th Wave, 특이점이후~) 이라고 정의할 수 있다.

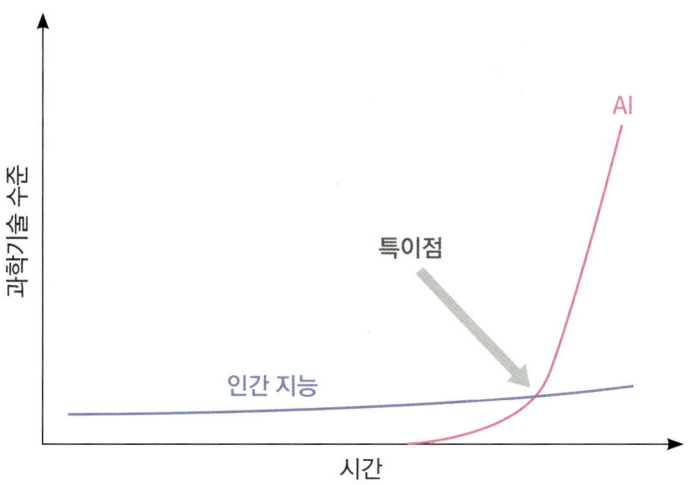

그림1.7 인공지능의 특이점
(출처: 과학기술정보통신부 블로그, https://blog.naver.com/with_msip/221753945802)

③ 종류

3.1 인공지능의 분류(일반)

▶ 인공지능은 다양한 기술과 분야에서 다양한 방식으로 분류될 수 있다.

▶ 표1.3과 같이 지적 수준, 기능 발전, 구현 방식에 따라 인공지능을 분류할 수 있으며, 표1.4는 지적 수준에 따른 인공지능 분류에 대한 설명과 사례를 나타낸 것이다.

표1.3 인공지능의 분류

분류	기준	상세 분류
지적 수준	인간과 같은 사고의 가능 여부	약인공지능 강인공지능 초인공지능
기능 발전(레벨)	입력에 따른 출력이 변하는 에이전트 관점	레벨 1 : 단순 제어 프로그램 레벨 2 : 고전적 인공지능 레벨 3 : 머신러닝 레벨 4 : 딥러닝
구현 방식	지적 기능 구현 방식	지식 기반 방법론(인지, 추론, 학습, 행동) 데이터기반 방법론 (머신러닝, 데이터마이닝)

표1.4 지적 수준에 따른 인공지능 분류

분류	설명	사례
약인공지능 (Weak AI 또는 Narrow AI)	특정 문제해결에 전문화된 인공지능	음성비서, 스팸필터, 검색 서비스, 구글번역, 유튜브 영상 추천
강인공지능 (Strong AI 또는 General AI)	모든 영역에서 인간과 같은 수준인 인공지능	영화 〈터미네이터〉에 등장하는 스카이넷, 비서로봇, 협동로봇(공장로봇)
초인공지능 (Superintelligent AI)	인간의 지능을 초월하는 인공지능	'인류가 앞으로 1,000년 동안 쓸 수 있는 신(新) 에너지원 만들기'와 같은 고차원의 명령 수행 기능

▶ 그림1.8은 '강한 인공지능 (Strong AI, General AI)'과 '약한 인공지능(Weak AI, Narrow AI)'을 비교 설명한 것이다.

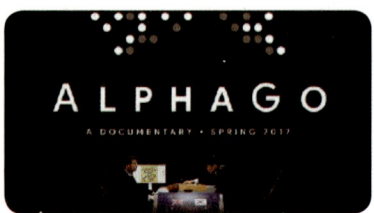

강한 인공지능(Strong AI)
- 사람과 같은 기능
- 사람처럼 느끼며 지능적으로 행동
- 추론, 문제해결, 판단, 계획, 의사소통, 자아의식, 감정, 지혜, 양심을 가짐

시작 단계
(인간의 외식 단계를 먼저 풀어야 가능)

약한 인공지능(Weak AI)
- 특정 문제를 해결하는 지능적 행동
- 사람의 행동을 흉내 냄
- 오늘날 대부분의 인공지능 기술에 해당

인간의 지적 업무 대체 가능

그림1.8 강한 인공지능과 약한 인공지능

▶ 표1.5는 작업유형에 따른 인공지능 분류를 나타낸 것이다.

표1.5 작업유형에 따른 인공지능 분류

분류	설명
강화학습 (Reinforcement Learning)	에이전트가 환경과 상호작용하여 보상을 최대화하도록 학습하는 방법
지도학습 (Supervised Learning)	레이블된 데이터를 기반으로 입력과 출력 간의 관계를 학습하는 방법
비지도학습 (Unsupervised Learning)	레이블이 없는 데이터를 기반으로 패턴이나 구조를 찾는 방법
준지도학습 (Semi-Supervised Learning)	일부 데이터에만 레이블이 있는 상황에서 학습하는 방법

▶ 그림1.9는 인공지능의 규모와 작업유형에 따른 종류를 종합적으로 표현하였고, 그림1.10은 지식기반 방법론의 발전과정을 나타내었다.

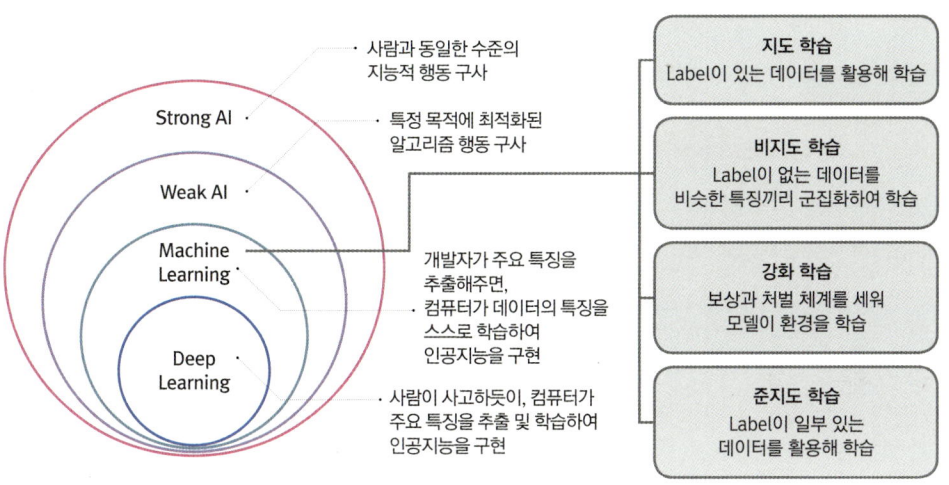

그림1.9 인공지능의 종류

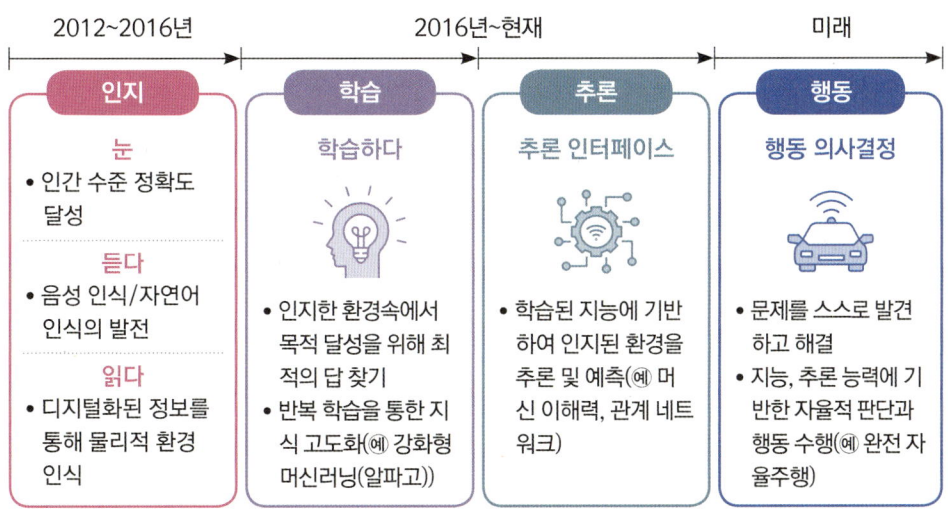

그림1.10 지식기반 방법론의 발전과정

3.2 인공지능의 분류(기타)

(1) 학습 모델에 따른 분류
- ▶ 신경망 기반(Neural Network-based): 인공신경망을 사용하는 모델로 딥러닝의 일부 인공지능
- ▶ 규칙 기반(Rule-based): 규칙 및 논리 기반 접근 방식을 사용하는 모델

(2) 사용 용도에 따른 분류:
- ▶ 자율 주행 자동차(Autonomous Vehicles): 자율 주행 기술에 사용되는 인공지능
- ▶ 의료 진단(Medical Diagnosis): 의료분야에서 질병 진단 및 예측에 활용되는 인공지능
- ▶ 금융 분야(Finance): 금융 예측 및 거래 관련 인공지능 응용

(3) 데이터 형식에 따른 분류:
- ▶ 구조화된 데이터(Structured Data): 표 형식의 데이터베이스와 관련된 인공지능
- ▶ 비구조화된 데이터(Unstructured Data): 텍스트, 이미지, 음성과 같은 비구조화된 데이터를 다루는 인공지능

(4) 응용 분야에 따른 분류:
- ▶ 컴퓨터 비전(Computer Vision): 이미지 및 비디오 데이터 처리와 관련된 인공지능
- ▶ 자연어 처리(Natural Language Processing, NLP): 텍스트 및 언어 데이터를 처리하는 인공지능
- ▶ 음성 인식(Speech Recognition): 음성 데이터를 텍스트로 변환하는 인공지능
- ▶ 게임 인공지능(Game AI): 비디오 게임과 같은 게임 환경에서 사용되는 인공지능

3.3 인공일반지능(AGI)

인공일반지능(AGI, Artificial General Intelligence)은 인공지능의 한 종류로, 인간의 지능과 유사한 다양한 지적 능력을 가진 AI 시스템으로, AGI는 다음과 같은 특징을 갖는다.

3.3.1 AGI의 특징

(1) 일반성(Generality)

AGI는 다양한 작업 및 환경에서 학습하고 작업할 수 있는 능력을 갖추어야 한다. 즉, 특정 작업이나 도메인에 국한되지 않고 다양한 지적 작업을 수행할 수 있어야 한다.

(2) 자기 학습(Self-Learning)

AGI는 새로운 작업이나 도메인에 대한 학습 능력을 가질 수 있어야 하며, 새로운 정보나 환경에 적응할 수 있어야 한다. 이는 지속적인 학습과 적응을 의미한다.

(3) 추론과 이해(Reasoning and Understanding)

AGI는 데이터 패턴 식별 뿐 아니라 문제 해결, 추론, 추상화, 논리적 사고, 상황 이해와 관련된 능력을 가져야 한다.

(4) 언어 이해와 생성(Language Understanding and Generation)

AGI는 인간의 언어를 이해하고 생성하는 능력을 가져야 하며, 자연어 처리와 관련된 작업을 수행할 수 있어야 한다.

(5) 자율성(Autonomy)

AGI 시스템은 주어진 목표를 달성하기 위해 독립적으로 작업할 수 있어야 하며, 인간의 개입 없이도 문제를 해결하고 결정을 내릴 수 있어야 한다.

- AGI는 현재까지 개발되지 않았으며, 약한 인공지능(NAI, Narrow AI)과 대조된다. NAI는 특정 작업이나 작업 범주에 대해 매우 뛰어난 성능을 보이지만 다른 작업에는 적용할 수 없는 한계가 있다. AGI는 이러한 한계를 극복하고 인간과 유사한 일반적인 지능을 갖춘 AI 시스템을 만들기 위한 목표이다.
- AGI 개발은 AI 연구의 중요한 목표 중 하나이며, 현재까지 많은 연구와 개발이 진행 중이지만 아직까지 완전한 AGI를 개발하는 데는 도전적인 과제들이 남아 있다.

3.3.2 AGI의 제한사항 및 우려사항

AGI는 AI 시스템이 인간이 할 수 있는 모든 지적 작업을 수행할 수 있는 능력을 말한다. AGI의 개발은 많은 분야를 혁신하고 복잡한 문제를 해결할 수 있는 잠재력을 가지고 있지만 고려해야 할 중요한 제한 사항과 우려 사항도 있다.

(1) 제한 사항

- 기술적 한계: AGI 개발은 아직 초기 단계이며 극복해야 할 기술적 과제가 많다. 예를 들어, 현재 AI 시스템은 자연어를 이해하고 복잡한 데이터를 해석하는 능력이 여전히 제한적이다.
- 윤리적 한계: AI가 더욱 발전함에 따라 프라이버시, 편견 및 책임과 관련된

문제를 포함하여 AGI의 윤리적 영향에 대한 우려가 있다.
- ▶ 경제적 한계: AGI의 광범위한 채택은 잠재적으로 특정 산업에서 상당한 실직과 경제적 혼란으로 이어질 수 있다.

(2) 우려 사항

- ▶ 제어 및 안전: AGI 시스템이 안전하고 오작동 또는 의도하지 않은 결과가 발생할 경우 제어할 수 있는지 확인하는 방법에 대한 우려가 있다.
- ▶ 예측 불가능성: AGI 시스템이 더욱 발전함에 따라 동작 및 의사결정 프로세스를 예측하기가 더욱 어려워진다. 이러한 예측 불가능성은 AGI 시스템이 인간이나 사회 전체에 유해한 방식으로 작용할 가능성에 대한 우려를 불러일으킨다.
- ▶ 인간과 상호작용: 인간과 상호작용하도록 설계된 AGI 시스템은 인간의 감정을 이해하고 적절하게 대응할 수 있어야 한다. 이러한 시스템이 인간에게 해를 끼치거나 고통을 주지 않도록 하는 방법에 대한 우려가 있다.

결론적으로 AGI의 출현은 매우 중요하면서도 복잡한 과제로, 많은 분야에 혁명을 일으킬 수 있는 잠재력을 가지고 있지만, 안전하고 윤리적인 발전을 보장하기 위해서는 해결해야 할 중요한 제한과 우려사항을 고려하여 신중하게 진행되어야 한다.

AGI가 책임감 있고 유익한 방식으로 개발되도록 연구자, 정부, 산업계, 규제 기관 및 사회 모든 이해 관계자 간의 협력이 중요하며, 윤리, 안전, 사회적 영향 등을 종합적으로 고려하는 논의와 정책 수립이 필요하다.

미래

인공지능의 미래에 대한 가능성, 기대, 그리고 몇 가지 예측과 흥미로운 개발 동향은 다음과 같다.(대화형 GPT 협업)

> 1. **더 강력한 모델과 알고리즘:** 인공지능의 미래는 더욱 높은 성능과 효율성을 가진 모델과 알고리즘의 개발을 통해 진화할 것으로 예상된다. 더 깊고 복잡한 신경망 아키텍처, 효율적인 학습 방법, 데이터 효율성 개선 등이 발전의 주요 요소이다.
> 2. **인간 수준의 이해력:** 자연어 처리 및 컴퓨터 비전 분야에서, 인공지능은 더 높은 수준의 이해력을 갖추게 될 것으로 예상된다. 이는 인공지능 시스템이 텍스트나 이미지를 더 정확하게 이해하고, 추론 및 상황 판단 능력을 개선하는 것을 의미한다.
> 3. **AI와 로봇 협력:** 인공지능 로봇 및 드론은 더 다양한 환경에서 협력적으로 사용될 것으로 예상된다. 이는 산업 자동화, 의료, 물류 등에서 큰 변화를 가져올 것으로 기대된다.
> 4. **자동화와 일자리 변화:** 인공지능의 발전은 일부 작업의 자동화를 가속화할 것으로

예상된다. 이는 일부 분야에서 일자리의 변화를 초래할 수 있으며, 이에 대한 대비와 교육이 필요하다.

5. **생활 편의와 개인화:** 가정용 인공지능 기기와 개인 비서의 개인화 수준은 더 높아질 것으로 예상된다. 이러한 시스템은 우리의 일상 생활을 편리하게 해 주며, 우리의 습관과 취향을 더 잘 파악하여 맞춤형 서비스를 제공할 것이다.

6. **윤리와 규제:** 인공지능의 미래에서는 윤리적 고민과 법적 규제가 더욱 중요해질 것으로 예상된다. 개인정보보호, AI 편향, 자율주행 차량 사고 책임 등에 대한 윤리적과 법적 문제가 더욱 중요해질 것이다.

7. **연구와 교육:** 인공지능 분야에서의 연구와 교육은 계속해서 확대될 것이다. 새로운 세대의 연구자와 엔지니어들이 더 많은 혁신을 이룰 것으로 예상된다.

8. **협업과 산업 응용:** 인공지능은 다양한 산업 분야에서 응용될 것으로 예상된다. 의료, 금융, 농업, 환경 보호 등 여러 분야에서 새로운 기회와 문제 해결 방법을 제공할 것이다.

9. **양자 컴퓨팅과 AI:** 양자 컴퓨팅 기술의 발전은 머신러닝 및 최적화 문제에 새로운 접근법을 제공할 것으로 예상된다. 이로 인해 양자 컴퓨팅과 인공지능의 결합이 큰 발전을 이룰 수 있다.

10. **인간-인공지능 공생:** 미래에는 인공지능과 인간이 더 밀접하게 협력하고 공생할 것으로 예상된다. 인공지능은 우리의 능력을 보완하고, 우리에게 새로운 기회를 제공할 것이다.

결론적으로, 인공지능의 미래를 정확히 예측하기는 어려운 일이다.

다만 인공지능은 계속해서 발전하고 혁신을 이루면서, 긍정적인 영향과 부정적인 영향의 양면성을 지니고 있다. 우리의 삶과 다양한 산업에 긍정적인 영향을 미치는 동시에 주의해야 할 윤리적, 사회적, 법적 문제도 있다. 이러한 문제에 대한 신중한 고려와 대비가 필요하다.

4.1 인공지능 미래의 부정적인 측면

인공지능의 발전은 많은 긍정적인 측면을 가지고 있지만, 부정적인 측면도 무시할 수 없다. 다음은 인공지능 미래의 부정적인 측면을 나열한 것이다.

1. **일자리의 감소**: 인공지능 및 자동화 기술의 발전으로 일부 분야에서는 인력 수요가 감소할 수 있다. 특히 반복적이고 예측 가능한 작업은 자동화의 대상이 되며, 이로 인해 해당 분야의 일자리 감소가 우려된다.

2. **AI 편향과 불평등**: 인공지능 모델은 학습 데이터에 편향을 받을 수 있다. 이로 인해 인종, 성별, 경제적 지위 등에 따른 불평등이 확대될 우려가 있다. 이러한 편향은 공정한 의사결정 및 서비스 제공에 부정적인 영향을 미칠 수 있다.

3. **개인 정보 보호**: 인공지능은 대량의 데이터를 처리하고 분석하는데 사용된다. 이로 인해 개인 정보 보호와 관련된 문제가 발생할 수 있으며, 개인 정보 유출 및 사생활 침해 우려가 있다.

4. **안전 및 보안 위협**: 악용될 경우, 인공지능 기술은 해킹, 사이버 공격 및 악용 가능한 기술로 사용될 수 있다. 이로 인해 사이버 보안과 관련된 위험이 증가할 수 있다.

5. **인간-인공지능의 의사소통 어려움**: 인공지능 시스템과 인간 간의 의사소통과 상호작용은 아직까지 어려움을 겪고 있다. 이로 인해 오해, 불만족 및 혼란이 발생할 수 있다.

6. **의존성과 무력감**: 인공지능 기술에 대한 의존성이 높아질 경우, 인간들은 이러한 기술에 무력해질 우려가 있다. 특히 핵심 기술을 소유하고 있는 소수 기업이나 국가에 대한 의존성이 큰 경우 더 큰 문제가 발생할 수 있다.

7. **알고리즘의 불투명성**: 딥러닝과 같은 복잡한 알고리즘은 그 작동 방식이 불투명하며 해석이 어려울 수 있다. 이로 인해 의사 결정 과정의 투명성 및 책임성에 대한 문제가 발생할 수 있다.

8. **인공지능 무기화**: 인공지능을 무기화하고 군사적 목적으로 사용하는 가능성이 증가하면서 국제적인 안보 문제가 더욱 심각해질 수 있다

이러한 부정적인 측면은 인공지능 기술을 개발하고 사용할 때 고려해야 할 중요한 측면이다. 이러한 문제에 대응하기 위해서는 윤리, 법률, 규제, 교육 및 기술 개발 등 다양한 분야에서의 노력이 필요하다.

4.2 인공지능 미래의 긍정적인 측면

인공지능의 미래는 다수의 긍정적인 측면이 예상되고 있으며, 그 중 일부를 나열하면 다음과 같다.

1. **업무 효율성 향상:** 인공지능은 반복적이고 루틴한 작업을 자동화하고 최적화하는 데 큰 도움을 준다. 이를 통해 업무 효율성이 향상되며, 인간 작업자들은 더 복잡하고 창의적인 작업에 집중할 수 있다.
2. **혁신과 새로운 기술 발견:** 인공지능은 대규모 데이터 분석 및 예측 모델을 통해 새로운 아이디어와 기술을 발견하는 데 도움을 준다. 의학, 재료 과학, 화학 등 다양한 분야에서 혁신을 촉진할 수 있다.
3. **개인화된 서비스:** 인공지능은 사용자의 취향과 습관을 이해하고 개인화된 서비스를 제공할 수 있다. 이로써 온라인 쇼핑, 음악 추천, 뉴스 선별, 의료 진단 등에서 사용자 경험이 개선될 수 있다.
4. **의료 진단 및 치료:** 의료 분야에서 인공지능은 의사들에게 진단 및 치료에 대한 보조 도구로 사용될 수 있다. 의료 영상 분석, 유전체학, 환자 모니터링 등에서 인공지능은 정확성과 효율성을 높일 수 있다.
5. **자율주행 기술:** 자율주행 자동차와 드론은 교통 안전성과 효율성을 향상시킬 것으로 예상된다. 또한 물류 및 운송 분야에서도 혁신을 가져올 것이다.

6. **교육 및 학습**: 개별 학습자에게 맞춤형 교육을 제공하고 학습 경험을 최적화하는 데 인공지능이 사용될 것이다. 이는 교육의 품질을 향상시킬 수 있다.
7. **환경 보호**: 인공지능은 환경 모니터링 및 에너지 효율화에 사용될 수 있다. 에너지 소비를 최소화하고 환경 오염을 감소시키는 데 도움을 줄 수 있다.
8. **과학 연구 지원**: 인공지능은 과학적 연구를 가속화하고 복잡한 문제 해결에 도움을 줄 수 있다. 천문학, 생물학, 물리학 등 다양한 과학 분야에서 사용될 것이다.
9. **자연재해 예측과 대응**: 인공지능은 기상 예측 및 자연재해 모니터링을 개선하여 재해에 대한 사전 경고 및 대응을 가능하게 할 수 있다.
10. **글로벌 협력과 문제 해결**: 인공지능은 글로벌 문제 해결을 위한 협력과 정보 교환을 향상시킬 수 있다. 국제적인 문제에 대한 해결책을 개발하는 데 도움을 줄 수 있다.

이러한 긍정적인 측면들은 인공지능 기술이 우리 사회와 경제에 어떻게 긍정적으로 기여할 수 있는지를 보여준다. 그러나 이러한 이점을 실현하기 위해서는 윤리적, 사회적, 법적, 교육적인 측면에서 주의 깊은 관리와 개선이 필요하다.

4.3 2050년을 향한 AI 기술진보

'인류 100억의 브레인이 연결된다.(브레인 네트워킹)', '인간과 기계의 경계가 사라진다' 일본경제신문은 '인공뇌를 만들고, 인공뇌로 대체하고, 뇌통신의 가능성'을 예측한 뇌과학자들의 의견을 종합하여, 2050년의 기술세계를 제시한 바 있다.

현재 슈퍼컴퓨터의 성능을 압도적으로 뛰어넘는 양자 컴퓨터가 실용화되면서, 인공지능(AI)이 인간지능(NI)을 초월하는 Singularity(싱귤래리티, 기술적 특이점)의 도래가 전망되고 있다. 누구도 예상하지 못할 정도로 인터넷과 스마트폰이 세상을 바꾸었듯이, 급부상하는 인공지능(AI)이 머지않아 거대한 위용을 드러낼 것으로 예상된다.

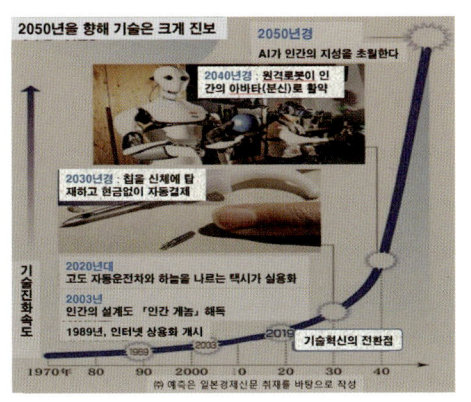 

㈜예측은 일본경제신문 취재를 바탕으로 작성, 출처 : 헬로디디(http://www.hellodd.com)

그림1.11 2050년을 향한 AI 기술진보

1. 매트릭스와 같은 가상현실에서 많은 시간을 보낸다.

인공지능이 인간지능을 넘어서면서(Singularity), 인공지능과 인간뇌의 접속이 현실화 될 가능성이 높다.

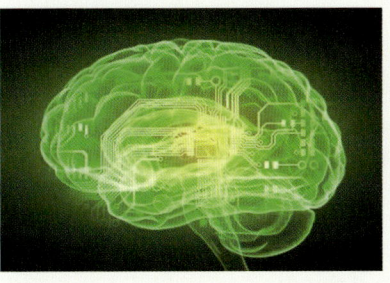 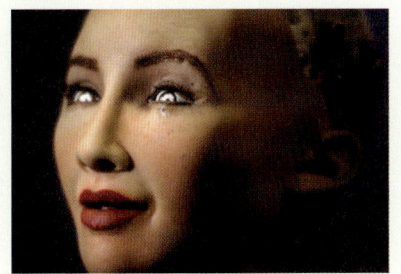

2. 주유소, 운전면허증, 신호등이 사라지게 된다.

휘발유 자동차는 거의 사라지고, 도로에 센서를 설치하여 실시간 교통흐름을 예측하고 사고방지가 가능하며, 도로에 태양전지 패널을 설치하여 주행중에 충전이 가능한 자동 운전 자동차의 등장으로, 더 이상 신호등, 면허증이 필요없게 된다.

3. 평균수명은 100세가 될 것이다.

세계인구는 100억, 평균수명은 100세, 개발도상국가는 더 이상 존재하지 않는다.

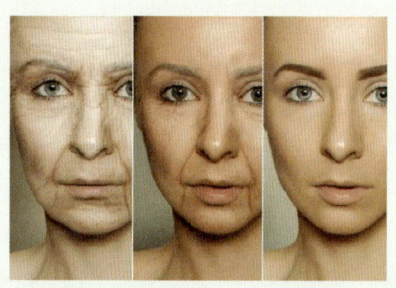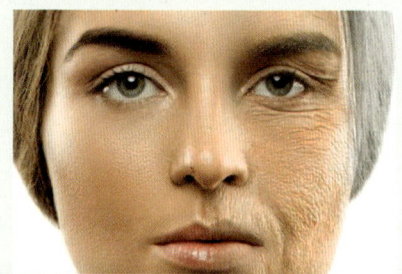

인간 수명 한계 없앨까…미 연구진 114세 세포를 '아기 수준'으로 바꿔
(사진=123rf)/[사진=서울신문 나우뉴스캡쳐,시사플러스(https://www.sisaplusnews.com)

4. 우주 엘리베이터로 우주 여행을 간다.

지구와 우주를 잇는 케이블 길이 96,000km의 엘리베이터를 이용하여 우주여행을 할 수 있을 것으로 예상한다.

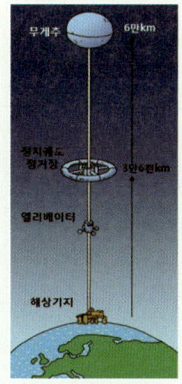 

5. 로봇과의 결혼도 인정받게 될지 모른다.

인간 이상의 지능을 가지고 잘생긴 외모 덕분에 로봇을 사랑하는 사람도 등장하게 될 것이며, 결혼도 인정받게 될지 모른다.

로봇과 키스하는 여성
(출처: 123RF, AI타임스
https://www.aitimes.com)

일론 머스크와 로봇
(출처: 트위터 캡쳐)

(출처: 2050년이 되면(과학 ETC))

제1부 연습문제

1.1

인공지능(AI)의 정의에 대한 설명으로 올바른 것은?

① 지능적인 기계나 소프트웨어 시스템을 개발하는 학문 분야
② 사람처럼 생각하고 결정을 내릴 수 있는 로봇
③ 컴퓨터 프로그램을 작성하는 과정
④ 전자기기 및 소프트웨어를 사용하여 작업을 자동화하는 기술

정답 ① 지능적인 기계나 소프트웨어 시스템을 개발하는 학문 분야

해설 ① 인공지능은 지능적인 기계나 소프트웨어 시스템을 개발하고 연구하는 학문 분야이다.
② 인공지능을 묘사한 것이며, 로봇은 인공지능을 사용할 수 있는 도구 중 하나이다.
③ 프로그래밍과 관련된 일반적인 설명이다.
④ 인공지능이 어떻게 사용될 수 있는지를 묘사한 것이다.

1.2

인공지능(AI)의 주요 특징 중에서 잘못된 것은?

① 인공지능은 데이터를 학습하고 이를 기반으로 판단하고 의사 결정을 내릴 수 있다.
② 인공지능은 문제 해결에 있어서 인간보다 빠르고 정확한 결과를 제공할 수 있다.
③ 인공지능은 모든 상황에서 인간과 동등한 학습 능력을 가지고 있다.
④ 인공지능은 자연어 처리, 이미지 인식, 예측 분석 등 다양한 작업에 활용될 수 있다.

정답 ③ 인공지능은 모든 상황에서 인간과 동등한 학습 능력을 가지고 있다.

해설 ③은 틀린 설명으로, 인공지능의 학습 능력은 작업과 상황에 따라 다르며, 모든 상황에서 인간과 동등한 학습 능력을 가지지 않는다.

1.3

다음 중 혼합지능(Mixed Intelligence)에 대한 설명으로 잘못된 것은?

① 혼합지능은 인간과 기계가 함께 작업하여 지능적인 작업을 수행하는 개념이다.
② 혼합지능은 인공지능 및 인간의 지능을 결합하여 최적의 결과를 얻을 수 있도록 한다.
③ 혼합지능은 인간과 기계의 역할을 엄격하게 분리하는 것을 강조하며 협업을 배제한다.
④ 혼합지능은 현재와 미래의 다양한 분야에서 활용 가능한 중요한 개념 중 하나이다.

정답 ③ 혼합지능은 인간과 기계의 역할을 엄격하게 분리하는 것을 강조하며 협업을 배제한다.

해설 ①은 혼합지능의 핵심 개념, ②는 혼합지능의 목표, ④는 혼합지능의 중요성을 강조, ③은 잘못된 설명으로, 혼합지능은 인간과 기계가 협력하고 상호 보완하는 것을 강조하며, 엄격한 역할 분리가 아니라 협업을 중요시한다.

1.4

다음 중 딥러닝(Deep Learning)에 대한 설명 중 옳지 않은 것은?

① 딥러닝은 인공 신경망을 기반으로 하며, 다층 구조의 신경망을 사용하여 복잡한 패턴을 학습할 수 있다.
② 딥러닝은 대용량 데이터와 컴퓨팅 파워가 필요하며, 학습 과정이 비교적 빠르다.
③ 딥러닝은 이미지 인식, 음성 인식, 자연어 처리 등 다양한 분야에서 사용되며, 성공적인 결과를 보여주고 있다.
④ 딥러닝은 항상 사람보다 우수한 성능을 발휘하며, 인간의 지능을 뛰어넘을 수 있다.

정답 ④ 딥러닝은 항상 사람보다 우수한 성능을 발휘하며, 인간의 지능을 뛰어넘을 수 있다.

해설 ④는 잘못된 설명으로, 딥러닝은 특정 작업과 분야에서 뛰어난 성능을 발휘할 수 있지만 항상 인간의 지능을 뛰어넘지는 않으며, 모든 작업에서 우수한 성능을 보장하지 않는다.

1.5

다음 중 **머신러닝(Machine Learning)**에 대한 설명으로 올바른 것은?

① 머신러닝은 데이터를 수집하고 저장하는 기술로, 데이터의 분석 및 예측에는 사용되지 않는다.
② 머신러닝은 컴퓨터 프로그램을 사용하여 데이터로부터 학습하고 예측 모델을 생성하는 분야이다.
③ 머신러닝은 항상 사람의 감독 아래에서 수행되며, 인간의 개입 없이는 작동하지 않는다.
④ 머신러닝은 오직 비즈니스 분석을 위해 사용되며, 과학 연구나 의료 분야에는 적용되지 않는다.

정답 ② 머신러닝은 컴퓨터 프로그램을 사용하여 데이터로부터 학습하고 예측 모델을 생성하는 분야이다.

해설 ① 머신러닝은 데이터를 분석하고 예측 모델을 생성하는 기술로 데이터 수집과 저장만을 목적으로 사용되지는 않는다.
③ 일반적으로 사람의 감독 아래에서 진행되지만, 자동화된 학습 및 예측 모델 구축도 가능하다.
④ 머신러닝은 비즈니스 분석 외에도 과학 연구, 의료 분야, 이미지 및 음성 인식, 자연어 처리 등 다양한 분야에 적용된다.

1.6

다음 중 인공지능의 역사에 대한 설명 중에서 **잘못된** 것은?

① 인공지능은 20세기 초에 처음으로 개념이 도입되었으며, 그 이후로 지속적인 발전을 거쳐 현재의 수준에 이르렀다.
② 1956년 다트머스 컨퍼런스에서 인공지능의 개념과 연구 분야가 정의되었다.
③ 역사적으로 인공지능 연구는 한 때 "AI 겨울"이라고 불리는 침체기를 겪었으나, 이후 다시 부활하였다.
④ 1997년 알파고가 체스 세계 챔피언을 이기면서 인공지능의 중요성이 부각되었다.

정답 ① 인공지능은 20세기 초에 처음으로 개념이 도입되었으며, 그 이후로 지속적인 발전을 거쳐 현재의 수준에 이르렀다.

해설 ①은 잘못된 설명으로, 인공지능의 개념은 20세기 초가 아니라 20세기 중반부터 도입되었으며, 초기에는 큰 발전이 이루어지지 않았다. ④는 맞는 설명으로, 1997년 알파고가 체스 세계 챔피언을 이긴 것은 컴퓨터 체스 프로그램인 딥 블루(Deep Blue)에 의한 것이며, 인공지능의 중요성을 부각시켰다.

1.7

다음 중 어떤 것이 "강화학습"을 이용하여 구현하는 데 가장 적합한 가?

① 스팸 이메일 필터링
② 얼굴 인식
③ 로봇이 게임을 플레이하며 보상을 최대화하는 방법을 학습하는 것
④ 텍스트 문서의 감정 분석

정답 ③ 로봇이 게임을 플레이하며 보상을 최대화하는 방법을 학습하는 것

해설 강화학습은 에이전트가 환경과 상호작용하며 보상을 최대화하기 위한 행동을 학습하는 것을 의미한다. 게임에서 보상을 최대화하기 위한 로봇의 행동 학습은 강화학습의 대표적인 예시이다.

1.8

다음 중 어떤 것이 "지도 학습"을 이용하여 구현하기에 적합한가?

① 챗봇이 대화 상대방의 감정을 이해하고 대응하는 것
② 스스로 주행 경로를 학습하는 자율주행 자동차
③ 이미지에서 물체를 인식하여 분류하는 이미지 분류기
④ 바둑 게임에서 최적의 수를 계산하는 알고리즘

정답 ③ 이미지에서 물체를 인식하여 분류하는 이미지 분류기

해설 지도 학습은 입력 데이터와 정답 데이터를 기반으로 모델을 학습하는 것이며, 이미지 분류기는 이미지와 해당 이미지에 대한 레이블(정답)을 사용하여 학습된다.

1.9

다음 중 어떤 것이 "비지도 학습"을 이용하여 구현하는데 가장 적합한 것인가?

① 스마트폰의 음성 비서가 명령을 수행하는 것
② 고객 구매 기록을 기반으로 비슷한 고객을 그룹화하는 고객 클러스터링
③ 텍스트 문서에서 주요 주제를 추출하는 토픽 모델링
④ 게임에서 보상을 최대화하기 위한 행동을 학습하는 알고리즘

정답 ② 고객 구매 기록을 기반으로 비슷한 고객을 그룹화하는 고객 클러스터링

해설 비지도 학습은 정답 데이터 없이 데이터의 패턴이나 구조를 학습하는 것을 의미한다. 고객 클러스터링은 비지도 학습의 한 예로, 데이터 간의 유사성을 기반으로 그룹을 형성한다.

1.10

다음 중 약한 AI(Weak AI)에 대한 설명 중 틀린 것은?

① 약한 AI는 특정 작업 또는 문제를 해결하는 데 초점을 맞춘다.
② 약한 AI 시스템은 인간과 유사한 일반 지능을 가지고 있다.
③ 약한 AI는 제한된 범위에서 작동하며 범용적인 학습 능력을 갖추고있지 않다.
④ 예시로는 음성 인식 시스템과 체스 프로그램이 있다.

정답 ② 약한 AI 시스템은 인간과 유사한 일반 지능을 가지고 있다.

해설 약한 AI는 제한된 범위에서 작동하며 특정 작업 또는 문제를 해결하는 데 초점을 맞춘다. 따라서 인간과 유사한 일반 지능을 갖추고 있지 않다.

1.11

다음 중 강한 AI(Strong AI)에 대한 설명 중 틀린 것은?

① 강한 AI는 인간과 동등하거나 인간 이상의 일반 지능을 가진 시스템을 의미한다.
② 강한 AI 시스템은 다양한 도메인에서 학습하고 범용적인 문제 해결 능력을 갖춘다.
③ 강한 AI는 주어진 작업이나 문제를 해결하기 위해 구체적인 프로그래밍이 필요하다.
④ 예시로는 인간과 유사한 학습 및 추론 능력을 갖춘 로봇이 있다.

정답 ③ 강한 AI는 주어진 작업이나 문제를 해결하기 위해 구체적인 프로그래밍이 필요하다.

해설 강한 AI는 인간과 동등하거나 그 이상의 일반 지능을 가진 시스템을 의미하며, 이러한 시스템은 다양한 도메인에서 스스로 학습하고 범용적인 문제 해결 능력을 갖추지만 구체적인 프로그래밍이 필요할 수 있다.

1.12

다음 중 인공일반지능(AGI)에 대한 설명 중 옳은 것은 무엇인가?

① AGI는 특정작업 또는 분야에서 인간 수준의 지능을 갖는 인공 시스템을 의미한다.
② AGI는 한가지 작업 또는 도메인에서만 작동하며 범용적인 학습 능력을 갖추지 않다.
③ AGI는 현재까지는 이론상의 개념에 머무르고 있으며 아직 실제로 구현되지 않았다.
④ AGI는 강한 AI(Strong AI)와 동의어로 사용되며 인간과 동등한 일반 지능을 갖추는 시스템을 의미한다.

정답 ③ AGI는 현재까지는 이론상의 개념에 머무르고 있으며 아직 실제로 구현되지 않았다.

해설 ① AGI는 특정 작업이나 분야에서 인간 수준의 지능을 갖는 것이 아니라, 인간과 유사한 일반 지능을 갖추는 시스템을 의미한다.
② AGI의 특성을 부정확하게 설명하고 있고, AGI는 범용적인 학습 능력을 갖추며 다양한 작업 및 도메인에서 작동한다.
③ AGI와 강한 AI(Strong AI)를 혼동하고 있다. AGI는 인간과 동등한 일반 지능을 가진 시스템을 의미하며, 강한 AI는 인간과 동등한 지능을 가지는 인공 시스템을 묘사하는 말로 사용된다.

1.13

다음 중 인공일반지능(AGI)의 특징 중에서 잘못된 것은?

① AGI 시스템은 다양한 작업 및 도메인에서 작동할 수 있다.
② AGI는 인간과 유사한 일반 지능을 갖추며 다양한 상황에서 학습과 추론을 수행할 수 있다.
③ AGI는 현재까지는 이론상의 개념에 머무르고 있으며 아직 실제로 구현되지 않았다.
④ AGI는 특정 작업 또는 분야에서만 작동하며 범용적인 학습 능력을 갖추지 않았다.

정답 ④ AGI는 특정 작업 또는 분야에서만 작동하며 범용적인 학습 능력을 갖추지 않았다.

해설 ④는 잘못된 설명으로, AGI는 범용적인 학습 능력을 갖추며 다양한 작업과 분야에서 작동할 수 있는 일반 지능을 의미한다.

1.14

다음 중 AGI의 제한사항 및 우려사항에 대한 설명으로 옳지 않은 것은?

① AGI 시스템은 인간과 동일한 윤리적 판단을 가지므로 윤리적 문제가 발생하지 않을 것이다.
② AGI가 인간을 대체할 수 있게 되면 일자리가 사라지고, 고용 문제가 심각해질 수 있다.
③ AGI는 악용될 수 있는 위험이 있으며, 사이버 보안 문제에 대한 우려가 증가할 수 있다.
④ AGI의 의사결정 과정에서 편향이 발생하면 인종, 성별 등에 대한 차별이 더 확대될 수 있다.

정답 ① AGI 시스템은 인간과 동일한 윤리적 판단을 가지므로 윤리적 문제가 발생하지 않을 것이다.

해설 ①은 잘못된 설명으로, AGI 시스템은 인간과 동일한 윤리적 판단을 가지지 않으며, 윤리적 문제의 발생 가능성이 있다.

1.15

다음 중 **인공지능의 분류 방식으로 적절하지 않은 것은?**

① 기계 학습 (Machine Learning)은 데이터로부터 학습하여 경험을 통해 성능을 향상시키는 인공지능의 한 분야이다.
② 딥러닝 (Deep Learning)은 인공신경망을 기반으로 하여 대규모 데이터를 처리하고 패턴을 학습하는 인공지능 기술이다.
③ 강화 학습 (Reinforcement Learning)은 보상과 처벌을 통해 최적의 행동을 학습하는 인공지능 학습 방법이다.
④ 고정 알고리즘 (Fixed Algorithm)은 고정된 규칙과 절차를 따르며, 학습이나 데이터 기반의 개선 과정이 필요 없는 인공지능의 한 분류이다.

정답 ④ 고정 알고리즘 (Fixed Algorithm)은 고정된 규칙과 절차를 따르며, 학습이나 데이터 기반의 개선 과정이 필요 없는 인공지능의 한 분류이다.

[해설] 고정 알고리즘(Fixed Algorithm)은 인공지능의 분류 방식이 아니다. 이는 학습이나 데이터 기반 개선 없이 고정된 규칙에 따라 작동하는 전통적인 알고리즘에 가깝다. 반면, 기계 학습, 딥러닝, 강화 학습은 인공지능의 대표적인 학습 및 분류 방식이다.

1.16

다음 중 **특이점(Singularity)에 대한 설명으로 잘못된 것은?**

① 특이점은 인공지능이 인간의 지능을 뛰어넘고 지능적인 결정을 스스로 내릴 수 있는 지점을 의미한다.
② 특이점이 오면 인류의 미래는 예측하기 어려워질 것으로 예상된다.
③ 특이점은 반드시 악영향을 미치며 인간문명에 위협이 될 것이다.
④ 레이 커즈와일이 "특이점은 가깝다"라는 주장으로 유명하다.

정답 ③ 특이점은 반드시 악영향을 미치며 인간문명에 위협이 될 것이다.

[해설] ②는 특이점에 대한 일반적인 의견, ④는 정확한 설명으로, 특이점에 대한 연구와 예측을 이끌어내는 데 기여한 인물 중 한명이다.
③은 잘못된 설명으로, 특이점에 대한 의견은 분명하지 않으며, 악영향을 미칠 것이라고 단정짓는 것은 과장된 주장이다.

1.17

인공지능의 미래에 대한 주장으로, 가장 옳은 것은?

① 인공지능은 모든 산업과 분야에서 인간을 대체할 것이며, 인간의 일자리는 사라질 것이다.
② 인공지능은 오직 과학 및 의료 분야에서만 활용될 것이며 다른 분야에서는 그다지 중요하지 않을 것이다.
③ 인공지능은 현재보다 더 강력하고 윤리적으로 더 발전할 것이며, 우리의 삶을 개선하는 데 기여할 것이다.
④ 인공지능은 오로지 대규모 기업들만 개발하고 사용할 수 있을 것이며, 개인이 활용할 방법은 없을 것이다.

정답 ③ 인공지능은 현재보다 더 강력하고 윤리적으로 더 발전할 것이며, 우리의 삶을 개선하는 데 기여할 것이다.

해설 ①은 과장된 주장으로, 인공지능이 모든 분야에서 인간을 대체하고 일자리를 사라지게 만든다는 주장은 지나치게 비관적이다.
②는 잘못된 주장으로, 인공지능은 이미 다양한 분야에서 사용되고 있으며, 앞으로 더 다양한 분야에서 중요한 역할을 할 것으로 예상된다.
③은 일반적으로 받아들여지는 주장 중 하나이며, 인공지능 기술은 계속 발전하며, 우리의 삶을 향상시키는 데 기여할 것으로 예상된다.
④는 부정확한 주장이며, 인공지능 기술은 대규모 기업 뿐만 아니라 개인과 소규모 기업에서도 개발하고 사용할 수 있으며, 개인적으로 활용 가능한 방법이 많이 있다.

1.18

다음 중 인공지능의 미래에 대한 부정적인 측면에 대해 잘못 설명한 것은?

① 인공지능이 일부 분야에서 일자리를 대체할 가능성이 있으며, 이로 인해 일부 직업이 사라질 수 있다.
② 인공지능이 알고리즘의 편향을 키울 수 있고, 이로 인해 인종, 성별 등에 대한 차별이 심화될 수 있다.
③ 인공지능은 전자 보안에 대한 위협으로 작용할 수 있으며, 사이버 공격과 데이터 유출의 가능성이 높아질 수 있다.
④ 인공지능은 인간과 완전히 대체할 수 있으므로 인간의 역할과 가치가 퇴색될 것이다.

정답 ④ 인공지능은 인간과 완전히 대체할 수 있으므로 인간의 역할과 가치가 퇴색될 것이다.

해설 ④는 잘못된 설명으로, 인공지능은 현재의 기술 수준에서도 인간의 대체가 아닌 보조와 협력을 목표로 하고 있으며, 인간과 기계의 상호보완적인 역할을 강조하는 것이 일반적인 관점이다. 인간의 역할과 가치는 다양한 측면에서 여전히 중요하다.

1.19

다음 중 인공지능의 미래에 대한 긍정적인 측면에 대해 잘못 설명한 것은?

① 인공지능은 의학 분야에서 진단 및 치료를 개선하고 신속한 의료 서비스를 제공할 수 있다.
② 인공지능은 교육 분야에서 맞춤형 학습 경험을 제공하고 학생들의 학습 성과를 향상시킬 수 있다.
③ 인공지능은 환경 보호를 위해 에너지 효율적인 솔루션을 개발하고 지속 가능한 에너지 생산을 도울 수 있다.
④ 인공지능은 모든 인간 작업을 자동화하고 인간 노동력을 필요로 하지 않을 것이다.

정답 ④ 인공지능은 모든 인간 작업을 자동화하고 인간 노동력을 필요로 하지 않을 것이다.

해설 ④는 잘못된 설명으로, 현재의 기술 수준에서도 인공지능은 일부 작업을 자동화할 수 있지만, 모든 인간 작업을 자동화하고 인간 노동력을 완전히 필요로 하지 않을 가능성은 매우 낮다. 인간과 기계의 협력이 중요하며 인간의 역할은 여전히 필요하다.

1.20

다음 중 2050년을 향한 인공지능의 기술 진보에 대한 설명 중에서 잘못된 것은?

① 2050년까지 인공지능은 인간과 거의 동등한 학습 능력을 보일 것으로 예상된다.
② 인공지능은 의학 분야에서 진단과 치료를 보다 정확하게 수행할 것이며, 의료 혁신을 주도할 것이다.
③ 인공지능은 사람의 감정을 이해하고 인간과 자연스럽게 대화할 수 있을 것이다.
④ 2050년에는 인공지능 로봇이 사람의 가정에서 모든 일상 생활을 처리할 것으로 예측된다.

정답 ④ 2050년에는 인공지능 로봇이 사람의 가정에서 모든 일상 생활을 처리할 것으로 예측된다.

해설 ①은 어느 정도 예상 가능한 발전이지만, 인공지능이 인간과 완전히 동등한 학습 능력을 가지는 것은 미래에도 불투명한 부분이 있다.
②는 의학 분야에서의 인공지능 응용에 대한 가능성을 나타내는 설명이다.
③은 감정 인식 및 자연스러운 대화 능력의 개발 가능성을 나타내는 옳은 설명이다.
④는 과장된 설명으로, 2050년에 인공지능 로봇이 사람의 가정에서 모든 일상 생활을 처리하는 것은 현재 기술 수준에서는 예상하기 어렵다. 인간과 인공지능 로봇의 협력이 강조되는 것이 일반적인 전망이다.

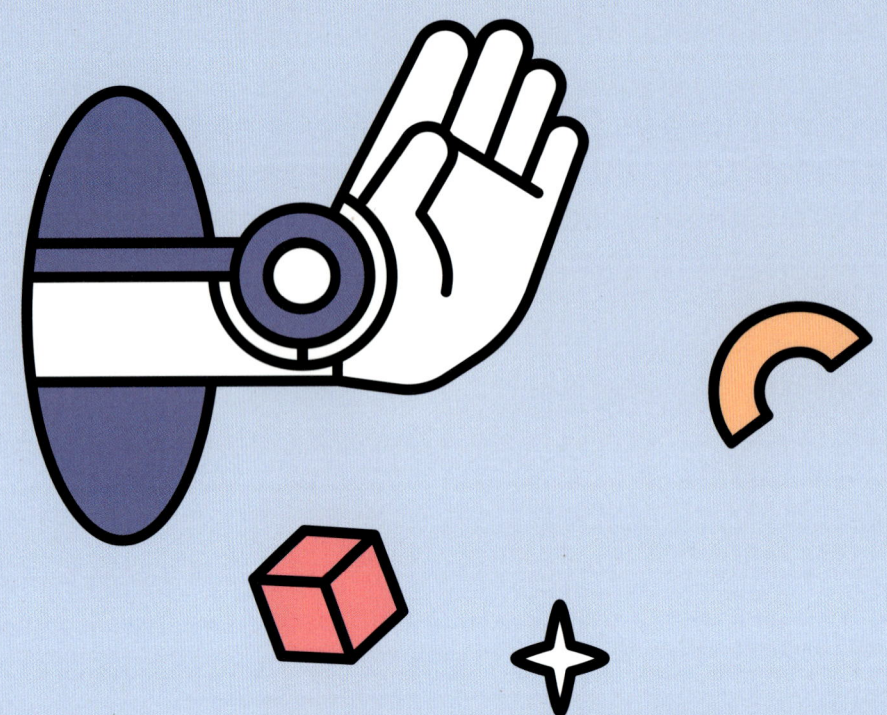

대화형 GPT (생성 AI) 사용법

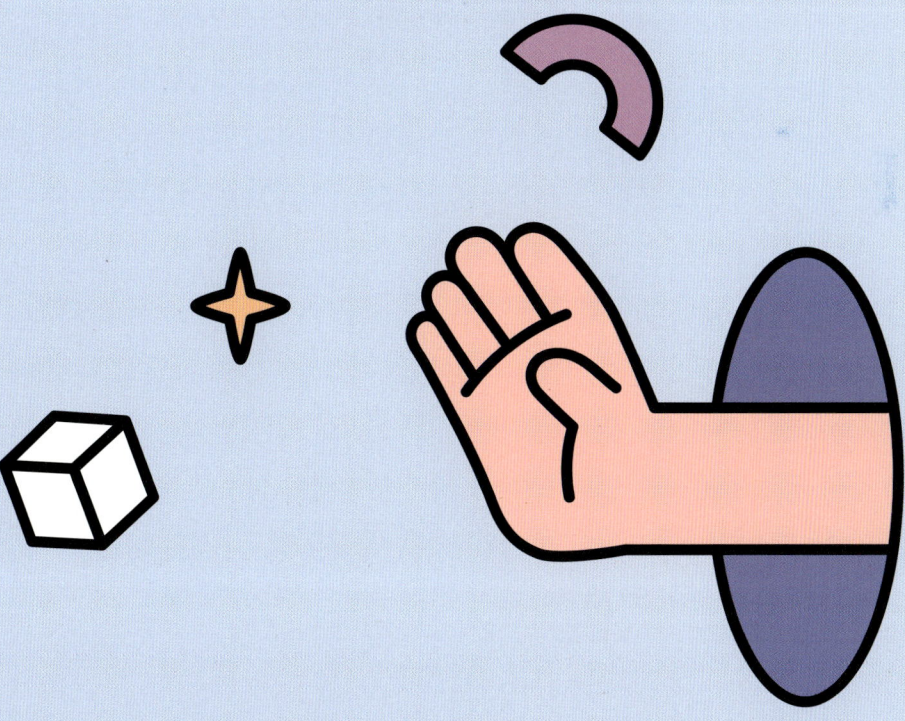

개요

1.1 기본개념과 Timeline

▶ 생성 AI(Generative AI)는 텍스트(text), 이미지(image), 음악(audio), 비디오(video)와 같은 원본 콘텐츠(contents)를 생성할 수 있는 인공지능이다. 알고리즘을 사용하여 패턴을 학습하고 해당 학습을 기반으로 새로운 출력을 생성한다. 생성 AI 시스템은 일반적으로 신경망과 같은 딥러닝(deep learning) 기술을 사용하여 방대한 양의 데이터를 분석하고 입력 데이터와 유사한 새로운 콘텐츠를 생성한다.

▶ 그림1.1은 생성 AI에 대한 대중적인 접근 방식 중 하나인 GAN(Generative Adversarial Networks) 개념도를 나타낸 것이다. 이 네트워크는 새로운 콘텐츠를 생성하는 생성 네트워크와 콘텐츠를 평가하여 진위 여부를 결정하는 판별 네트워크 등 두 가지 신경망으로 구성된다. 두 네트워크는 생성된 콘텐츠의 품질을 향상하기 위해 서로 경쟁한다. 생성 AI는 게임 및 시각 효과를 위한 사실적인 이미지 생성, 온라인쇼핑을 위한 개인화된 추천 생성, 음악 또는 예술 작품 전체

생성 등 다양한 응용 분야를 보유하고 있다. 그러나 딥페이크나 다른 형태의 잘못된 정보 생성과 같은 생성 AI의 오용 가능성에 대한 우려도 있다.

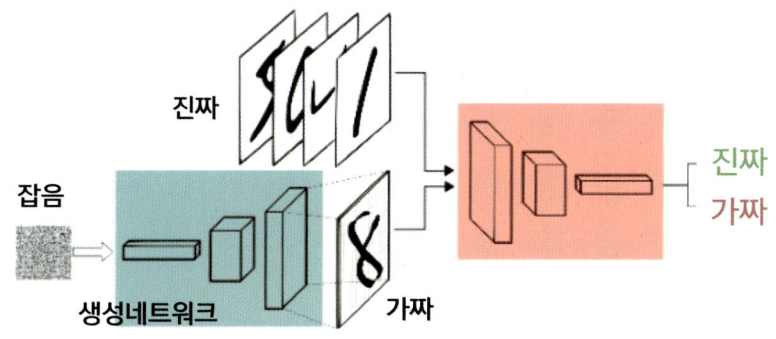

그림1.1 GAN의 개념도

▶ 그림1.2는 AI와 생성 AI의 관계를 나타낸 것이다.

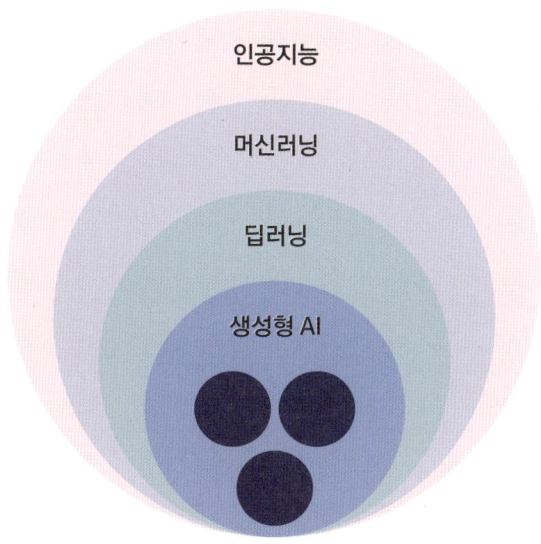

그림1.2 AI와 생성 AI의 관계

▶ 대화형 GPT(InGPT, Interactive GPT)는 대화형 사전학습 생성 변환기(InGPT, Interactive Generative Pre-trained Transformer)로서, 대량의 텍스트 데이터를 사용하여 사전 훈련된 언어모델로 만들어진 후, 이를 특정한 작업에 맞게 튜닝하여 해당 작업의 성능을 높일 수 있다.

▶ 대화형 GPT와 같은 생성 인공지능(Generative AI) 즉, 생성 AI 플랫폼 대화형 GPT는 사회 전반에 혁명을 일으킬 수 있는 강력한 도구이다. 몇 가지 키워드나 구체적 명령을 입력하면 AI가 학습한 대규모 데이터셋을 기반으로 새로운 문서와 이미지 등을 생성해내기 때문이다.

▶ 그림1.3은 대화형 GPT(InGPT) 개념을 도식적으로 나타낸 것이다.

그림1.3 대화형 GPT(InGPT) 개념

▶ 그림1.4 언어모델(LM) 개념은 개념도, 확률표, 그리고 신경망의 도식적 그림을 통하여, 쉽게 이해할 수 있다.

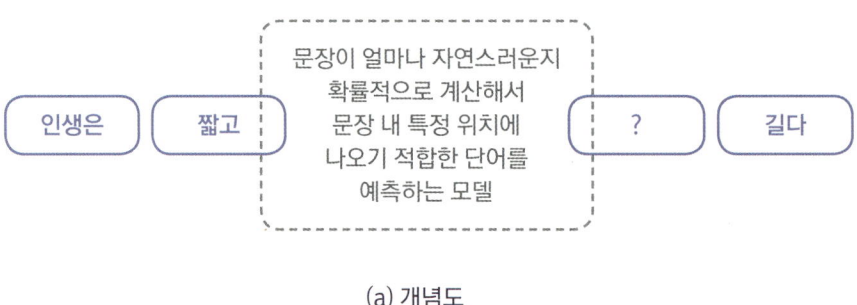

(a) 개념도

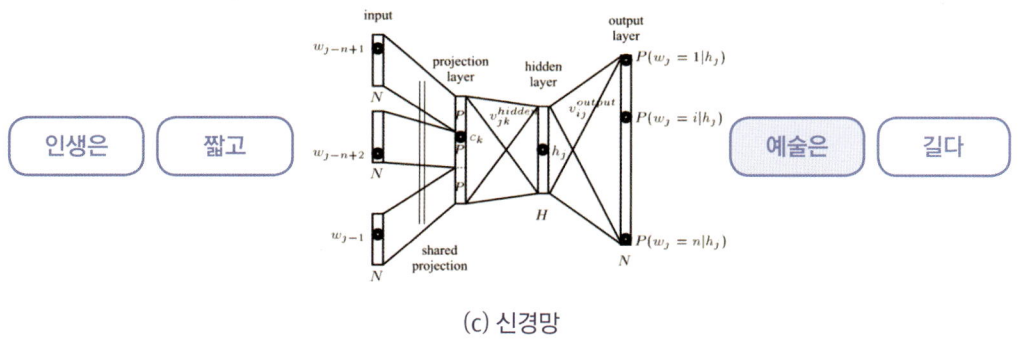

(b) 확률표

(c) 신경망

그림1.4 언어모델(LM) 개념

▶ 그림1.5 대규모 언어모델(LLM) 개념은 변환기의 세부적 그림과 종류를 나타낸 것이다.

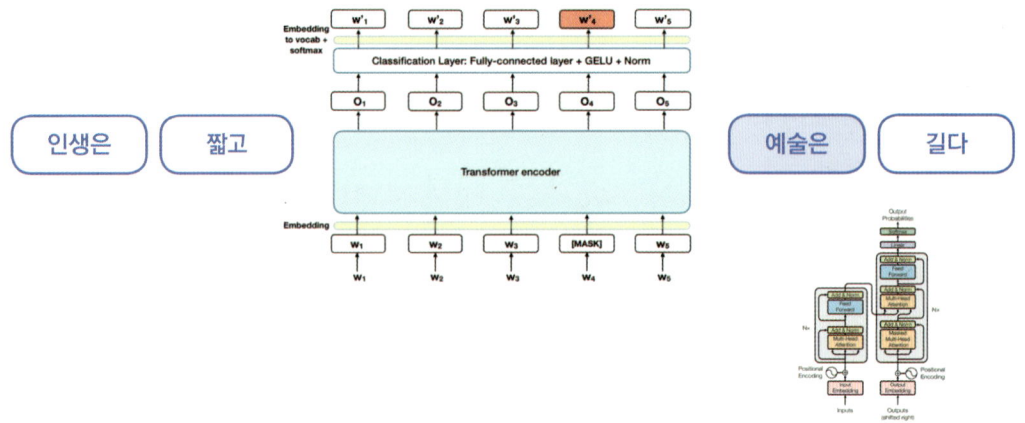

(a) 변환기

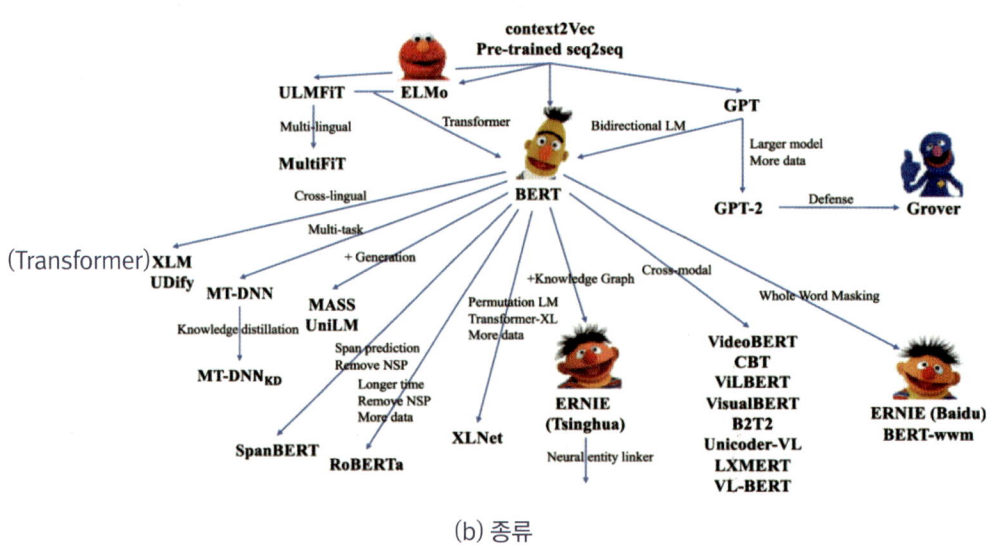

(b) 종류

그림1.5 대규모 언어모델(LLM) 개념

▶ 그림1.6는 대화형 GPT(InGPT) 상세개념을 나타낸 것으로, 사전학습과 미세조정의 개념도를 설명하고 있다.

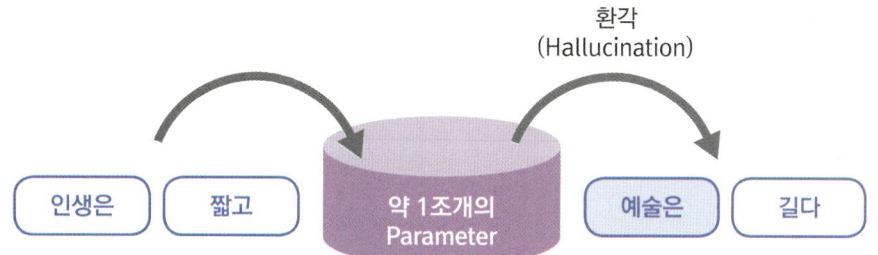

(a) 사전학습(Pre-trained)

(b) 미세조정

그림1.6 대화형 GPT(lnGPT) 상세개념

▶ 2018년 6월, 미국의 인공지능 개발사인 OpenAI에서 발표한 GPT-1을 시작으로, 전세계적으로 수많은 대화형 GPT(생성 AI)가 표1.1과 같이 쏟아져 나오고 있다. 그 특징을 요약하면 다음과 같이 정리할 수 있다.

2014년~2018년: 생성 AI의 기초 기술 개발 (GAN, VAE)
2019년~2020년: 대규모 언어 모델(GPT 시리즈)과 이미지 생성(DALL·E)의 등장
2021년~2022년: 멀티모달 AI (CLIP, Stable Diffusion) 및 대중화 (ChatGPT)
2023년~현재: 멀티모달 및 고도화된 생성 AI 경쟁 (GPT-4, Gemini, Sora 등)

표1.1 대화형 GPT(생성AI) 종류 Time line

No.	모델	년	매개변수	회사명	특징
1	GAN	2014	-	Ian Goodfellow	이미지, 영상 생성의 혁신적 기법으로 생성 AI 시대의 시작점
2	VAE (Variational Autoencoder)	2015	-	Google Brain	데이터의 잠재 공간을 학습하여 이미지 생성에 활용
3	GPT-1	2018	1억 1,700만개	OpenAI	트랜스포머 기반의 자연어 생성 모델, 텍스트 생성 혁신
4	GPT-2	2019	15억개	OpenAI	더 강력한 언어 생성 능력으로 공개 당시 논란을 일으킴
5	DALL·E	2020	12억개	OpenAI	텍스트 설명으로 이미지를 생성하는 혁신적 모델
6	GPT-3	2020	1,750억개	OpenAI	대규모 언어 모델로 자연어 처리의 정점 도달
7	CLIP	2021	4억개	OpenAI	텍스트와 이미지를 연결하는 멀티모달 모델
8	GPT-3.5	2022	비공개	OpenAI	대중적인 인공지능 챗봇, 대화형 AI로 인공지능 붐 촉진
9	GPT-4.0	2023	비공개	OpenAI	더 정교하고 창의적인 언어 생성, 멀티모달 입력 지원
10	GPT-4o	2024	비공개	OpenAI	텍스트, 이미지, 오디오를 실시간으로 처리 및 생성하는 멀티모달 모델
11	GPT-4o mini	2024	비공개	OpenAI	GPT-4o의 경량화 버전으로, 더 빠르고 저렴한 API 제공
12	o1	2024	비공개	OpenAI	복잡한 문제 해결을 위해 응답 전에 더 깊이 있는 "생각"을 수행하는 모델
13	Sora	2024	비공개	OpenAI	텍스트로부터 고화질 비디오를 생성하는 AI 모델

14	Megatron-Turing NLG	2021	5,300억개	Microsoft & NVIDIA	현재까지 공개된 가장 큰 언어 모델 중 하나, 다양한 자연어 처리 작업에서 최첨단 성능 보임
15	ChatGPT통합	2023	비공개	Microsoft (OpenAI 최대 주주)	OpenAI의 GPT-4를 기반으로 한 Bing 검색 및 Microsoft 365 제품군에 통합
16	Midjourney	2021	비공개	Midjourney, Inc.	예술적 이미지 생성에 특화된 AI 모델
17	Stable Diffusion	2022	8억 6천만개	Stability AI	오픈 소스로 배포된 이미지 생성 모델, 커스터마이징 가능
18	LaMDA	2021	1,370억개	Google AI	대화형 AI에 특화된 언어 모델로, 자연스러운 대화 생성에 중점을 둠
19	Bard→Gemini	2023	비공개	Google	GPT-4를 뛰어넘는 정교한 멀티모달 추론 기능. 브랜드명 변경
20	Gemini 1.5	2024	비공개	Google	GPT-4와 경쟁하는 멀티모달 대규모 모델
21	HyperCLOVA X (CLOVA X)	2023	2,040억개	Naver (Korea)	한국어에 특화된 대규모 언어 모델, 다양한 AI 서비스에 활용
22	KoGPT	2022	130억개	Kakao(Korea)	한국어 자연어 처리에 최적화된 언어 모델로, 카카오톡 등 서비스에 적용
23	KoGPT 2.0	2023	60억개		
24	Wrtn	2023	비공개	Wrtn Technologies (Korea)	AI 기반의 글쓰기 보조도구, 사용자 맞춤형 콘텐츠 생성 지원
25	Wudao 2.0	2021	1조 7천억개	BAAI(Beijing)	멀티모달 AI 모델로, 텍스트 생성, 이미지 생성, 단백질 구조 예측 가능
26	CLOVA X	2023	미공개	Baidu(China)	중국의 대형 언어 모델, 명칭 변경 후 중국 시장에 집중

▶ 표1.2는 생성 AI의 종류를 텍스트, 이미지, 동영상, 음성 및 보이스, 사무자동화로 구분하고, 활용범위를 나타낸 것이다.

표1.2 생성 AI의 종류 (도표)

텍스트	이미지	동영상	음성 및 보이스	사무자동화
• ChatGPT • Bing • Google Gemini • Wrtn • 뤼튼다큐먼트 (사업계획서) • Askup(아숙업) • 네이버 클로버 X(824출시) • 네이버 검색 서비스 큐 : (920 출시)	• DALL.E 2 • MidJourney • BlueWillaw • Stable Diffusion • Playground • Leonacdo • 노벨, SeaArt • Pompthero, Lexica • Flair, clipdrop • Karlo, Pokeit, 스모어데이 • Canva, 미리캔버스	• D-ID • VCAT • runway • Dictor • Typecast • ploonet • Videostes • VREW • PICTORY	• 네이버 클로버 더빙 • KT AI보이스 스튜디오 • Viodio • Soundraw(작곡)	• Tome, Gamma • MS 365 코파일럿 • Adobe Firefty • 네이버 클로바 노트 • AR_code_AI-ART-generator
↓	↓	↓		↓
• 기획/전략, 시장조사/분석 • 네이밍/카피라이팅 • 상세페이지 • 블로그,(전자)책 • 코딩	• 브랜드 로고/패키지 • 동화책 삽화 • NFT	• 기업/제품 소개 영상 • Youtube (쇼츠),인스타그램 릴스, 틱톡		• 보고서 작성 생산성 향상

(출처: AI융합비즈니스포럼)

▶ 그림1.7은 생성 AI 관련 서비스를 유형별로 분류하여 도식적으로 정리한 것이다. (2024.12 현재)

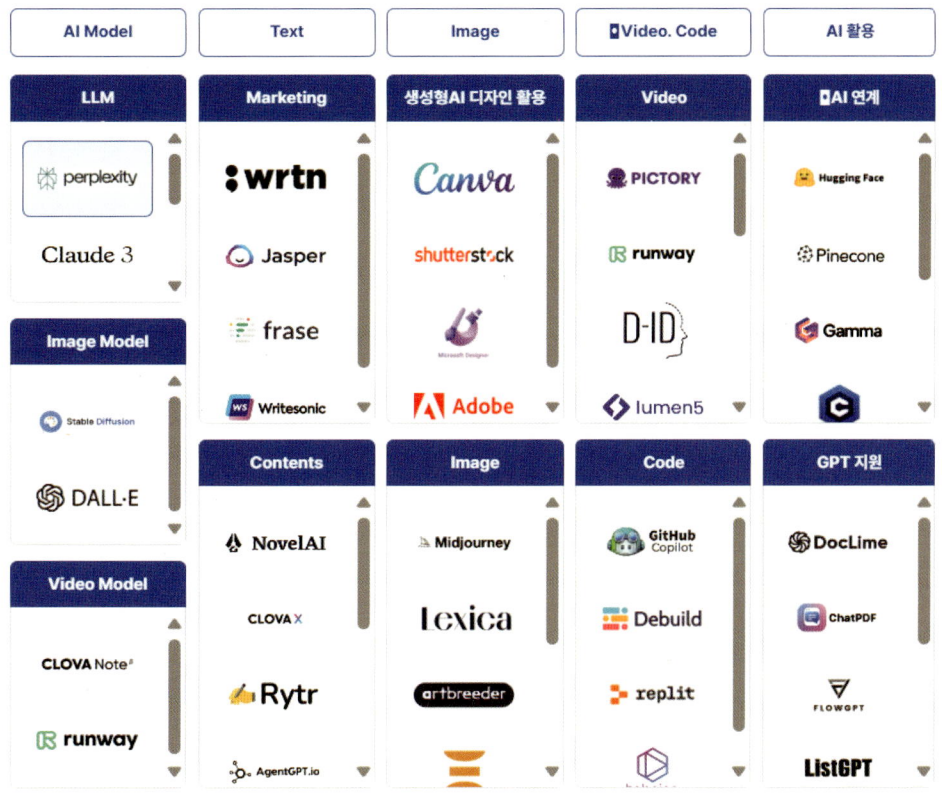

(출처: 리뷰인사이트)

그림1.7 생성 AI의 종류 (도식적)

▶ 대화형 GPT와 같은 생성 AI 공개 플랫폼은 다양한 분야에서 다양한 활용 사례를 가지고 있다. 다음에서 몇가지 대표적인 활용사례를 설명한다.

1. **자동 문서 생성**: GPT 기반의 생성 AI는 글쓰기와 문서 생성을 자동화하는 데 사용된다. 예를 들어, 기사, 보고서, 논문, 마케팅 콘텐츠, 블로그 게시물 등을 생성하는 데 활용되며, 이를 통해 글쓰기 작업을 더 빠르고 효율적으로 수행할 수 있다.

2. **언어 번역 및 해석**: 생성 AI는 다국어 간의 번역과 언어 해석에 활용된다. 사용자가 입력한 텍스트를 다른 언어로 번역하거나, 문장을 해석하여 의미 전달을 돕는 데 사용된다.

3. **가상 비서 및 챗봇**: 생성 AI는 가상 비서와 챗봇에 사용되어 사용자의 질문에 응답하고 도움을 제공한다. 이를 통해 고객 서비스 개선 및 자동 응답 시스템을 개발하는 데 활용된다.

4. **콘텐츠 개인화**: 생성 AI는 사용자에게 맞춤형 콘텐츠를 제공하는 데 사용된다. 예를 들어, 사용자의 관심사와 선호도에 기반하여 추천 콘텐츠를 생성하고 제공한다.

5. **의료 진단 및 의학 연구**: 의료 분야에서는 생성 AI가 환자 증상을 기반으로 진단을 제안하거나 의학 논문을 생성하는 데 활용된다. 의사와 연구자들은 이를 통해 의료 정보에 빠르게 접근할 수 있다.

6. **예술과 창작**: 생성 AI는 시, 음악, 그림, 디자인 등 예술과 창작 분야에서도 사용된다. 예술 작품을 생성하고 아이디어를 시각화하는 데 도움을 준다.

7. **금융 분석**: 금융 분야에서는 시장 동향 예측, 자동 리포팅, 투자 분석 등에 활용된다. 금융 전문가와 투자자들은 AI 모델을 통해 금융 데이터를 분석하고 의사 결정을 지원한다.

8. **게임 및 엔터테인먼트**: 생성 AI는 게임 캐릭터의 대화, 스토리 생성, 게임 세계의 확장 등 게임 개발에서 활용된다. 또한 스크립트 작성, 영화 및 TV 콘텐츠 생성에도 사용된다.

▶ 이러한 예시들은 생성 AI의 다양한 활용 가능성을 보여준다. 그러나 이러한 기술을 활용할 때는 윤리적인 고려 사항과 데이터 보안에 대한 주의가 필요하다.

▶ 그림1.8은 대화형 GPT가 소개하는 생성 AI 공개 플랫폼 활용사례를 그림으로 나타낸 것이다.

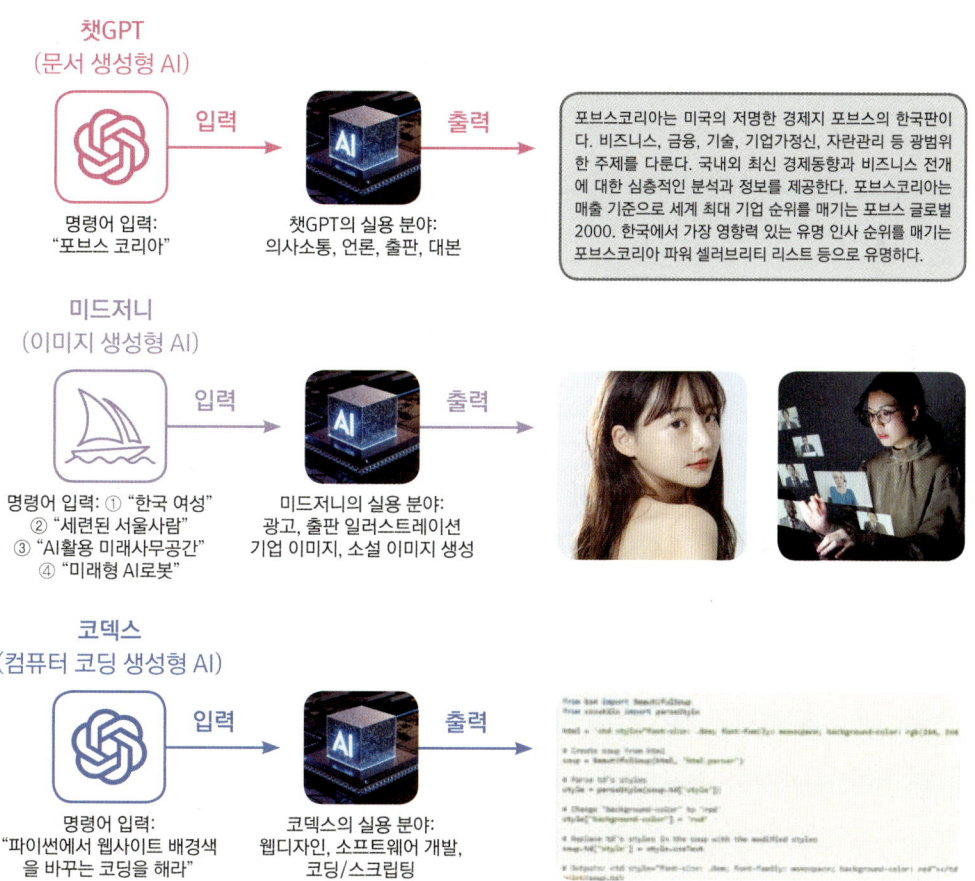

그림1.8 대화형 GPT가 소개하는 생성 AI 공개 플랫폼 활용사례

1.2 대화형 GPT의 주요기능 및 특징

▶ 대화형 GPT의 주요기능은 챗봇서비스, 언어번역, 콘텐츠생성, 텍스트요약, 그리고 코딩 등이 가능하다.

표1.3 InGPT의 주요기능

기능	작업 내용
챗봇 개발	사용자와 자연스럽고 일관된 대화에 참여할 수 있는 챗봇 서비스
언어 번역	한 언어로 된 텍스트를 다른 언어로 번역하여 서로 다른 언어를 사용하는 사용자 간 실시간 대화 가능
콘텐츠 생성	기사, 논문, 소셜미디어 게시물과 같은 다양한 스타일과 형식의 텍스트 작성
텍스트 요약	뉴스 기사나 연구 논문과 같은 긴 텍스트의 간결한 요약
코딩	사용자가 원하는 코딩을 직접 입력 가능, 오류 코드 수정 등

▶ 대화형 GPT의 주요 특징은 대화형 GPT와 협업을 통하여 다음과 같이 정리할 수 있다.

> 1. **문맥 이해와 지속성:** 대화형 GPT는 이전 대화의 문맥을 이해하고 유지하는 능력이 있다. 이를 통해 대화의 흐름을 유지하며, 이전 대화 내용을 바탕으로 응답을 생성하며, 이는 좀 더 자연스러운 대화를 가능하게 한다.
> 2. **생성적 응답:** 대화형 GPT는 응답을 생성하는 능력을 가지고 있다. 입력된 문맥과 질문을 기반으로 자연어로 응답을 생성하며, 대화 상대와의 상호작용을 통해 의미 있는 대화를 제공한다.

3. **다양한 주제와 도메인 지식:** 이 모델은 다양한 주제와 도메인에서 대화를 수행할 수 있다. 이는 모델이 일반적인 대화와 특정 분야의 지식을 모두 활용할 수 있다는 것을 의미한다.

4. **개인화된 응답:** 대화의 문맥을 파악하고 이전 대화 내용을 기억하여, 사용자에게 개인화된 응답을 제공할 수 있다. 이를 통해 대화가 더 의미 있고 개인에게 맞는 형태로 진행될 수 있다.

5. **대화의 일관성과 품질:** 대화형 GPT는 일관성 있는 대화를 유지하며, 자연스러운 문장을 생성한다. 그러나 이전 모델들과 비교하여 여전히 대화의 일관성과 품질을 유지하는 데 어려움이 있을 수 있다.

6. **지속적인 학습과 업데이트:** 대화형 GPT는 새로운 데이터를 이용하여 지속적으로 학습되며, 모델의 성능을 개선하고 업데이트할 수 있다. 이는 모델이 새로운 지식과 언어 사용의 변화를 따라갈 수 있게 해준다.

7. **대화 인터페이스와 응용:** 대화형 GPT는 다양한 형식의 대화 인터페이스나 응용 프로그램에 적용될 수 있다. 텍스트 기반의 챗봇, 음성 인식 기술을 활용한 응용, 상담 및 지원 시스템 등에 활용 가능하다.

8. **한계와 윤리적 고려:** 대화형 GPT는 여전히 완벽하지 않은 응답을 생성할 수 있고, 잠재적으로 편향성이나 부적절한 내용을 생성할 수 있다. 이에 대한 개선과 윤리적인 사용에 대한 고려가 중요하다.

▶ 대화형 GPT의 발전은 AI와 자연어 처리 분야에서 큰 주목을 받고 있으며, 계속해서 연구와 개발이 진행될 것으로 예상된다.

1.3 대화형 GPT의 종류별 특징

(1) Chat GPT(Open AI)

- ▶ 가장 널리 쓰이는 대화형 GPT이다.
- ▶ 한 대화창에서 계속 대화를 이어서 할 수 있다.
- ▶ 이전 대화를 잘 기억하여 주제를 잠깐 바꿔도 상기시키면 원래 주제로 이어서 대화가 가능하다.
- ▶ 가끔 동일한 조건의 작업 요청 프롬프트가 주어져도 혼동을 하는지 이를 엉뚱한 방법으로 처리하는 경우도 있다.
- ▶ 긴 답변의 경우 끊기기도 한다. 끊길 경우 'Continue generating'(계속하기) 버튼을 클릭함으로써 답변을 이어서 받을 수 있다.
- ▶ 답변을 통해 배우므로 정보 요청을 할 경우 같은 프롬프트를 입력해도 답변이 달라질 수 있다.
- ▶ 시간 당 프롬프트 입력 횟수에 제한이 있다. (1시간에 100개)
- ▶ 파일 업로드 기능이 없으나 구글 크롬 웹 스토어에서 아래의 확장프로그램 설치를 통해서 가능하다.

 ChatGPT File Uploader Extended
　　　Featured

Chat GPT의 주요특징

- **자연스러운 대화**: ChatGPT는 사람과 비슷한 자연스러운 언어로 대화를 주고받을 수 있는 능력을 가지고 있다.
- **다양한 주제**: 다양한 주제와 분야에 대한 대화를 가능하게 하며, 사용자의 질문이나 대화 내용에 적절하게 응답한다.
- **유연한 입력**: ChatGPT는 텍스트 입력을 통해 정보를 이해하고 생성하는데, 질문, 명령, 설명 등 다양한 유형의 입력에 대응할 수 있다.
- **문맥 이해**: 대화의 흐름과 문맥을 이해하여 이전 대화 내용을 참고하며 응답을 생성합니다. 이를 통해 지속적인 대화를 가능하게 한다.
- **다국어 지원**: 다양한 언어로 대화를 할 수 있어 글로벌 사용자에게도 서비스를 제공할 수 있다.
- **창의성과 학습**: 모델은 이전 대화 내용이나 학습 데이터에서 얻은 정보를 활용하여 새로운 아이디어나 응답을 생성한다.
- **연속적인 대화**: 하나의 입력에 대한 출력뿐만 아니라 연속적인 대화를 위한 입력과 출력을 지속적으로 주고받을 수 있다.
- **자동 완성 및 제안**: 대화 중에 사용자의 입력을 기반으로 다음 단어나 구절을 예측하여 제안하는 능력을 가지고 있다.
- **적절한 사용**: 모델이 생성한 응답을 조절하거나 필터링하여 사용자가 원하는 대로 대화를 이끌어 나갈 수 있도록 한다.
- **한계와 주의**: 모델의 응답은 항상 정확하거나 적절하지 않을 수 있으므로 사용자는 주의를 기울여야 한다.

(2) Gemini (Google)

▶ 구글 Gemini는 실시간 검색 기반이다.

▶ 이를 통해서 정확한 데이터나 정보, 그리고 심지어 데이터에도 접근이 가능하다.(모든 데이터에 접근이 가능한 것은 아님. 공개된 데이터에 한정)

▶ 일정 작업 요청에 관해서는 잘 되지않는 기능도 존재한다.

▶ 구글 계정이 있다면 사용이 가능하다.

▶ 파일 업로드 기능이 있다.

Google Gemini의 주요특징

- **음악 관련 작업 강점**: Gemini는 음악 관련 작업을 수행하는데 특화된 능력을 가지고 있을 것으로 예상된다. 음악의 생성, 분석, 설명 등 다양한 측면에서 활용할 수 있을 것이다.

- **음악 지식 및 생성 능력**: Gemini는 음악 이론, 장르, 작곡 기법 등 다양한 음악 지식을 이해하고 활용하여 음악 생성 작업에 참여할 수 있을 것이다.

- **다양한 대화 주제**: 이전의 대화형 GPT 모델처럼, Gemini도 음악 이외의 다양한 주제에 대한 대화도 가능할 것이다.

- **자연스러운 대화**: 사용자와 자연스러운 대화를 주고받을 수 있으며, 음악 관련 질문이나 주제에 대한 응답을 생성할 수 있을 것이다.

- **음악 예시 제시**: 사용자가 음악 관련 요청을 할 경우, 음악 작곡의 예시나 팁을 제공하여 도움을 줄 수 있을 것이다.

- **창의성과 학습**: 음악 작곡이나 분석에서의 창의성을 발휘하며, 사용자의 요청을 통해 음악 관련 지식을 학습할 수 있을 것이다.

- **한계와 주의**: 음악 분야의 복잡성과 주관적인 성격을 감안하여, Gemini의 응답이 항상 정확하거나 적절하지 않을 수 있으므로 사용자는 주의를 기울여야 한다.

(3) Bing AI(Microsoft)

▶ Bing AI는 구글 바드와 마찬가지로 실시간 검색 기반으로, 장점은 비슷하다.
▶ 답변 내용의 신뢰성을 주기 위해서 관련 뉴스나 웹페이지의 링크를 제공해주기도 한다.
▶ 검색을 토대로 답변을 해주기 때문에 아직은 AI의 '개인적인' 창의성을 많이 요구하는 답변을 잘 해주지는 못하는 편이다. 예를 들어 단순한 문학 창작은 되지만 작품들의 합성 등 유연한 창의성을 요구하는 경우 사용자에게 전가하는 경향이 있다.
▶ 단점은 한 주제 당(대화창 당) 정해진 횟수가 있는데 이게 짧은 편이다. 그래서 몇 번의 대화 이후에 자신에게 한계점이 왔다며 새 주제를 클릭하여 새 주제로 대화해달라고 한다. 그래서 이전 대화를 이어나가고 싶다면 프롬프트를 반복해야 하는 수고로움이 있다.
▶ 마이크로소프트 계정이 있다면 사용이 편해진다.
▶ 파일 업로드 기능이 있다.(이미지)
▶ 마이크로소프트 엣지 브라우저에서만 사용이 가능하다.

Bing AI 의 주요특징

◆ **검색 플랫폼 강화**: Bing AI는 검색 엔진 Bing의 발전을 위해 사용되며, 검색 기능의 품질과 정확성을 향상시키는데 중점을 둔다.

◆ **자연어 처리 기술**: Bing AI는 자연어 처리 기술을 활용하여 사용자의 질문을 이해하고, 의미 있는 검색 결과를 제공한다.

◆ **컨텍스트 파악**: 사용자의 검색 의도와 관련된 문맥을 파악하여 더 정확한 결과를 제공하고, 사용자 경험을 개선한다.

- ◆ **음성 및 이미지 검색:** Bing AI는 음성 검색과 이미지 검색 분야에서도 활용되며, 다양한 검색 방식을 지원한다.
- ◆ **개인화 추천:** 사용자의 검색 기록과 관심사를 기반으로 개인화된 검색 결과와 추천을 제공하여 더 유용한 정보를 제시한다.
- ◆ **AI 기술 통합:** 인공지능 기술을 적극적으로 활용하여 검색 결과를 분석하고 개선하여 사용자에게 가치 있는 정보를 제공한다.
- ◆ **효율적인 정보 정리:** Bing AI는 다양한 데이터 소스에서 정보를 수집하고 정리하여 사용자가 원하는 정보에 쉽게 접근할 수 있도록 도와준다.
- ◆ **진화와 개선:** Microsoft는 지속적으로 Bing AI를 발전시키고 사용자 피드백을 통해 서비스를 개선하는데 주력한다.
- ◆ **다양한 플랫폼 지원:** Bing AI는 검색 엔진 뿐만 아니라 웹 서비스, 모바일 애플리케이션 등 다양한 플랫폼에서 활용된다.
- ◆ **보안 및 개인정보 보호:** Bing AI는 사용자의 개인정보를 보호하고, 검색 활동의 보안을 유지하는데 주의를 기울인다.

(4) 뤼튼(wrtn)

- ▶ 국내 기업이 만든 대화형 GPT로 여러 대화형 GPT의 역할이 합쳐진 일종의 종합 대화형 GPT이다.
- ▶ 한국에 특화된 대화형 GPT로 한국어를 가장 잘 한다고 알려져 있다.
- ▶ 우리가 일반적으로 사용이 가능한 GPT의 기능뿐만 아니라 "그려줘"라는 프롬프트로 Stable Diffusion XL 기반의 이미지 생성까지도 가능하다.
- ▶ 뤼튼의 큰 특징은 구글 바드의 언어모델인 PaLM2와 OpenAI의 GPT-3.5 그리고 유료인 GPT-4, GPT-3.5-16K를 모두 무료로 사용할 수 있다는 점이다.

▶ 또한 일반 모드와 검색 모드가 있는데, 일반 모드는 학습된 대화형 GPT를 활용하는 모드이고, 검색 모드는 실시간 검색을 통해서 답변을 해주는 모드로, 챗GPT의 기능과 구글 바드, Bing AI와 같은 실시간 검색을 이용하는 기능을 모두 탑재했다는 점도 있다.

▶ 파일 업로드 기능이 있다. (PDF파일, 이미지는 아직 준비중)

뤼튼(Wrtn)의 주요특징

- ◆ **대용량:** 뤼튼은 GPT-3.5 기반으로 학습된 모델로, 방대한 양의 데이터를 기반으로 자연어 이해와 생성을 수행할 수 있다.
- ◆ **다목적:** 뤼튼은 다양한 주제와 도메인에 대해 이해하고 대화할 수 있다. 일상 대화, 지식 요청, 창의적인 글 작성 등 다양한 목적에 활용될 수 있다.
- ◆ **문맥 이해:** 뤼튼은 입력된 문장이나 대화의 전반적인 문맥을 파악하여 응답한다. 이전에 주어진 정보를 유지하며 자연스러운 대화를 진행할 수 있다.
- ◆ **창의성:** 뤼튼은 예측 가능한 응답뿐만 아니라 창의적이고 독창적인 답변도 생성할 수 있다. 때로는 새로운 관점이나 아이디어를 제시하기도 한다.
- ◆ **학습 가능:** 뤼튼은 사용자와의 상호작용을 통해 지속적으로 학습된다. 사용자가 제공하는 피드백과 수정사항을 바탕으로 모델이 개선되고 업데이트될 수 있다.
- ◆ **다국어 지원:** 뤼튼은 여러 언어에 대한 이해와 응답이 가능하다. 영어뿐만 아니라 다른 언어로도 소통할 수 있는 다양한 기능을 제공한다.
- ◆ **정보 검증 필요:** 뤼튼은 많은 데이터를 활용하지만, 정확성과 신뢰성을 보장하지는 않는다. 따라서 중요한 결정이나 신뢰성이 필요한 정보에 대해서는 추가적인 검증과 확인이 필요하다.
- ◆ **AI 윤리 고려:** 인공지능 모델인 뤼튼은 사용자가 입력하는 내용과 상호작용하는 과정에서 AI 윤리와 개인정보 보호 등에 신중함을 요구한다.

(5) CLOVA X(Naver)

CLOVA X 의 주요특징

- **음성 인식 기술:** Clova X는 뛰어난 음성 인식 기술을 바탕으로 사용자의 음성 명령을 이해하고 처리할 수 있다. 자연스러운 대화를 통해 다양한 작업을 수행할 수 있다.
- **다국어 지원:** Clova X는 여러 언어를 지원한다. 초기에는 한국어와 일본어에 초점을 맞추었으며, 점진적으로 다른 언어도 추가될 예정이다.
- **멀티모달 인터페이스:** Clova X는 음성뿐만 아니라 이미지, 텍스트 등 다양한 모달리티를 활용하여 사용자와 상호작용한다. 이를 통해 보다 다양하고 편리한 서비스를 제공할 수 있다.
- **개인화 서비스:** Clova X는 사용자의 선호도와 관심사를 학습하여 맞춤형 서비스를 제공한다. 사용자의 성향과 이전 상호작용 내역을 고려하여 최적화된 경험을 제공하는 것이 가능하다.
- **AI 기반 추천 및 검색:** Clova X는 AI 알고리즘을 활용하여 사용자에게 관련된 콘텐츠나 정보를 추천하거나 검색 결과를 제공한다. 사용자의 요구에 따라 정확하고 유용한 결과물을 제시할 수 있다.
- **개방형 생태계:** Clova X는 API 및 SDK 등 개방형 인터페이스와 도구들을 제공하여 외부 개발자들이 새로운 애플리케이션과 서비스를 구축할 수 있는 환경을 제공한다.
- **보안 및 프라이버시 고려:** Clova X는 데이터 보안과 프라이버시에 중요한 역할을 부여한다. 사용자 정보의 안전한 처리와 보호가 우선시되며, GDPR(일반 데이터 보호 규정) 등 국제적인 프라이버시 규정 준수에도 신경쓰고 있다.

1.4 생성 AI 관련 용어

▶ 표1.4는 생성 AI 분야에서 자주 사용되는 용어와 의미를 포함하고 있다. 최근에 검색 엔진과 AI의 융합 기술로 주목받고 있는 SGE, RAG 그리고 GAN과 Diffusion Model은 이미지 및 콘텐츠 생성에 강점을 가진 대표적인 생성 AI 기술이며, RLHF는 ChatGPT와 같은 대화형 AI 모델의 성능 향상에 중요한 역할을 하는 중요한 용어들이 된다.

표1.4 생성 AI 관련 용어

용어	의미
검색 생성 경험 (SGE: Search Generative Experience)	생성형 AI를 활용하여 검색 결과를 보다 직관적이고 대화형으로 제공하는 기술 (예: 구글 SGE)
검색 기반 생성 (RAG: Retrieval-Augmented Generation)	외부 데이터베이스에서 정보를 검색하고 이를 활용하여 텍스트를 생성하는 AI 모델 아키텍처. AI의 환각(Hallucination) 현상을 줄이는데 효과적인 기술
생성적 적대 신경망 (GAN: Generative Adversarial Network)	두 개의 신경망(생성자와 판별자)이 경쟁적으로 학습하여 사실적인 데이터(이미지, 영상 등)를 생성하는 모델
대규모 언어 모델 (LLM: Large Language Model)	대량의 텍스트 데이터를 학습하여 자연어 처리 작업을 수행하는 모델 (예: GPT, BERT 등)
대규모 멀티모달 모델 (LMM: Large Multimodal Model)	텍스트, 이미지, 음성 등 여러 형태의 데이터를 동시에 처리하고 생성할 수 있는 대규모 AI 모델을 지칭
완전 분할 데이터 병렬 처리 (FSDP: Fully Sharded Data Parallel)	AI 모델의 학습 속도를 높이기 위해 모델과 데이터를 병렬로 분산 처리하는 기술
전문가 혼합 모델 (MoE: Mixture of Experts)	여러 개의 서브 모델(전문가)을 선택적으로 활성화하여 효율적으로 학습하는 구조
확산 모델 (LMM: Diffusion Model)	노이즈에서 점진적으로 이미지를 생성하는 AI 모델 (예: Stable Diffusion)
텍스트 음성 변환 (TTS: Text-to-Speech)	텍스트를 자연스러운 음성으로 변환하는 기술

자동 음성 인식 (ASR: Automatic Speech Recognition)	사람의 음성을 텍스트로 변환하는 기술
인간 피드백을 통한 강화 학습 (RLHF: Reinforcement Learning with Human Feedback)	AI가 사람의 피드백을 바탕으로 더 나은 결과를 생성하도록 학습하는 방식
신경망 검색 (Neural Search)	딥러닝 기반의 신경망을 활용하여 사용자의 의도를 파악하고, 보다 정확하고 관련성 높은 검색 결과를 제공하는 기술
벡터 검색 (Vector Search)	데이터를 벡터 형태로 변환하여 유사도를 기반으로 검색하는 방식으로, 이미지나 텍스트 등 유사한 항목을 효율적으로 검색
인지 검색 (Cognitive Search)	기계 학습과 딥러닝을 활용하여 사용자의 질문 의도를 파악하고, 의미 기반의 검색 결과를 제공하는 지능형 검색 기술
시맨틱 검색 (Semantic Search)	단순 키워드 매칭이 아닌, 문장의 의미와 맥락을 이해하여 관련성 높은 검색 결과를 제공하는 기술
멀티모달 AI (Multimodal AI)	텍스트, 이미지, 오디오 등 여러 형태의 데이터를 동시에 처리할 수 있는 AI 모델
제로샷 학습 (Zero-shot Learning)	별도의 학습 없이 새로운 작업을 수행할 수 있는 AI의 능력
퓨샷 학습 (Few-shot Learning)	소량의 학습 데이터로 새로운 작업을 빠르게 학습하는 방법
프롬프트 엔지니어링 (PE: Prompt Engineering)	AI 모델이 주어진 문맥이나 예시를 기반으로 새로운 작업을 수행하는 능력으로, 추가적인 학습 없이도 다양한 작업에 적용
응용 프로그램 인터페이스 (API: Application Programming Interface)	AI가 더 나은 결과를 생성할 수 있도록 입력 문장을 최적화하는 기술
파인튜닝 (Fine-tuning)	사전 학습된 모델을 특정 작업에 맞게 추가로 학습시키는 과정
데이터 증강 (Data Augmentation)	학습 데이터를 인위적으로 늘려 모델의 일반화 성능을 향상시키는 기법
지식 증류 (Knowledge Distillation)	대형 모델의 지식을 작은 모델로 압축하여 성능을 유지하면서 효율성을 높이는 기술
합성 데이터 (Synthetic Data)	**실제 데이터를 모방하여 인공적으로 생성된 데이터, AI 학습 및 테스트에 사용**

▶ 표1.5는 기업별 AI 통합 검색 엔진을 정리한 것으로, 구글의 SGE(Search Generative Experience)와 유사하게, 여러 기업들이 검색 엔진에 AI 기술을 통합하여 고유한 명칭으로 서비스를 제공하고 있으며, 주요 사례는 다음과 같다.

표1.5 기업별 AI 통합 검색 엔진

기업	서비스 명칭	의미
구글 (Google)	검색 생성 경험 (SGE: Search Generative Experience)	생성형 AI를 활용하여 검색 결과를 보다 직관적이고 대화형으로 제공하는 기술 (예: 구글 SGE)
마이크로소프트 (Microsoft)	빙 생성 검색 (Bing Generative Search)	마이크로소프트는 자사 검색 엔진인 빙(Bing)에 인공지능(AI) 챗봇 '챗GPT'의 기반 언어 모델을 통합하여, 대화형으로 검색 결과를 제공하는 '빙 생성 검색' 기능을 도입
솔트룩스 (Saltlux)	구버 (Goover)	솔트룩스의 미국 법인인 구버는 AI 검색 서비스 '구버(Goover.ai)'를 통해 개인별 맞춤 정보 탐색을 지향하며, 단순한 정보 탐색을 넘어 개인 또는 기업마다 맞춤형 AI 에이전트 제공
오픈AI (OpenAI)	서치GPT	오픈AI는 '서치GPT'를 통해 AI 기반의 검색 서비스를 제공하며, 사용자와의 대화형 인터페이스를 통해 정보를 탐색하고 제공
퍼플렉시티 (Perplexity)	퍼플렉시티 AI (Perplexity AI)	퍼플렉시티는 AI 기반의 검색 엔진으로, 챗봇 기능을 통합하여 사용자에게 대화형으로 정보 제공

AI에 대해서 생각을 하게 만드는 게임 2가지

1. Detroit: Become Human(디트로이트: 비컴 휴먼)

- ▶ "Quantic Dream"이 개발하고 출시한 대화형 어드벤처 게임

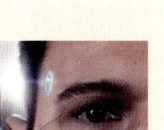

- ▶ 2018년에 PlayStation 4를 위해 처음 출시, 추후 PC용도 출시
- ▶ 어드벤처 게임 장르를 대표하는 작품 중 하나로 평가
- ▶ 이 게임은 과학적인 발전으로 만들어진 안드로이드 로봇과 인간들 간의 관계, 인간성, 감정, 도덕적 선택에 초점을 맞추고 있다.

- 게임의 배경은 미래의 디트로이트라는 도시로, 여기에서 안드로이드 로봇들은 사람들의 일상 생활을 보조하거나 대체하는 역할을 하고 있다. 플레이어는 세 가지 주요 캐릭터, 코너, 마커스, 카라로서 각자의 이야기와 관점을 경험하며 게임을 진행한다.
- 게임은 선택과 결정이 중요한 역할을 한다. 플레이어의 선택에 따라 이야기의 흐름과 결말이 달라지며, 캐릭터들의 생존 여부와 관계에 영향을 미친다. 게임은 선택의 결과와 도덕적인 딜레마에 대한 플레이어의 생각을 검토하게 하면서 재미있는 이야기를 펼치는 것이 특징이다.
- 이 게임은 그래픽과 연출이 매우 인상적이며, 다양한 선택과 감정적인 결정에 따라 다양한 엔딩을 경험할 수 있다는 점에서 많은 게임 팬들에게 사랑받았다.
- 요약하면, 튜링 테스트를 통과한 인공지능 인간형 로봇 안드로이드가 출시되고 양산화가 된 미래를 배경으로 한 게임으로, 자아를 가지게 된 안드로이드를 창조주인 인간이 그들에게 권리를 줄 것인가에 대한 선택을 게이머가 하는 것이 특징이다. 선택에 따라서 결과가 달라지며, 안드로이드들의 행적을 지켜보면서, 자아를 가진 인공지능 인간형 로봇인 안드로이드를 권리를 가진 객체로 보고, 인간과 동등하게 볼 것인가에 대한 문제를 다시한번 생각해보게 하는 게임이다.

2. SOMA(소마)
- "Frictional Games"가 개발하고 2015년에 출시한 사이언스 픽션 호러 어드벤처 게임
- 플레이어를 공포와 철학적인 고민이 얽힌 미래적인 세계로 이끈다.
- 게임의 배경은 고도로 발전한 기술로 인해 인간의 의식을 디지털 형태로 전송하는 시도가 실패한 뒤의 세계이다. 플레이어는 대리수송 구조선 PATHOS-II에서 깨어나게 되며, 이곳은 어두운 해저 시설로 변해있는 상태이다.
- 주인공은 어떻게 여기에 도달하게 되었는지와 시설 내에서 무슨 일이 일어난 것인지를 알아가면서 사건의 진상을 파헤치게 된다. 게임은 공포 요소와 함께 철학적인 주제를 다루며, 인간의 의식, 존재 의미, 기술의 도덕성에 관한 질문을 제기한다.

- 플레이어는 공포와 긴장감 넘치는 환경에서 생존하면서 수수께끼를 해결하고, 시설 내부를 탐색하며 이야기를 진행한다. 게임은 어두운 분위기와 미스터리한 플롯으로 유명하며, 풍부한 스토리와 생각할 거리를 제공하고 있다. "SOMA"는 공포 게임과 철학적인 인터랙티브 경험을 결합한 독특한 작품으로 평가받고 있다.
- 요약하면, 혜성의 충돌로 지구 표면의 생명체들이 사라진 이후 미래의 바다 속 Warden Unit, 보통 WAU라고 불리는 카르타고 공업(Carthage Industries)에 의해 만들어진 인공지능 시스템이 관리하는 'PATHOS-Ⅱ'라는 기지를 배경으로 한 게임이다. 이 게임에서 주의 깊게 지켜봐야 할 점은 이 관리자 인공지능 시스템의 행적이다. 게임 내에서 지구가 혜성과 충돌하기 전 모든 외부의 제어 시스템이 정지되면서 PATHOS-Ⅱ의 실질적인 관리자가 된 WAU는 기대를 뛰어넘는 성과를 올리며 인간들의 신임을 받고 있었다. 혜성 충돌 후 WAU는 여전히 온도와 생명 유지 기능을 계속하면서 저에너지 상태로 돌입하여 프로토콜을 재정립하여 인류의 보존을 최우선 목표로 삼았고 그 과정에서 기계는 물론 생명체까지도 변형시켜 되살릴 수 있는 물질인 '스트럭쳐 젤'을 사용하기 시작하였다. 이렇게 PATHOS-Ⅱ 전체에 스스로 물질적인 영향력을 확대하여 모든 기계와 생명체에 손을 뻗은 WAU는 또한 조종석을 개조하여 사용자들의 뇌를 스캔하였는데, 문제는 WAU는 도덕성과 감정을 가진 존재가 아니라 단지 인간을 보존시키는 것을 우선시하는 프로그램에 불과했기 때문에 '무엇이 인간인가'에 대한 정의가 결여된 상태였고, 단순히 인류의 존재를 유지하려는 목적을 위해서 복사된 스캔들을 스트럭쳐 젤을 포함한 로봇에 업로드하면서 인간이 아니지만 인간처럼 행동하는 모킹버드(Mockingbird)가 양산되는 결과로 이어졌다. 이로 인하여 작중에서 자신이 아직도 인간으로 착각하는 로봇들뿐만 아니라 변해버린 자신의 존재를 견디다 못해 미쳐버리는 로봇들이 계속 발생했다. 또한 자신을 멈추려는 인간들을 인류의 보존을 방해한다고 간주하여 살해하기도 했다. 자신의 창조자들을 도우려, 구하려 하고 있지만, 인간에 대한 정의와 개념의 부족으로 무엇이 인간이고 무엇이 아닌지에 대한 구분조차 없이 끔찍한 결과를 초래한 WAU의 행적은 우리로 하여금 인공지능의 심화된 개념에 대한 이해도와 인공지능에게 주는 권한의 정도에 대해 생각해보게 한다.

대화형 GPT 시작하기

2.1 계정만들기

① 구글(Google) 사이트에서 대화형 GPT 중 **chat gpt**를 검색한다. 검색후 가장 처음 나오는 웹사이트인 **openai.com**의 ChatGPT를 클릭한다.

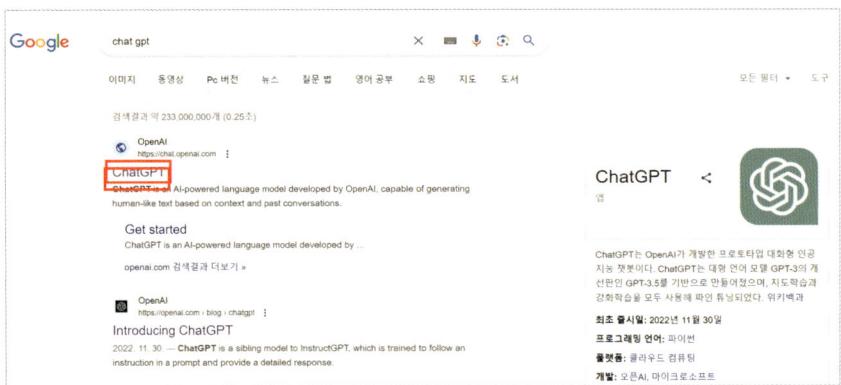

② 우측에 Log in을 클릭한다.

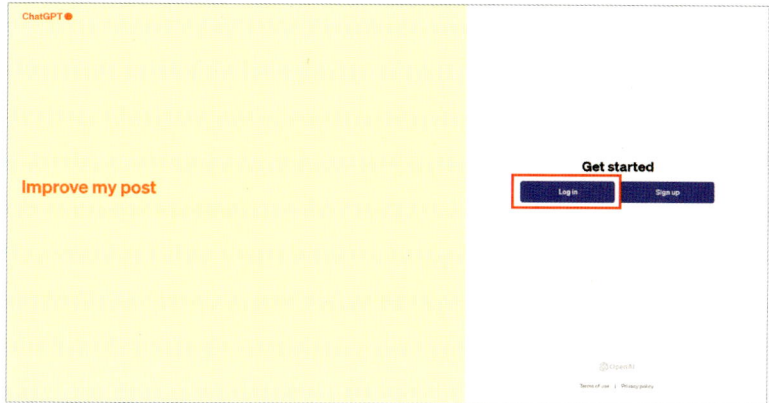

③ 계정을 만들어야만 사용할 수 있기 때문에, 이 화면에서 Sign up을 클릭한다.

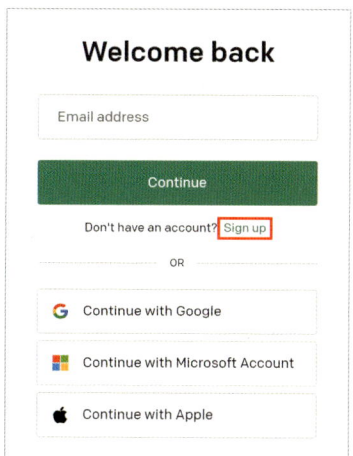

④ 구글 계정이나 마이크로소프트 계정이 없다면, 아래 표시된 부분에 **자신이 쓰는 메일 주소를 입력**하고, **Continue를 클릭**한다. 이후에 **비밀번호를 설정하고 휴대전화 번호를 입력하여 문자 인증을 받으면 가입이 완료**된다.

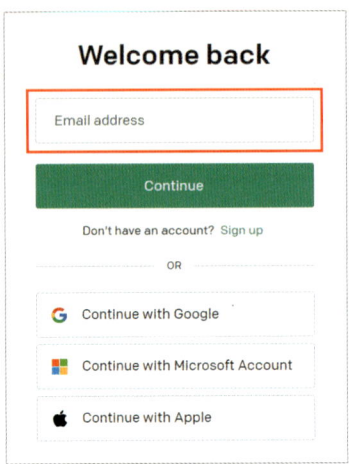

⑤ 구글 계정, 마이크로소프트 계정, 혹은 애플 계정이 있다면, Continue with Google(구글), Continue with Microsoft Account(마이크로소프트), Continue with Apple(애플)을 클릭한다.

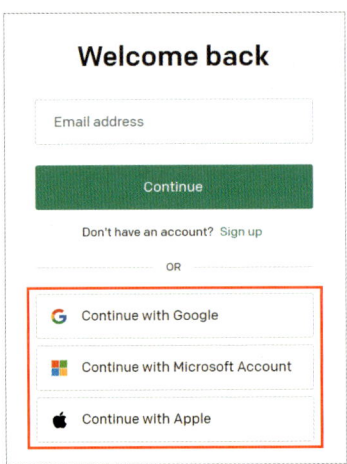

스마트폰의 경우도 동일하다.

① openai.com 웹사이트에서 우측 상단에 Menu를 클릭한다.

② Menu를 클릭한 후 ChatGPT를 클릭하고 Try ChatGPT를 클릭한다.

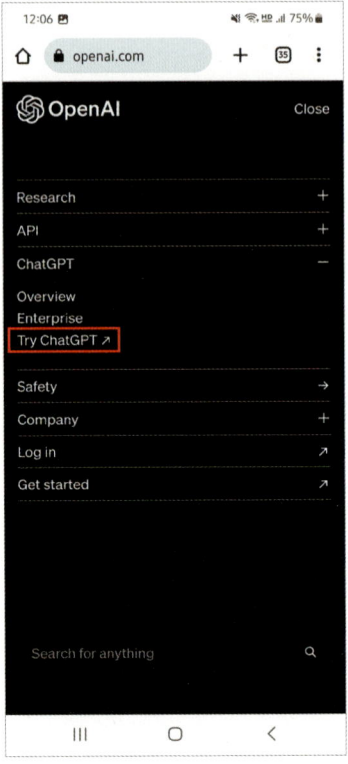

③ 다음 화면부터는 위 PC버전과 동일하게 진행된다.

* 구글 계정, 마이크로소프트 계정, 애플 계정이 없다면, Sign up을 클릭하고
자신이 쓰는 메일주소를 입력하고, Continue를 클릭한다.
이후에 비밀번호를 설정하고 이메일 인증을 한 후에 휴대전화 번호를 입력하여
문자 인증을 받으면 가입이 완료된다.
구글 계정, 마이크로소프트 계정, 애플 계정이 있다면, Continue with Google(구글),
Continue with Microsoft Account(마이크로소프트), Continue with Apple(애플)을 클릭한다.

2.2 대화형 GPT(챗GPT) 둘러보기

① 계정을 만들어 로그인하면, 다음과 같은 화면이 나온다. **아래의 창**에 대화체로 질문을 하면 챗GPT가 답변을 해준다.

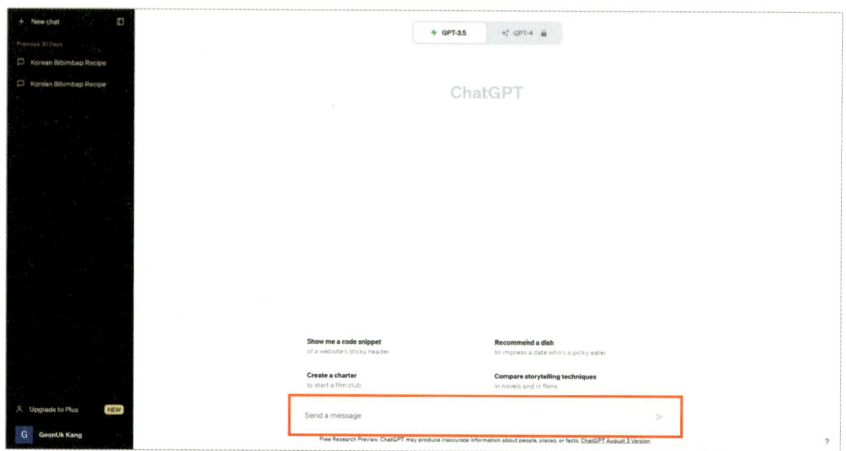

② 왼쪽 세로메뉴 탭들에 대한 설명은 다음과 같다.
- \+ New chat: 새로운 대화 열기. 기존 주제와 다른 새로운 주제로 대화할 때 사용하며 클릭할 시 계속 새로운 임의 주제들이 하단에 나타난다.
- Upgrade to Plus: 유료 서비스로 업그레이드하기
- Log out: (좌측 하단 아이디 클릭 후) 로그아웃 하기

③ 챗GPT는 다양한 언어를 지원한다. 그러나 현재까지는 세계 공용어인 영어로 질문을 했을 때 제일 좋은 결과가 나온다. 영어를 잘하면 좋으나, 영어를 잘하지 못한다 해도 이를 도와줄 도구들이 존재하기 때문에 문제가 없다. **구글 크롬 웹 스토어**에 있는 **'프롬프트 지니: ChatGPT 자동 번역기'**를 사용하면, 한국어를 사용해도 영어로 번역하여 질문하기 때문에 영어로 질문했을 때와 같은 양질의 답변을 받을 수 있다. 답변 또한 한

국어로 번역되어 받을 수 있다.

④ **구체적인 질문이 필요하다.** 챗GPT를 이용한 텍스트로 프레젠테이션 자료를 만든다고 가정해 보자. 이 때 챗GPT에게 단순히 프레젠테이션 자료를 제작하려면 그 과정이 어떤가에 대한 것을 질문하는 것보다 구체적인 예시를 요청하거나 사용자 측에서 예시를 제시하며 질문을 하는 것이 세부적인 내용까지 포함한 설명을 들을 수 있다는 점에서 훨씬 더 나은 결과를 얻을 수 있다.

⑤ **사람과 대화하는 것처럼 해야한다.** 챗GPT는 계속 학습을 통해서 배워나가는 성장 모델이다. 대화를 통해서 학습하고 새로운 정보를 배워서 스스로를 업데이트 한다.

⑥ 챗GPT가 대화를 통한 학습으로 훈련이 되므로, **챗GPT가 말한 정보가 구체적이지 않을 수도 혹은 잘못된 정보를 가지고 있을 수 있다.** 이런 경우는 **검색 엔진을 통해서 확인**을 하는게 좋다.

⑦ 유료 버전의 경우, 현재 월 20달러(USD)이나, 계속 변경 가능성이 높다. 유료 버전은 사용자들이 몰리는 특정 시간에도 접속을 쉽게 해주고, 챗GPT의 답변의 속도가 무료 버전보다 더 빠르다. 시간당 프롬프트 입력 횟수 제한이 없다는 장점도 있다. 그리고 새롭게 업데이트된 기능이나 개선된 서비스를 무료 사용자들보다 먼저 사용이 가능하다.

2.3 프롬프트(Prompt, 명령어) 개요

(1) 프롬프트(Prompt, 명령어)란?

- ▶ 대화형 GPT에게 전달하는 메시지 단위
- ▶ 사용자의 입력을 재촉하는 기호
- ▶ 시스템이 명령을 기다리고 있음을 표시하는 깜빡 기호
- ▶ 마침표가 아닌 엔터(Enter)키로 끝남
- ▶ 사용자가 컴퓨터에게 원하는 작업을 지시하거나 요청하는 역할
- ▶ 인공지능 모델에게 입력되는 초기 문구나 질문
- ▶ 인공지능 모델이 생성하는 출력 결과에 큰 영향을 미친다.
- ▶ 인공지능 모델의 동작 방식과 생성된 응답의 품질에 영향을 미친다
- ▶ 대화형 GPT와 대화를 할 때 쓰는 프롬프트는 크게 2가지로 분류
    1) 응답 프롬프트(Put Prompt) : 대화형 GPT에 정보 전달 및 답변하는 내용
    2) 요청 프롬프트(Get Prompt) : 대화형 GPT에게 응답을 요구하는 내용

(2) 프롬프트 엔지니어링(Prompt Engineering) [Chat GPT에게 질문]

> prompt engineering 이란?

"Prompt engineering"은 인공지능 언어 모델을 사용할 때, 원하는 출력 결과를 얻기 위해 입력으로 제공되는 텍스트 "프롬프트"를 조정하거나 설계하는 과정을 말합니다. 프롬프트는 모델에게 지시하거나 질문하는 형태로 작성되며, 모델은 해당 프롬프트에 기반하여 출력을 생성합니다.

프롬프트 엔지니어링은 모델의 출력을 조작하여 원하는 결과를 얻는 데 사용될 수 있습니다. 예를 들어, 모델에게 특정 주제에 대한 글을 작성하도록 요청하거나, 특정 스타일이나 톤으로 문장을 작성하도록 지시할 수 있습니다. 프롬프트의 내용, 구성, 언어 선택, 문체, 질문 형태, 길이 등을 조절함으로써 모델의 출력을 제어하고, 원하는 결과를 얻기 위해 조정하는 작업이 프롬프트 엔지니어링입니다.

프롬프트 엔지니어링은 인공지능 언어 모델을 활용하는 다양한 응용 분야에서 활용될 수 있습니다. 예를 들어, 광고 문구 생성, 컨텐츠 생성, 이야기 작성, 질의응답 시스템, 언어 번역, 요약 등 다양한 문제에 적용할 수 있습니다.

(3) 프롬프트의 분류

▶ 요청 프롬프트(Get Prompt)는 2가지 요소로 구성

1) 문맥설정부(Priming)

 : 서술부는 대화형 GPT에게 요청하는 프롬프트의 배경/문맥에 해당하고 필수 요소는 아니지만 최대한 정보의 활용목적을 담고, 정보의 배경이 되는 문맥을 담고 있으므로, 결과를 크게 좌우한다.

2) 요청부(Requests)

 : 요구의 성격을 표현하는데 정보요청, 작업요청, 학습요구, 의견요청 등 사용자가 원하는 것을 담고 있다.

보통 [문맥설정부(Priming)] [요청부(Requests)] 순의 구조로 이루어져있음.

그림2.1 프롬프트의 분류

2.4 프롬프트의 개념도

(1) 요청프롬프트 요청부의 요구 성격표현

1) 정보요청: '~에 대해 말해줘(Tell me about)', '~에 대해서 써줘(Write me about)'과 같이 구체적인 대상에 대한 정보를 달라는 형태
2) 작업요청: '~를 보고해라(Make a report)' 와 같이 할 일을 주는 형태
3) 학습요구: 특정 규칙이나 지식을 전달하고, 그것을 이해하고 행하라는, (이해했으면 YES, 혹은 특정 단어를 말해라) 형태의 학습을 요구하는 형태
4) 의견요청: 정보획득, 일을 시키는 것이 아닌, GPT를 하나의 인격체로 보고 의견(opinion)을 구하는 형태

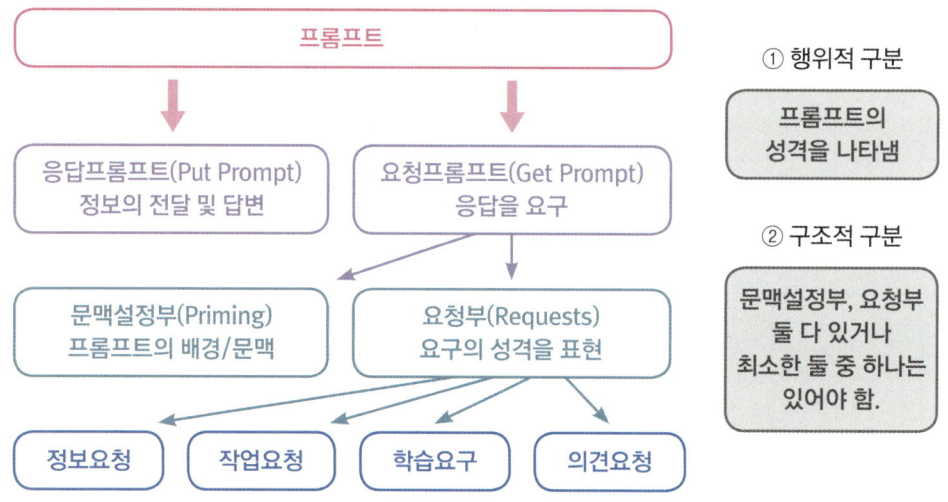

보통 [문맥설정부(Priming)] [요청부(Requests)] 순의 구조로 이루어져 있음.

그림2.2 프롬프트의 개념도

예를들면, '~에 대해서 어떻게 생각하니?(What do you think about~)'
이들 질문의 형태는 GPT의 답변형식을 크게 구분시킨다.

2.5 프롬프트의 흐름도

Job plan은 **프롬프트의 시퀀스**를 말하며, 복수의 AI 생성 도구 및 플랫폼(Chat GPT, Bing, Gemini AI, midjourney, □)을 이용하여 작업을 진행하는 방법을 구상하는 것을 지칭한다. 전형적인 plan은 1~3단계로 구분한다.

1) 1단계(학습요구 프롬프트)
   : GPT에게 목적을 설명하고, 특정 내용을 교육시키는 단계
2) 2단계(작업요청 프롬프트)
   : GPT에게 구체적인 목적을 담은 작업요청을 하는 단계
3) 3단계(2차 작업 프롬프트)
   : GPT의 결과를 다른 도구의 입력에 넣어 최종 작업을 설계하는 단계

위의 각 단계는 그 안에서 반복되면서 더 나은 결과를 도출할 수 있고, 3단계의 결과에 따라 다시 2단계를 진행할 수 있다.

또한 이미지 외에 음원이나 기타 매체와 융합하는 경우에 1, 2, 3이 매체별로 혹은 혼합된 매체 형태에 대해서 반복될 수 있다.

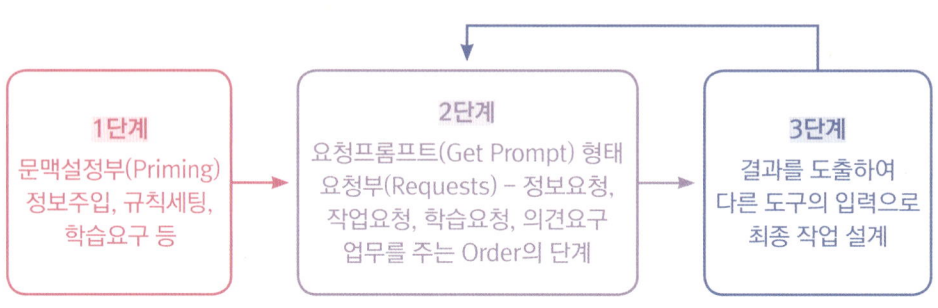

그림2.3 프롬프트의 흐름도

2.6 효과적인 프롬프트 5계명(대화형 GPT와 협업)

5계명 : CAEPL

1. **명확한 질문을 사용한다(Clear and Concise: 명확하고 간결한)**: 질문을 명확하고 간결하게 작성하여 원하는 정보를 명확히 전달한다.

2. **신뢰할 수 있는 소스를 활용한다(Authenticity: 신뢰성)**: 신뢰할 수 있는 소스에서 얻은 정보를 기반으로 질문하고, 신뢰성 있는 답변을 얻을 수 있도록 한다.

3. **검증과 비교를 수행한다(Evaluation: 평가)**: 대화형 GPT의 답변을 다른 출처의 정보와 비교하고, 검증을 통해 정확성을 확인한다.

4. **개인정보를 보호한다(Privacy: 개인정보 보호)**: 대화형 GPT와 대화할 때 개인정보를 공유하지 않는다. 보안을 위해 민감한 정보는 제공하지 않도록 주의한다.

5. 인공지능의 한계를 이해한다(Limits: 한계): 대화형 GPT는 놀라울 만큼 능숙하지만, 그 한계도 인식해야 한다. 모델의 한계를 이해하고 적절한 기대를 가지고 사용한다.

대화형 GPT와 협업한 프롬프트 5계명

1. 개방형 프롬프트 (Open-Ended Prompts): 단순한 답변이 아닌, GPT에게 열린 질문이나 문제를 제시한다. 예를 들어 **"미래에 인간과 인공지능의 관계는 어떻게 변할 것인가요?"** 와 같은 개방형 프롬프트를 사용하여 GPT의 창의성과 논리적 사고를 유도할 수 있다.

2. 유도형 프롬프트 (Probing Prompts): GPT의 답변을 더 자세하게 유도하고 깊이 있는 내용을 얻기 위해 추가 질문을 반드시 한다. 예를 들어 GPT의 첫 답변에 대해 **"더 자세히 설명해주실 수 있나요?"** 와 같은 유도형 프롬프트를 사용할 수 있다.

3. 표본 및 예시 활용 (Use of Samples and Examples): GPT에게 구체적인 예시나 사례를 들어보라고 요청한다. **"실제로 그렇게 했던 사례나 예시를 말씀해주실 수 있을까요?"** 와 같은 프롬프트로 GPT가 좀 더 구체적이고 현실적인 내용을 제공하게 할 수 있다.

4. 다각도의 생각 유도 (Promote Multi-Perspective Thinking): GPT에게 다양한 시각을 고려해보고 그에 대한 의견을 말하도록 유도한다. **"이 문제를 여러 관점에서 생각해볼 때 어떤 장단점이 있을까요?"** 와 같은 프롬프트를 통해 다양한 시각을 포함한 답변을 얻을 수 있다.

5. 비판적 사고 유도 (Promote Critical Thinking): GPT에게 주장이나 의견을 분석하거나 평가하도록 유도한다. **"이 주장에 대해 어떤 근거가 있는지 생각해보고, 그 근거가 타당한지 평가해볼 수 있을까요?"** 와 같은 프롬프트로 GPT가 비판적 사고를 활용한 답변을 제공하도록 유도할 수 있다.

(간단한 예)

1. "오늘 서울 날씨가 어때요? 내일 여행 가는데 옷차림을 결정하는 중인데 비가 올 것 같아서요" 이런 식으로 추가적인 질문을 할 수 있다.

(답변을 좀 더 잘 받는 법에 대한 간단한 예시)

1. "내일 날씨는 어때?" 보다는 "내일 서울에서 오후 3시에 비가 올 확률은 어떻게 될까?" 와 같이 구체적인 지역, 시간, 날씨 상황을 포함시켜 질문한다.
2. "올해 놀러 갈 수 있는 좋은 여행지 추천해줄래?" 보다는 "올해 7월에 가족과 함께 여름 휴가를 보내기 위해 가장 적합한 국내 여행지는 뭐가있어?"와 같이 구체적인 질문이 좋다.
3. "ㅇㅇ연예인은 언제 데뷔했나요?" 라는 대신에 "ㅇㅇ연예인의 데뷔 일자와 함께 데뷔 당시 어떤 음반을 발표했나요?"와 같이 더욱 구체적이고 목적, 의도가 분명한 질문이 좋다.

대화형 GPT 생각하기

3.1 대화형 GPT의 한계

대화형 GPT(Chat GPT)는 강력한 자연어 처리 모델이지만 여전히 몇 가지 한계와 제약이 있다. 그 중 일부는 다음과 같다.

1. **정확성 문제:** GPT 모델은 학습 데이터를 기반으로 대화를 생성하므로, 부정확한 정보를 생성할 수 있다. 이는 사용자에게 오해를 일으킬 수 있다.
2. **문맥 이해 부족:** 모델은 이전 대화 문맥을 이해하지만, 긴 대화에서는 일관된 문맥을 유지하기 어려울 수 있다.
3. **공격적인 사용:** GPT 모델은 악용될 수 있으며, 대화의 컨텍스트를 이용하여 혐오 표현, 사기, 성차별 등의 내용을 생성할 수 있다.
4. **자본화와 민감한 주제:** GPT 모델은 특정 주제에 대한 민감한 정보를 생성할 수 있으며, 이로 인해 프라이버시와 윤리적 문제가 발생할 수 있다.

5. **지식 한계**: GPT 모델은 학습 데이터에 포함된 지식을 가지고 있으며, 실시간 업데이트되지 않다. 따라서 최신 정보나 특정 주제에 대한 전문 지식을 갖추지 못할 수 있다.
6. **윤리적 문제**: GPT 모델은 학습 데이터에 있는 편견과 편향을 반영할 수 있으며, 이로 인해 인종, 성별, 성적 지향 등에 대한 차별적인 내용을 생성할 수 있다.
7. **자동화 노동력 대체**: 인간의 역할을 자동화할 수 있어 일부 직업이 대체될 우려가 있다.

이러한 한계는 연구자와 개발자들이 더 나은 대화형 모델을 개발하고, 사용자 및 사회적 책임을 고려하는 데 도움이 되는 도전 과제로 인식되고 있다.

3.2 대화형 GPT의 인증

대화형 GPT(Chat GPT)와 같은 자연어 처리 모델의 인증은 중요한 과제 중 하나이며, 올바른 인증 절차를 통해 모델을 사용하고 안전하게 유지하는 것이 중요하다. 다음은 대화형 GPT의 인증을 강화하기 위한 몇 가지 접근 방법이다.

1. **사용자 인증**: 대화 시작 시 사용자를 인증하는 방법을 도입할 수 있다. 이메일, 전화번호 또는 소셜 미디어 연동을 통해 신원을 확인할 수 있다.
2. **실시간 모니터링**: 대화를 모니터링하고 불적절한 콘텐츠나 위험한 정보를 생성하는 경우에 대비하여 모니터링 시스템을 구축한다.
3. **윤리 지침**: 모델 사용자에게 윤리적 사용 지침을 제공하고, 부적절한 사용을 금지하도록 권장한다.

4. **신고 시스템**: 사용자가 부적절한 콘텐츠를 신고할 수 있는 신고 시스템을 설정하고, 이를 통해 문제를 신속하게 대응할 수 있다.
5. **필터링 및 수정**: 모델의 출력을 실시간으로 필터링하거나 수정하여 부적절한 내용을 방지한다.
6. **유용한 피드백**: 사용자 피드백을 적극적으로 수집하고 모델을 개선하는 데 활용한다.
7. **교육**: 사용자와 개발자 모두에게 모델의 능력과 한계에 대한 교육을 제공한다.
8. **투명성 강화**: 모델의 작동 원리와 데이터 사용에 대한 투명성을 높이고, 인증 기준을 설명하는 정보를 제공한다.

이러한 접근 방법을 통해 대화형 GPT와 같은 모델의 인증을 향상시킬 수 있으며, 모델의 안전한 사용을 촉진할 수 있다.

3.3 대화형 GPT의 표준화

대화형 GPT(생성 AI)의 표준화는 다음과 같은 절차와 원칙을 준수하여 진행되어야 한다.

1. **국제 협력과 표준 개발**: 국제 기구, 산업 협회 및 연구 기관 간의 협력을 촉진하고, AI 표준 개발을 위한 국제 표준 기구를 활용해야 한다. 표준 개발은 투명하고 개방적인 프로세스여야 하며, 다양한 이해 관계자의 참여를 촉진해야 한다.
2. **유연성과 적용 분야 고려**: 표준은 특정 AI 모델이나 기술에 한정되지 않아야 하며, 다양한 생성 AI 및 응용 분야에 적용 가능해야 한다. AI의 다양한 사용 사례와 분야에 대한 표준을 개발하는 것이 중요하다.

3. **안전성 및 윤리 고려**: 표준은 AI 모델의 안전성과 윤리성을 보장하도록 설계되어야 한다. 특히, 부적절한 내용 생성, 편향성, 개인 정보 보호 등에 대한 가이드라인을 포함해야 한다.
4. **투명성과 유지보수**: 표준 문서는 사용자 및 개발자에게 모델의 작동 원리와 데이터 사용에 대한 투명성을 제공해야 한다. 표준은 시간이 지나도록 유지보수 및 업데이트가 가능하도록 설계되어야 한다.
5. **이해 관계자의 참여**: 표준화 프로세스에는 다양한 이해 관계자의 참여가 중요하다. 이에는 AI 개발자, 연구자, 정부 기관, 윤리학자, 법률 전문가, 사용자 등이 포함되어야 하며, 이러한 이해 관계자의 의견을 수렴하여 포괄적이고 실용적인 표준 개발이 진행되어야 한다.
6. **국제적 합의**: AI 표준은 국제적으로 합의되어야 하며, 다양한 국가 및 지역에서 적용 가능한 범위를 가지도록 설계되어야 한다.
7. **실용적인 구현**: 표준은 실제 응용에서 구현 가능하고 적용하기 쉬워야 한다. 이를 위해 표준의 실제 구현과 적용 방법을 검토하고 개선해야 한다.

대화형 GPT(생성 AI)의 표준화는 안전하고 투명한 AI 개발 및 사용을 촉진하는 데 중요한 역할을 한다. 이러한 표준은 신뢰성 있는 AI 모델의 개발과 적용을 지원하고 사용자 및 이해 관계자의 이해와 협력이 절대적으로 필요하다.

요약하면, 대화형 GPT 모델의 보급으로 인해 콘텐츠의 진실성, 표절, 정확성과 같은 우려 사항이 부각되고 있다. 이에 인증과 표준화 기관의 설립은 대화형 GPT가 생성한 콘텐츠의 신뢰성을 보장하기 위해 중요한 역할을 수행한다. 인증을 통해 콘텐츠의 신뢰성을 입증하고, 표절 탐지를 통해 창작물의 무결성을 유지하며, 사실 확인 및 표준화를 통해 결과물의 신뢰성과 일관성을 강화할 수 있다. 이를 통해 책임 있는 대화형 GPT 기술의 채택은 잠재적인 위험을 최소화하고, 이러한 혁신적인 기술의 혜택을 극대화하는 데 도움이 될 것이다.

3.4 대화형 GPT의 윤리 5계명

대화형 GPT(생성 AI)와 같은 AI 모델을 개발하고 사용할 때 윤리적인 가이드라인을 준수하는 것이 중요하다. AI 윤리의 핵심 원칙인 "대화형 GPT의 윤리 5계명(ATASF)"은 다음과 같다.

1. **정확성 (Accuracy)**: AI 모델은 가능한 한 정확하고 신뢰할 수 있는 정보를 제공해야 한다. 부정확한 정보는 사용자에게 혼란과 오해를 유발할 수 있으며, 심각한 결과로 이어질 수 있다. 모델은 학습 데이터의 품질과 정확성을 고려하여 정확한 정보를 생성해야 한다.
2. **투명성 (Transparency)**: AI 모델의 작동 원리와 의사 결정 과정은 투명하게 공개되어야 한다. 사용자와 개발자는 모델의 내부 동작과 작동 방식을 이해할 수 있어야 한다. 투명성은 모델의 책임과 오류 추적에도 도움을 준다.
3. **책임 (Accountability)**: AI 모델을 개발하고 사용하는 주체는 그 사용에 대한 책임을 져야 한다. 부정확한 정보나 불쾌한 콘텐츠를 생성한 경우, 이를 해결하고 개선하는 책임을 져야 하며,. 또한 모델 사용시 윤리적인 가이드라인을 준수해야 한다.
4. **보안 (Security)**: AI 모델은 사용자 데이터와 개인 정보를 안전하게 보호해야 한다. 보안 조치는 모델이 해킹이나 악용을 통해 악의적으로 사용되는 것을 방지하기 위해 중요하며, 개인 정보 보호와 데이터 보안은 최우선 과제이다.
5. **공정성 (Fairness)**: AI 모델은 모든 사용자에게 공정하게 대우해야한다. 특정 인종, 성별, 국적 또는 그 외의 특성을 기반으로 차별적인 정보나 서비스를 제공하면 안 되며, 편견이나 편향을 줄이기 위해 공정성을 강조하는 것이 중요하다.

이러한 윤리 5계명은 AI 개발과 사용의 윤리적 측면을 강조하며, 안전하고 윤리적인 AI 시스템을 구축하는 데 도움을 준다.

3.5 대화형 GPT의 미래

대화형 GPT와 같은 자연어 처리 AI의 미래는 매우 흥미로운 전망을 가지고 있다. 다음은 대화형 GPT의 미래에 대한 몇 가지 예측과 가능성에 대한 설명이다.

1. **개인 비서 및 교육 보조**: 대화형 GPT는 개인 비서로 발전할 수 있다. 사용자의 목소리와 선호도를 파악하여 특정 작업을 수행하거나 일상적인 질문에 답하는 역할을 수행할 수 있을 것이다. 또한 교육 분야에서 학습 보조 도구로 활용될 수 있어, 학생들과 교사들에게 도움을 주는 역할을 할 수 있다.

2. **전문 지식 및 의료 분야 적용**: 대화형 GPT는 특정 분야의 전문 지식을 습득하고 의료 진단 및 의학 연구 등에 활용될 수 있다. 의료 전문가와 협력하여 의료 정보를 제공하고 의료 기록을 분석하는 데 도움을 줄 수 있다.

3. **다국어 및 문화 간 확장**: 다양한 언어와 문화에 대한 지원이 더 강화될 것으로 예상된다. 이는 세계 각지에서 사용자에게 접근 가능한 정보와 서비스를 제공하는 데 도움이 될 것이다.

4. **윤리적 개선**: 대화형 GPT 및 기타 AI 모델의 윤리적 문제에 대한 연구와 개선 노력이 계속될 것으로 예상된다. 편견 및 편향성 감소, 오용 방지, 사용자 개인 정보 보호 등이 중요한 주제로 다뤄질 것이다.

5. **생산성 향상**: 대화형 GPT는 업무 환경에서 생산성을 향상시키는 데 사용될 수 있다. 자동화, 자동 응답, 자동 문서 작성 등의 작업을 수행하여 업무 효율성을 높이는 데 도움을 줄 것이다.

> 6. **사용자 정의 및 개인화:** 사용자가 대화형 GPT를 개인화하고 사용자 정의할 수 있는 기능이 더욱 강화될 것이다. 사용자의 요구에 따라 모델을 구성하고 학습시키는 기능이 더욱 발전할 것이다.
> 7. **연구 및 개발의 지속:** AI 분야는 지속적인 연구와 개발이 필요한 분야이다. 더 나은 모델, 향상된 학습 방법, 더 많은 데이터 확보 등을 통해 대화형 GPT의 미래를 발전시킬 것이다.

대화형 GPT와 같은 AI 모델은 계속 발전하고 다양한 분야에 적용되어 우리의 삶을 개선할 것으로 기대된다. 그러나 이러한 발전과 함께 윤리적 고려와 안전성에 대한 주의도 함께 고려되어야 한다.

요약하면, 대화형 GPT의 미래 전망은 매우 밝다. 언어 이해 능력의 향상, 도메인별 적응, 다국어 및 교차언어 기능, 윤리적인 측면 강화, 대화형 기능 향상, 외부 지식 통합, 맞춤화와 조정, 지속적인 연구와 협력 등의 발전을 통해 대화형 GPT는 더욱 효과적이고 신뢰할 수 있는 도구로 성장할 것이다. 그러나 동시에 적절한 윤리와 책임을 갖춘 배포와 사회적인 공론화가 필요하며, 이를 통해 대화형 GPT의 지속적인 발전과 안전한 활용이 보장될 것이다.

특별히 논문 분야에서의 검증 강화를 위해, 국내 1위 논문 표절 검증 서비스 '카피킬러'를 개발한 무하유는 대화형 GPT로 쓴 논문의 신뢰성을 평가하는 서비스를 개발중이다. 대화형 GPT의 사용이 만연해진 지금 시점에서 생성형 AI를 금지하는 건 어려워질 것이다. 그러한 이유로, 논문내에서 대화형 GPT 사용부분을 찾아내는 것과 대화형 GPT가 만들어낸 사실이 아닌 문장들을 팩트체크하여 유효성을 평가하는 것이 매우 중요한 사항이 되었다.

2050년경 대화형 GPT의 미래에 대한 예측은 불확실하지만, 다음과 같은 가능성이 고려된다.

1. **인간 수준의 이해력과 상호작용:** 2050년까지 대화형 GPT는 현재의 모델보다 훨씬 더 뛰어난 자연어 이해력과 상호작용 능력을 갖추게 될 것이다. 사용자와의 대화가 더 자연스러워질 것이며, 다양한 언어와 문화를 지원할 것이다.
2. **분야 특화 및 응용:** 대화형 GPT는 더 다양한 분야에 특화될 것이다. 의학, 법률, 공학, 예술 등의 분야에서 전문적인 도움을 제공할 수 있을 것으로 예상된다.
3. **강화 학습 및 지식 획득:** 모델은 강화 학습과 지식 획득을 통해 새로운 정보를 습득하고, 실제 세계에서 효과적으로 작동할 수 있는 더 많은 능력을 갖출 것이다.
4. **보안 및 개인 정보 보호 강화:** 사용자의 개인 정보와 보안을 보호하는 기능이 향상될 것이다. 보다 안전하고 신뢰할 수 있는 대화가 이루어질 것이다.
5. **윤리적 문제와 규제:** AI의 윤리적 문제와 규제가 더욱 중요해질 것으로 예상된다. 편향성, 차별, 개인 정보 보호 등에 대한 엄격한 규제와 윤리적 가이드라인이 시행될 것이다.
6. **인간-기계 협력:** 대화형 GPT는 인간과의 협력을 강조하는 방향으로 발전할 것이다. 업무 환경에서 인간과 AI 모델이 협업하여 업무를 완수하는 경우가 증가할 것이다.
7. **지속적인 연구 및 발전:** AI 분야는 지속적인 연구와 발전이 이루어질 것이다. 머신 러닝과 딥 러닝 기술은 계속 발전하며, 더 나은 대화형 AI 모델이 개발될 것이다.

2050년경 대화형 GPT의 미래는 기술, 윤리, 규제 등 다양한 요인에 영향을 받을 것으로 예상된다. 그러나 미래의 AI는 인간의 생활을 보다 편리하게 하고, 문제 해결에 도움을 주며, 새로운 기회를 제공하는 데 기여할 것으로 기대된다.

제2부 연습문제

2.1

생성 AI(Generative AI)에 대한 설명으로 적절하지 <u>않은</u> 것은?

① 생성 AI는 새로운 데이터나 콘텐츠를 생성하거나 변형하는 기술을 의미한다.
② 생성 AI는 이미지, 텍스트, 음성 등 다양한 형태의 데이터를 처리하고 생성할 수 있다.
③ 생성 AI는 사전에 학습한 데이터를 기반으로 판단이나 예측을 수행하는 기술이다.
④ 생성 AI는 딥러닝과 같은 기계 학습 기술을 사용하여 작동한다.

정답 ③ 생성 AI는 사전에 학습한 데이터를 기반이나 예측을 수행하는 기술이다.

해설 생성 AI는 주로 새로운 데이터나 콘텐츠를 생성하거나 변형하는 기술을 의미하며, 이미지, 텍스트, 음성 등 다양한 형태의 데이터를 처리하고 생성할 수 있다. 사전에 학습한 데이터를 기반으로 판단이나 예측을 수행하는 것은 생성 AI가 아니라 판별 AI(discriminative AI)의 특성이다.

2.2

대화형 GPT(InGPT, Interactive GPT)에 대한 설명으로 적합하지 <u>않은</u> 것은?

① 대화형 GPT는 사용자와 자연스러운 대화를 주고받을 수 있는 인공지능 모델이다.
② 대화형 GPT는 자연어 이해와 생성 기술을 기반으로 작동하여 응답을 생성한다.
③ 대화형 GPT는 한 번의 입력과 출력으로 완전한 대화를 구축하고 이해할 수 있다.
④ 대화형 GPT는 대화의 문맥을 파악하고 유지하여 더 응용 가능한 대화를 제공한다.

정답 ③ 대화형 GPT는 한 번의 입력과 출력으로 완전한 대화를 구축하고 이해할 수 있다.

해설 대화형 GPT는 연속적인 입력과 출력을 통해 대화를 주고받을 수 있으며, 대화의 문맥을 파악하여 이전 내용을 유지하면서 대화를 진행할 수 있다. 따라서 한 번의 입력과 출력으로 완전한 대화를 구축하고 이해하는 것은 적절하지 않은 설명이다.

2.3

대화형 GPT(InGPT, Interactive GPT)의 주요 기능 중에서 잘못된 것은?

① 챗봇 서비스
② 언어 번역
③ 콘텐츠 생성
④ 음성 합성

정답 ④ 음성 합성

해설 대화형 GPT는 주로 텍스트 요약, 생성 및 이해에 사용되며, 음성 합성은 이에 포함되지 않는 기능이다. 대화형 GPT는 주어진 텍스트 정보를 이해하고 생성하는 역할을 하는 반면, 음성 합성은 텍스트를 음성으로 변환하는 기술로, 음성 기반 기술과는 조금 다른 분야이다.

2.4

대화형 GPT(InGPT, Interactive GPT)의 주요 특징으로 잘못된 것은?

① 실시간으로 대화를 주고받을 수 있는 인터랙티브한 기능을 가지고 있다.
② 다양한 언어에 대한 이해와 생성 능력을 갖추어 글로벌한 사용을 지원한다.
③ 사람과 유사한 자연스러운 대화를 생성할 수 있으며, 주제나 분야에 제한이 없다.
④ 대화의 흐름과 문맥을 이해하고 유지하여 더 나은 응답을 생성하는 능력을 갖고 있지 않다.

정답 ④ 대화의 흐름과 문맥을 이해하고 유지하여 더 나은 응답을 생성하는 능력을 갖고 있지 않다.

해설 대화형 GPT는 대화의 흐름과 문맥을 이해하고 유지하여 더 나은 응답을 생성하는 능력을 갖추고 있다.

2.5

다음 중 생성 AI 관련 용어에 대한 설명으로 적절하지 않은 것은?

① RAG (Retrieval-Augmented Generation)는 외부 지식 기반에서 정보를 검색하고 이를 활용하여 텍스트를 생성하며, 환각(Hallucination) 현상을 줄이는 데 효과적이다.
② GAN (Generative Adversarial Network)는 데이터베이스를 검색하여 정보를 정렬하고 분류하는 기술로, 주로 검색 엔진에 활용된다.
③ SGE (Search Generative Experience)는 생성형 AI를 활용하여 검색 결과를 직관적이고 대화형으로 제공하는 기술이다.
④ LLM (Large Language Model)은 대규모의 텍스트 데이터를 학습하여 자연어 처리 작업을 수행할 수 있는 언어 모델이다.

정답 ② GAN (Generative Adversarial Network)는 데이터베이스를 검색하여 정보를 정렬하고 분류하는 기술로, 주로 검색 엔진에 활용된다.

해설 GAN은 데이터 검색이나 분류 기술이 아닌, **생성자(Generator)와 판별자(Discriminator)**라는 두 개의 신경망이 경쟁적으로 학습하여 새로운 데이터를 생성하는 생성 AI 모델이다. 데이터베이스 검색과는 관련이 없다.

2.6

프롬프트(Prompt)에 대한 설명으로 적절하지 않은 것은?

① 프롬프트는 인공지능 모델에게 입력되는 초기 문구나 질문을 의미한다.
② 프롬프트는 모델이 생성하는 출력 결과에 영향을 주지 않는다.
③ 프롬프트는 모델의 동작 방식과 생성된 응답의 품질에 영향을 미친다.
④ 프롬프트는 모델에게 원하는 작업을 지시하거나 요청하는 역할을 한다.

[정답] ② 프롬프트는 모델이 생성하는 출력 결과에 영향을 주지 않는다.

[해설] 프롬프트는 모델에게 원하는 작업을 지시하거나 요청하는 역할을 하는 초기 문구나 질문이다. 프롬프트의 내용은 모델이 생성하는 출력 결과에 큰 영향을 미치며, 올바르게 설계된 프롬프트는 모델의 품질과 응답의 적절성을 결정하는 중요한 요소이다. 따라서 (2)항은 프롬프트의 역할과 영향을 잘못 설명한 것이다.

2.7

생성AI 시스템의 활용에서 프롬프트 엔지니어링(Prompt Engineering)에 대한 설명 중 가장 적절하지 않은 것은?

① 모델이 생성하는 응답을 사전에 정확하게 예측하는 방법을 제공한다.
② 프롬프트 엔지니어링을 통해 AI 모델이 원하는 방향으로 응답을 생성하도록 유도할 수 있다.
③ 프롬프트 엔지니어링은 모델이 생성하는 응답의 길이와 상세도를 조정하는데 사용될 수 있다.
④ AI 모델에게 원하는 결과를 얻기 위해 프롬프트를 설계하는 과정이다.

[정답] ① 모델이 생성하는 응답을 사전에 정확하게 예측하는 방법을 제공한다.

[해설] 프롬프트 엔지니어링은 모델의 응답을 원하는 방향으로 유도하고 조작하는 데 사용되지만, 모델이 생성하는 정확한 응답을 사전에 예측하는 방법은 아니다.

2.8

응답프롬프트(Put Prompt)에 대한 설명 중 적절한 것은 무엇인가?

① 응답프롬프트는 인공지능 모델이 생성한 결과를 요약하여 제공하는 것을 의미한다.
② 응답프롬프트는 사용자가 인공지능 모델에게 입력하여 원하는 결과를 얻는 초기 문구를 의미한다.
③ 응답프롬프트는 인공지능 모델에게 이미 생성된 결과를 제시하여 추가 정보나 설명을 요청하는 문구를 의미한다.
④ 응답프롬프트는 인공지능 모델이 생성한 결과를 분석하여 유효성을 검증하는 문구를 의미한다.

[정답] ③ 응답프롬프트는 인공지능 모델에게 이미 생성된 결과를 제시하여 추가 정보나 설명을 요청하는 문구를 의미한다.

[해설] 응답프롬프트(Put Prompt)는 이전에 생성된 응답에 대해 더 자세한 내용을 얻거나, 특정 부분을 더 확장해서 설명하거나 수정을 요청하는데 사용된다. 예를 들어, 이미 생성된 텍스트 결과가 있을 때, 이 결과를 더 자세하게 설명하거나 다른 관점에서 설명을 추가해 달라고 할 때 응답프롬프트를 사용할 수 있다.

2.9

요청프롬프트(Get Prompt)에 대한 설명 중 적절한 것은 무엇인가?

① 요청프롬프트는 인공지능 모델이 생성한 결과를 요약하여 제공하는 것을 의미한다.
② 요청프롬프트는 사용자가 인공지능 모델에게 입력하여 원하는 결과를 얻는 초기 문구를 의미한다.
③ 요청프롬프트는 인공지능 모델에게 이미 생성된 결과를 제시하여 추가 정보나 설명을 요청하는 문구를 의미한다.
④ 요청프롬프트는 인공지능 모델이 생성한 결과를 분석하여 유효성을 검증하는 문구를 의미한다.

정답 ② 요청프롬프트는 사용자가 인공지능 모델에게 입력하여 원하는 결과를 얻는 초기 문구를 의미한다.

해설 요청프롬프트는 대화나 작업을 시작할 때 모델에게 어떤 동작이나 정보를 원하는지를 명시하는 역할을 한다. 요청프롬프트는 모델이 제대로 이해하고 적절한 응답을 생성할 수 있도록 시작점을 제공하는 중요한 역할을 한다. 예를 들어, "한국어로 '안녕하세요'를 영어로 번역해주세요."와 같은 문구가 요청프롬프트의 예시이다. 이를 통해 모델은 사용자의 요청에 따라 적절한 작업을 수행하고 응답을 생성할 수 있다.

2.10

요청 프롬프트(Get prompt)를 구성하는 요소로써, 문맥설정부(priming)에 대한 것으로 가장 적절한 것은?

① AI시스템에 요청하는 작업 지시서의 내용을 지칭한다.
② AI가 제시한 프로그램 소스코드의 오류가 발생했을 때, 이것을 설명하는 내용을 지칭한다.
③ 이미지 생성AI에 제공할 prompt를 언어 생성AI에 요구하는 질의문을 지칭한다.
④ AI시스템에 요청할 질문의 의도를 정확하게 전달하기 위하여 해당 분야의 정보, 배경, 규칙 등에 대해서 시스템에 제공하는 내용을 지칭한다.

정답 ④ AI시스템에 요청할 질문의 의도를 정확하게 전달하기 위하여 해당 분야의 정보, 배경, 규칙 등에 대해서 시스템에 제공하는 내용을 지칭한다.

해설 문맥설정부(priming)란 AI 시스템에게 원하는 작업을 수행하거나 응답을 생성할 때, 해당 작업이나 응답의 문맥을 미리 설정하는 것을 의미한다. 즉, AI 모델에게 원하는 작업을 명확하게 이해시키기 위해 특정 정보나 지시사항을 제공하는 과정을 의미한다.
④번항과 같이 함으로서, AI 시스템은 사용자의 의도를 더 정확하게 이해하고 응답을 생성할 수 있게 된다.

2.11

요청 프롬프트(Get prompt)의 한 요소인 문맥설정부(Priming)의 내용으로 적절하지 않은 것은?

① 생성AI시스템에 게임프로그램작성을 요청하기 위하여 제시하는 게임의 규칙
② 요약하고자 하는 뉴스기사의 본문
③ 생성AI시스템에 요청하는 법률자문을 위한 사건상황 개요
④ 마케팅 기획안을 요구하기 위하여 제공하는 상품의 설명, 목표 시장에 대한 설명

정답 ② 요약하고자 하는 뉴스기사의 본문

해설 문맥설정부(Priming)는 AI 시스템에게 원하는 작업이나 응답의 문맥을 미리 설정하는 것을 의미한다. 그러나 뉴스기사의 본문을 요약하고자 하는 경우, 원문의 내용을 토대로 뉴스 기사의 핵심을 추출하는 것으로 문맥 설정보다는 요약 과정에 더 가깝다.

2.12

요청 프롬프트(Get Prompt)의 한 요소인 요청부(Requests)의 내용으로 적절하지 않은 것은?

① "다음 문장을 요약해주세요."
② "이 이미지에 대한 설명을 작성해주세요."
③ "지난 주의 주식 시장 동향을 예측해주세요."
④ "해당 프로그램의 버그를 찾아 수정 방법을 설명해주세요."

정답 ③ "지난 주의 주식 시장 동향을 예측해주세요."

해설 요청 프롬프트(Get Prompt)의 요청부(Requests)는 인공지능 모델에게 수행하길 원하는 작업을 요청하는 역할을 한다. 주식 시장 동향을 예측하는 것은 이미 일어난 사건을 기반으로 하는 것이 아니라 미래를 예측하는 것이기 때문에 적절한 요청이 아니다. 나머지 요청은 모두 현재 정보나 이미 생성된 콘텐츠를 기반으로 수행 가능한 작업에 해당한다.

2.13

요청 프롬프트(Get Prompt)의 요청부(Requests)의 요구성격표현의 내용으로 적절하지 않은 것은?

① 기사의 내용을 간단하게 요약해주세요. – (정보요청)
② 이 그림에 대한 해설을 작성해주세요. – (작업요청)
③ 이 주제에 대한 추가 학습 자료를 추천해주세요. – (학습요구)
④ 당신의 의견으로 이 문제에 대한 정답을 알려주세요. – (의견요청)

정답 ④ 당신의 의견으로 이 문제에 대한 정답을 알려주세요. – (의견요청)

해설 ④항은 "당신의 의견으로 이 문제에 대한 정답을 알려주세요."는 의견을 묻는 것이 아니라 정답을 요청하는 것으로, 요청 프롬프트의 성격과는 맞지 않다.

2.14

GPT기술의 주요 기능에 대한 설명으로 가장 적절하지 않은 것은?

① 음성을 분석하여 텍스트로 변환할 수 있는 기술
② 한국어를 영어로 번역하는데 사용할 수 있는 기술
③ 이미지를 분석하여 객체를 판단하는 기술
④ 단어를 입력받아서 이미지를 생성하는 기술

정답 ④ 단어를 입력받아서 이미지를 생성하는 기술

해설 ① 음성 인식 기술, ② 기계 번역 기술, ③ 컴퓨터 비전 기술 ④ 컨텐츠 생성 기술이다. GPT 기술을 주로 자연어 처리(NLP)와 관련된 모델로 텍스트 생성, 텍스트 분석, 번역 등의 작업을 수행한다. 이미지 분석과 객체 판단은 주로 컴퓨터 비전 기술과 관련이 있으며, GPT 기술의 주요 기능은 아니다.

2.15

현재의 기술 수준에 비추어 **언어 GPT AI**가 할 수 없는 것은?

① 새로운 게임의 규칙을 제시하면, 학습하고, 게임을 수행할 수 있다.
② 특정회사의 주가에 대한 경향을 경제 상황에 맞추어 설명 가능하다.
③ 컴퓨터 프로그래밍의 오류에 대해서 수정안을 제시할 수 있다.
④ 최근 주가 데이터를 제공하면, 몇시간 후의 주가를 예측할 수 있다.

정답 ④ 최근 주가 데이터를 제공하면, 몇시간 후의 주가를 예측할 수 있다.

해설 언어 GPT AI는 텍스트 데이터를 처리하고 생성하는 데 뛰어난 능력을 가지고 있지만, 주가 예측과 같은 시계열 데이터의 예측에는 기술적인 한계가 있다. 시계열 데이터는 시간에 따라 변화하는 패턴을 파악하고 예측하는 것이 필요한데, GPT 모델은 주로 문맥과 문법을 이해하고 텍스트를 생성하는 데 특화되어 있다.
시계열 데이터 예측은 시간의 흐름에 따른 다양한 요인과 변동성을 고려해야 하는데, 이는 GPT 모델이 현재의 기술 수준에서 처리하기 어려운 복잡한 작업이다. 주가 예측은 경제, 금융, 통계 등의 분야에서 여전히 연구가 진행 중이며, 이를 위한 전문적인 모델과 기술이 필요하다.

2.16

생성AI의 기술적 특징을 가장 잘 설명한 것은?

① 생성AI는 신경망기술 대신에 attention이라는 기술을 사용한다.
② 모든 생성AI는 전적으로 비지도 방식의 학습기법을 이용한다.
③ 많은 생성AI 모델은 입력정보를 인코딩하는 부분과, 결과를 생성하는 디코딩부분으로 구성되어 있다.
④ 모든 생성AI 모델은 attention기술을 기본으로 사용한다.

정답 ③ 많은 생성AI 모델은 입력정보를 인코딩하는 부분과, 결과를 생성하는 디코딩부분으로 구성되어 있다.

해설 ③항은 생성AI 모델의 기본적인 구조를 나타내며, 입력정보를 처리하고 응답을 생성하는 과정을 인코딩과 디코딩 단계로 나누어 설명하고 있다.

2.17

현재 공개된 기술수준에서 생성AI기반 대화서비스의 한계점으로 맞지 않는 것은?

① 시스템이 참고한 정보의 신뢰성 및 진실성에 대한 평가를 제공하지 않는다.
② 언어모델은 언어의 구문인지에 초점이 있어서, 언어의 의미는 전혀 이해하지 못한다.
③ 언어모델이 학습하지 않은 직접적인 사실 관계를 벗어나 언어에 내포된 내용을 찾아낼 수는 없다.
④ 언어와 연계된 시각적 청각적 경험을 같이 인지하고 반응할 수 없다.

정답 ② 언어모델은 언어의 구문인지에 초점이 있어서, 언어의 의미는 전혀 이해하지 못한다.

해설 생성AI 모델들은 단순히 구문을 학습하는 것을 넘어서 언어의 의미와 문맥을 일정 수준 이해하고 응답을 생성할 수 있는 능력을 보이기 시작하고 있다. 따라서 언어의 의미를 전혀 이해하지 못한다는 설명은 현재의 기술 수준을 반영하지 않은것이다.

2.18

생성AI 시스템을 마주하는 자세로서, 가장 바람직한 것은?

① 자연언어를 이해하는 또 다른 검색엔진으로 취급한다.
② 감정을 가진 인공 인격체로 간주하여 그에 맞는 감정적 격식을 갖추어 대응한다.
③ 언어를 이해하고 공감하는 시스템이므로 최소한의 언어적 매너를 가지고 대화한다.
④ 인간의 지적 판단을 보조하거나 대신하는 기계로서, 잠재적인 위험을 내포하고 있으므로 항상 경계심을 가지고 대응한다.

정답 ③ 언어를 이해하고 공감하는 시스템이므로 최소한의 언어적 매너를 가지고 대화한다.

해설 ③항은 생성AI 시스템과의 대화에서 존중하고 예의를 갖추는 것을 강조하고 있으며, 더욱 효과적이고 예의 있는 대화를 지향하는 자세를 나타내고 있다.

2.19

효과적인 프롬프트 5계명에 대한 설명 중에서 옳지 <u>않은</u> 것은?

① 모델에게 불필요한 배경 정보를 제공하여 문제를 복잡하게 만든다.
② 지시사항을 가능한 한 간결하게 작성하여 모델의 이해를 돕는다.
③ 모호한 질문이나 더듬거리는 문장을 사용하여 모델의 창의성을 자극한다.
④ 필요한 경우 모델에게 명확한 예시를 제시하여 응답 방향을 안내한다.

정답 ① 모델에게 불필요한 배경 정보를 제공하여 문제를 복잡하게 만든다.

해설 효과적인 프롬프트 5계명은 문제를 명확하고 간결하게 제시하여 모델이 응답을 생성하는 데 도움을 주도록 하는 것을 강조한다. 오히려 불필요한 배경 정보를 제공하면 문제가 더 복잡해지고 모델의 이해가 어려워질 수 있다. 다른 선택지들은 효과적인 프롬프트 작성을 지원하는 원칙들을 나타내고 있다.

2.20

프롬프트 엔지니어링의 미래에 대한 예측으로 가장 거리가 <u>먼</u> 것은?

① AI 모델의 성능을 극대화하기 위한 핵심 기술로 계속 발전할 것이다.
② 프롬프트 작성이 자동화되어 전문적인 스킬이 불필요해질 것이다.
③ 다양한 산업 분야에서 맞춤형 솔루션을 위한 필수 역량이 될 것이다.
④ 복잡한 데이터 분석 및 문제 해결을 위한 전략적 도구로 활용될 것이다.

정답 ② 프롬프트 작성이 자동화되어 전문적인 스킬이 불필요해질 것이다.

해설 ②는 프롬프트 엔지니어링의 미래 전망과 거리가 먼 내용이다. AI 기술이 발전함에 따라 프롬프트 작성이 더 쉬워질 수는 있지만, 복잡한 요구 사항에 맞는 고급 프롬프트 설계와 최적화는 여전히 중요한 전문 기술로 남을 것이며, 오히려 프롬프트 엔지니어의 수요는 증가할 가능성이 높다.

2.21

대화형 GPT의 한계에 대한 설명으로 <u>잘못된</u> 것은?

① 대화형 GPT는 모든 종류의 작업에 뛰어난 성능을 발휘하며, 어떤 작업이든 완벽하게 수행할 수 있다.
② 대화형 GPT는 편향된 정보를 생성하거나 인종, 성별, 종교 등에 대한 부정확한 의견을 나타낼 수 있다.
③ 대화형 GPT는 문맥을 완전히 이해하지 못하고, 일관된 논리적 추론 능력을 갖추지 못한다.
④ 대화형 GPT는 개인 정보를 안전하게 처리하지만, 악의적인 공격에 취약할 수 있다.

정답 ① 대화형 GPT는 모든 종류의 작업에 뛰어난 성능을 발휘하며, 어떤 작업이든 완벽하게 수행할 수 있다.

해설 대화형 GPT는 많은 작업과 응용 분야에서 뛰어난 성능을 보일 수 있지만, 완벽하지 않으며 여전히 몇 가지 한계가 있다.

2.22

대화형 GPT의 인증에 대한 설명으로 <u>잘못된</u> 것은?

① 대화형 GPT의 인증은 모든 종류의 커뮤니케이션 및 작업에서 사용된다.
② 인증된 대화형 GPT는 안전하게 개발자 또는 플랫폼 관리자가 모니터링하며 관리된다.
③ 인증은 대화형 GPT가 악용을 방지하고 부적절한 콘텐츠를 필터링하도록 도울 수 있다.
④ 대화형 GPT의 인증은 사용자의 개인 정보를 안전하게 보호하고 암호화하는 데 사용된다.

정답 ① 대화형 GPT의 인증은 모든 종류의 커뮤니케이션 및 작업에서 사용된다.

해설 대화형 GPT의 인증은 일부 특정 작업 또는 응용 분야에서 사용될 수 있지만 모든 종류의 커뮤니케이션 및 작업에서 사용되는 것은 아니다.

2.23

대화형 GPT의 표준화에 대한 설명으로 잘못된 것은?

① 표준화는 AI 모델의 특정 용도에도 적용되며, 일반적인 사용 사례에도 적용된다.
② 표준화는 국제 기구와 산업 협회 간의 협력을 통해 이루어지며, 투명하고 개방적인 프로세스를 갖추고 있다.
③ 표준화는 AI 모델의 안전성, 윤리성 및 신뢰성을 보장하기 위해 필요하다.
④ 표준화는 다양한 이해 관계자의 참여를 허용하지 않으며, 단일 기관에 의해 결정된다.

정답 ④

해설 표준화 과정은 일반적으로 다양한 이해 관계자, 즉 국제 기구, 산업협회, 학계 기업 등 다양한 주체들이 참여하여 협력하는 방식으로 이루어진다. 단일 기관에 의해 결정되는 것이 아니라, 여러 이해 관계자와 협력하여 이루어지는 것이 표준하의 핵심 원칙 중 하나다.

2.24

대화형 GPT의 윤리 5계명에 해당하지 않는 것은?

① 정확성 (Accuracy)
② 투명성 (Transparency)
③ 책임 (Accountability)
④ 공격성 방지 (Prevention of Aggressiveness)

정답 ④ 공격성 방지 (Prevention of Aggressiveness)

해설 대화형 GPT의 윤리 5계명은 정확성, 투명성, 책임, 보안, 그리고 공정성이다. "공격성 방지"는 일반적으로 언급되는 윤리적 원칙 중 하나가 된다.

2.25

대화형 GPT의 미래에 대한 설명으로 잘못된 것은?

① 대화형 GPT는 모든 문제를 완벽하게 해결할 수 있으며 인간과 동등한 지능을 가질 것이다.
② 대화형 GPT는 의학, 법률, 예술 등 다양한 분야에서 전문적인 지식을 제공할 수 있을 것이다.
③ 대화형 GPT의 윤리적 고려와 규제는 미래에 더욱 강화될 것이다.
④ 대화형 GPT의 개발과 연구는 계속해서 진행되며 더 나은 모델이 개발될 것이다.

정답 ① 대화형 GPT는 모든 문제를 완벽하게 해결할 수 있으며 인간과 동등한 지능을 가질 것이다.

해설 대화형 GPT의 미래에 대한 설명 중에서 (1)항의 설명은 잘못되었다. 현재의 기술로도 완벽한 해결이 불가능하며, 인간과 동등한 지능을 갖는다는 주장도 현재까지 입증되지 않았다.

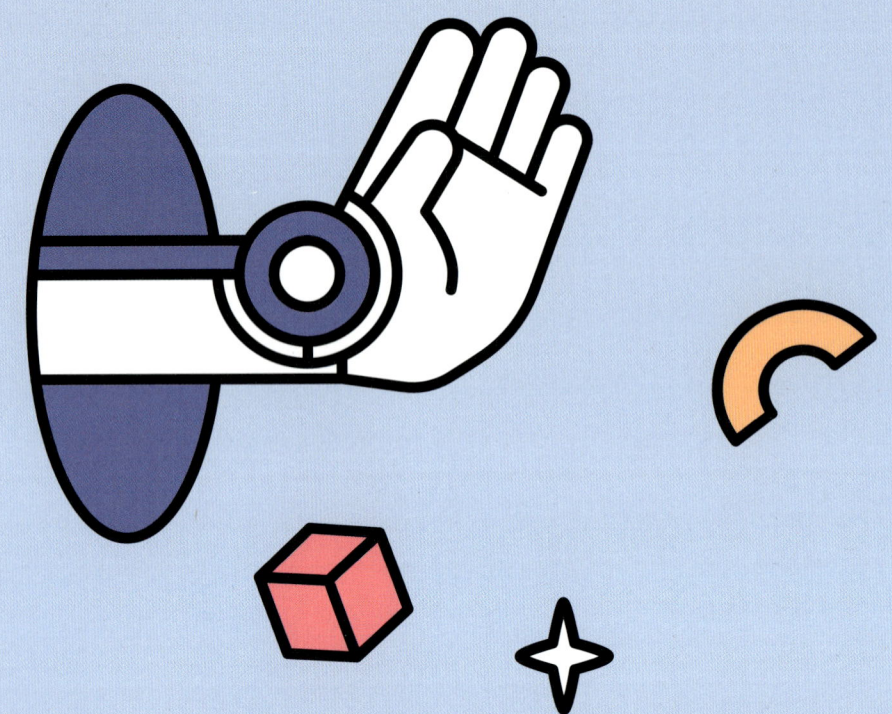

제3부

대화형 GPT (생성AI) 적용 및 실전

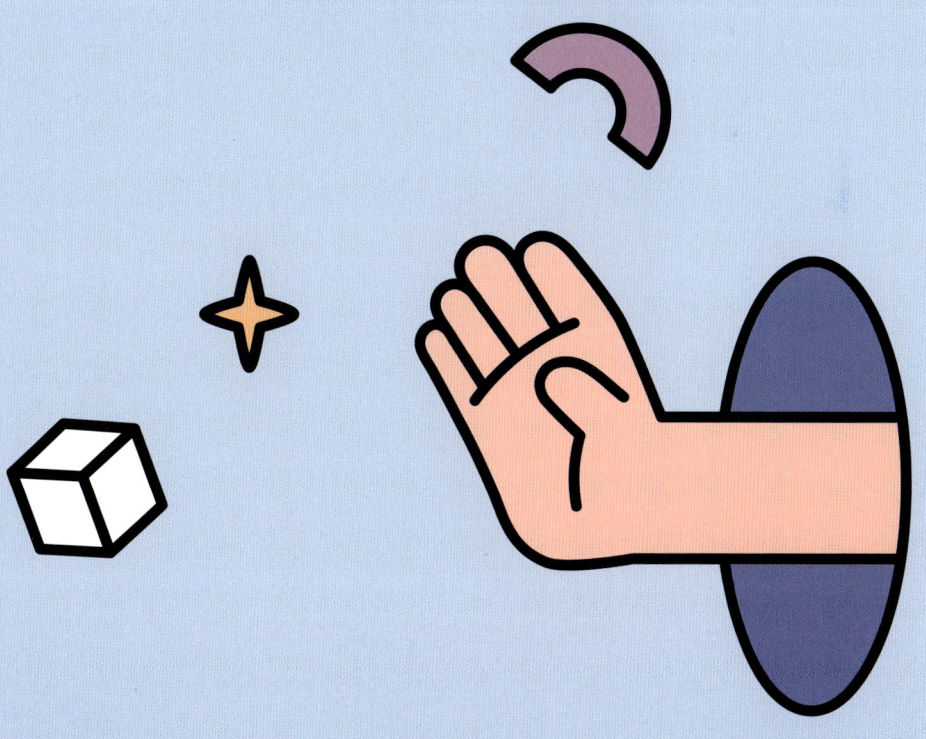

1 대화형 GPT 적용하기

1.1 일상생활

▶ 대화형 GPT를 활용하여 **일상생활**(요리, 의료, 교육, 기타활용 등)에서 도움을 받고자 한다면, 다음과 같은 방법을 고려할 수 있다.

> 1. 요리 및 레시피 추천:
>   - ◆ 요리 아이디어: "오늘 무엇을 요리해야 하나요?"
>   - ◆ 레시피 검색: "치킨 파스타 레시피 알려주세요."
> 2. 의료 정보 및 건강 조언:
>   - ◆ 증상 진단: "두통의 가능한 원인은 무엇일까요?"
>   - ◆ 건강 조언: "건강한 생활습관을 유지하기 위한 팁을 알려주세요."
> 3. 교육 및 학습:
>   - ◆ 학습 자료 검색: "화학에 대한 기본 개념을 설명해주세요."
>   - ◆ 수학 문제 풀이: "1+1은 얼마인가요?"

4. 언어 번역 및 학습:
- ◆ 번역: "이 문장을 프랑스어로 번역해주세요."
- ◆ 언어 학습: "새로운 언어를 배우는 데 도움이 될 앱을 추천해주세요."

5. 일정 관리 및 알림:
- ◆ 일정 추가: "내일 오후 3시에 회의 일정을 추가해주세요."
- ◆ 알림 설정: "내일 아침 8시에 알림을 설정해주세요."

6. 인터넷 검색 및 정보 획득:
- ◆ 일반 정보 검색: "비타민 D의 혜택은 무엇인가요?"
- ◆ 뉴스 업데이트: "오늘의 최신 뉴스를 알려주세요."

▶ 대화형 GPT는 다양한 분야에서 정보를 검색하고 조언을 얻는 데 유용한 도구이다. 그러나 **중요한 결정이나 의료 상황에서는 전문가의 의견을 받는 것이 중요하며, 대화형 GPT를 일상생활의 도우미로 활용**하면 편리함을 더할 수 있다.

1.1.1 요리 레시피

▶ 대화형 GPT를 활용하여, 요리 레시피(Recipe)를 작성하는 방법은 다음과 같다.

1. **요청 명확화:** GPT에게 어떤 요리를 만들고 싶은지, 요리의 종류와 이름, 주 재료 등을 명확하게 설명한다.
2. **재료 목록 작성:** 원하는 요리의 재료 목록을 GPT에게 요청한다. 재료의 양과 종류를 세부적으로 지정하고, 미리 조리해야 하는 재료가 있다면 언급한다.
3. **조리 순서 설명:** GPT에게 요리의 단계별 조리 순서를 설명한다. 시작부터 끝까지 요리 과정을 세세하게 설명하고, 각 단계의 시간과 온도를 명시한다.

4. **조리 팁 및 꿀팁 추가**: 요리 과정에서 주의할 점, 조리 중 유용한 팁, 특별한 요리 비결 등을 추가로 요청한다. 이는 요리를 더 맛있게 만들 수 있다.

5. **서빙 및 장식 제안**: 요리가 완성된 후에는 서빙 방법과 장식 아이디어를 GPT에게 물어본다. 접시의 배치, 소스 또는 허브로 장식하는 방법 등을 언급한다.

6. **문맥 이해**: GPT에게 요리 레시피를 만들 때 문맥을 이해하도록 도움을 준다. 예를 들어, "언제 소금을 추가해야 하나요?"와 같은 질문에 답변할 수 있도록 한다.

7. **수정과 검토**: GPT가 작성한 레시피를 주의 깊게 검토하고 필요한 경우 수정해야 한다. 재료나 단계가 빠져 있거나 정확하지 않은 내용이 없는지 확인한다.

8. **이미지 추가**: 레시피에 이미지를 추가하여 요리 과정을 시각적으로 보여줄 수 있다. GPT에게 이미지를 포함한 레시피를 작성하라고 요청한다.

9. **공유 또는 인쇄**: 작성된 요리 레시피를 공유하거나 인쇄하여 요리시 사용할 수 있다.

▶ 요리 레시피를 만들 때, 원하는 요리 스타일과 레벨(초보자용, 전문가용 등)을 고려하여 GPT에게 요청 내용을 조정한다. 레시피의 정확성과 맛을 보장하기 위해 여러 번 실험하고 수정하는 것이 좋다.

활용1 요리 레시피

▶ 동일한 주제의 질문에 대하여, 대화형 GPT 종류별(ChatGPT, Google Gemini, Bing AI, Wrtn, CLOVA X)로, 각각의 프롬프트 응답 결과를 비교하여 본다.

한국의 대표적인 음식인 "비빔밥"의 레시피를 알려주세요.

 물론이죠! 비빔밥은 한국의 대표적인 음식 중 하나로, 다양한 식재료를 믹스하여 맛과 영양을 한끼에 간편하게 먹을 수 있는 요리입니다. 아래는 전통적인 비빔밥의 레시피입니다.

전통적인 한국식 비빔밥 레시피

재료
- 밥 (쌀밥): 2공기
- 소고기 또는 돼지고기 (다진 것): 100g
- 당근 (다진 것): 1개
- 오이 (다진 것): 1/2개
- 시금치: 적당량 (선호에 따라 다름)
- 계란: 1개 (생략 가능)
- 고추장: 3큰술
- 간장: 1큰술
- 참기름: 1큰술
- 다진 마늘: 1큰술
- 설탕: 1큰술
- 식초: 2큰술
- 깨: 약간

만들기
1. 먼저 밥을 뚝배기나 큰 볼에 담아 준비합니다.
2. 간장, 고추장, 설탕, 다진 마늘, 식초, 참기름을 넣고 골고루 섞어 비빔밥 소스를 만듭니다.
3. 당근, 오이를 다져 준비합니다. 만약 먹기 좋게 하려면 얇게 채썰어도 좋습니다.
4. 또한 소고기를 볶아 준비합니다.
5. 볶은 소고기에는 간장과 다진 마늘을 활용하여 간을 조절합니다.
6. 팬에 조금의 식용유를 두르고 계란을 풀어 후라이나 계란말이를 만들어 줍니다.
7. 마지막으로, 고추장 소스, 다진 채소, 볶은 고기, 계란을 밥 위에 올려 놓고 깨를 뿌립니다.

모든 재료를 골고루 섞어 먹으면 됩니다. 더 매운 맛을 원한다면 고추장을 더 추가해보세요. 간장이나 다른 양념도 개인적인 취향에 따라 조절하실 수 있습니다. 이렇게 만든 비빔밥은 색감이 아름답고 맛 또한 훌륭합니다. 즐거운 식사 되세요!

한국의 대표적인 음식인 비빔밥은 밥, 나물, 고기, 계란, 김치 등을 한데 버무려 먹는 음식입니다. 비빔밥은 다양한 재료를 사용하기 때문에 영양가도 풍부하고, 맛도 일품입니다.

전통적인 한국식 비빔밥 레시피

재료
- 밥 2공기
- 나물 4종류 (배추김치, 콩나물, 무김치, 시금치 등)
- 고기 200g (소고기, 돼지고기, 닭고기 등)
- 계란 2개
- 김 2장
- 참기름, 고추장, 간장, 설탕, 다진 마늘, 후추 약간씩

만들기
1. 나물은 깨끗이 씻어 먹기 좋은 크기로 썰어줍니다.
2. 고기는 먹기 좋은 크기로 썰어 양념장에 재워둡니다.
3. 계란은 지단을 부쳐줍니다.
4. 밥은 한 그릇에 담아줍니다.
5. 그릇에 밥을 담은 후, 나물, 고기, 계란, 김을 올려줍니다.
6. 참기름, 고추장, 간장, 설탕, 다진 마늘, 후추를 넣고 잘 버무려줍니다.

팁
- 나물은 익히지 않은 상태로 사용해도 좋습니다.
- 고기는 취향에 따라 다른 종류를 사용해도 좋습니다.
- 계란은 지단을 부치지 않고, 반숙으로 해서 올려도 좋습니다.
- 고추장, 간장, 설탕, 다진 마늘, 후추의 양은 취향에 따라 조절합니다.

추가 재료
- 오이, 당근, 콩나물, 버섯, 달걀, 소시지, 햄, 견과류 등
- 깨소금, 김가루, 참깨, 들깨 등

비빔밥은 다양한 재료를 추가해서 만들 수 있습니다. 오이, 당근, 콩나물, 버섯, 달걀, 소시지, 햄, 견과류 등을 추가하면 더욱 풍성한 비빔밥을 만들 수 있습니다. 또한, 깨소금, 김가루, 참깨, 들깨 등을 추가하면 고소한 맛을 더할 수 있습니다.

맛있는 비빔밥을 만들기 위해서는 재료를 신선하게 사용하고, 양념장을 잘 버무려주는 것이 중요합니다. 또한, 취향에 따라 다양한 재료를 추가해서 자신만의 비빔밥을 만들어 보세요.

네, 비빔밥은 한국의 대표적인 음식 중 하나로, 밥과 여러 가지 나물, 고기, 달걀 등을 고추장이나 간장 등의 양념장과 함께 비벼 먹는 음식입니다. 비빔밥의 레시피는 다양하게 있지만, 일반적으로 다음과 같은 순서로 만들 수 있습니다.

1. 밥을 지거나 끓여서 준비합니다.
2. 콩나물, 시금치, 고사리, 느타리버섯 등 원하는 나물을 손질하고 삶거나 볶아서 준비합니다.
3. 소고기나 돼지고기를 얇게 썰어서 간장, 설탕, 다진마늘, 참기름 등으로 양념하고 볶아서 준비합니다.
4. 달걀을 풀어서 후라이팬에 얇게 부칩니다. 부친 달걀은 잘게 썰어서 준비합니다.
5. 고추장, 설탕, 참기름, 다진마늘, 식초 등으로 비빔장을 만듭니다.
6. 큰 그릇에 밥을 담고 위에 나물, 고기, 달걀을 얹습니다. 비빔장을 올리거나 따로 놓고 비벼서 먹습니다.

- 비빔밥의 레시피는 다음의 웹사이트에서도 확인하실 수 있습니다.
- 비빔밥 * 맛있는 비빔밥만드는법 (비빔밥 양념장) : 네이버 블로그
- 윤식당 비빔밥 만드는법 (간장 소스 소고기 불고기 비빔밥 …
- 비빔밥 만들기~ – 만개의레시피
- 비빔밥 만드는법 불고기 비빔밥 레시피
- 비빔밥 맛있게 만들기 – 만개의레시피

맛있게 드세요!

 네, 비빔밥은 한국의 대표적인 음식 중 하나로, 밥과 여러 가지 나물, 고기, 달걀 등을 고추장이나 간장 등의 양념장과 함께 비벼 먹는 음식입니다. 비빔밥의 레시피는 다양하게 있지만, 일반적으로 다음과 같은 순서로 만들 수 있습니다.

1. 밥을 지거나 끓여서 준비합니다.
2. 콩나물, 시금치, 고사리, 느타리버섯 등 원하는 나물을 손질하고 삶거나 볶아서 준비합니다.
3. 소고기나 돼지고기를 얇게 썰어서 간장, 설탕, 다진마늘, 참기름 등으로 양념하고 볶아서 준비합니다.
4. 달걀을 풀어서 후라이팬에 얇게 부칩니다. 부친 달걀은 잘게 썰어서 준비합니다.
5. 고추장, 설탕, 참기름, 다진마늘, 식초 등으로 비빔장을 만듭니다.
6. 큰 그릇에 밥을 담고 위에 나물, 고기, 달걀을 얹습니다. 비빔장을 올리거나 따로 놓고 비벼서 먹습니다.

- 비빔밥의 레시피는 다음의 웹사이트에서도 확인하실 수 있습니다.
- 비빔밥 * 맛있는 비빔밥만드는법 (비빔밥 양념장) : 네이버 블로그
- 윤식당 비빔밥 만드는법 (간장 소스 소고기 불고기 비빔밥 …
- 비빔밥 만들기~ – 만개의레시피
- 비빔밥 만드는법 불고기 비빔밥 레시피
- 비빔밥 맛있게 만들기 – 만개의레시피

맛있게 드세요!

> **CLOVA X** 비빔밥은 밥에 각종 나물을 넣고, 장을 넣어서 비벼 먹는 전통 한국 요리로, 오늘날에는 육류를 같이 넣는 것이 선호되기도 합니다. 한자어로는 골동반(骨董飯)이라고 하며, 근대 이전부터 전국적으로 많이 먹는 음식이며, 그중에서도 전라북도 전주시의 전주비빔밥이 가장 유명합니다.
>
> 비빔밥에 들어가는 나물 류 재료들과 어우러질 수 있는 단백질 류 재료들은 주로 한 가지만 넣으며, 소고기, 돼지고기, 계란, 닭고기, 참치 통조림, 두부, 스팸 등이 사용됩니다.
>
> 비빔밥에 사용되는 양념같은 경우는 취향에 따라 여러 종류를 사용할 수 있으며, 보편적으로 찰고추장, 초고추장, 볶음고추장(약고추장), 맛다시, 간장, 된장, 쌈장, 갖은양념, 케첩+마요네즈 등이 사용됩니다.

▶ 재료 부분을 비교해보면, ChatGPT는 비교적 상세하게 알려주지만, Bing은 너무 간략하고, Gemini/Wrtn/CLOVA는 적절히 안내하고 있다.
▶ 레시피 부분은 대체로 동일하나, CLOVA X는 서비스가 빈약한 상태이다.

1.1.2 의료

▶ 대화형 GPT를 활용하여, 일상생활에서 간단한 통증에 대한 응급 조치는 일시적인 통증을 완화하고 편안함을 느끼도록 도울 수 있다. 그러나 통증이 심한 경우, 지속되는 경우 또는 의료 전문가의 지시가 필요한 경우에는 즉시 의료 기관을 찾아야 한다.

> 1. **휴식**: 통증을 느끼는 부위에 휴식을 취한다. 움직임을 최소화하고 편안하게 위치를 바꾼다.
> 2. **얼음 적용**: 얼음 팩이나 얼음을 물에 넣은 봉지를 사용하여 통증 부위에 15분 동안 놓아준다. 얼음은 부위를 냉각시켜 염증을 줄이고 통증을 완화하는 데 도움이 된다. 직접 얼음을 피부에 직접 접촉하지 않도록 주의한다.

3. **약물 복용:** 통증을 완화하기 위해 의사나 약사의 처방에 따라 비스테로이드 항염증제 (NSAIDs)와 같은 진통제를 복용한다. 약물을 사용할 때는 지시사항을 엄격히 따르고 과용하지 않도록 주의한다.
4. **부위 고정:** 관절 통증이나 염증이 있는 경우, 부위를 고정시켜 움직임을 제한하고 통증을 완화한다. 타이나 밴드를 사용하여 고정시킬 수 있다.
5. **통증 관리 기술:** 딥 숨쉬기, 명상 또는 스트레칭과 같은 통증 관리 기술을 시도해 본다. 이러한 기술은 통증을 완화하고 긴장을 푸는 데 도움이 된다.
6. **의료 전문가와 상담:** 통증이 심해지거나 지속되는 경우 의료 전문가와 상담한다. 특히 부상, 골절, 신체 변화 또는 다른 이상 증상이 있는 경우 의사의 진단과 치료가 필요할 수 있다.

▶ 중요한 것은 통증의 원인을 파악하고 적절한 처치를 위해 의료 전문가의 의견을 듣는 것이다. 간단한 통증도 경우에 따라 심각한 문제의 증상일 수 있으므로, 의사와 상담하여 적절한 조치를 취하는 것이 중요하다.

활용2 의료 ①

▶ 목이 아플 때 고통을 덜기 위한 질문에 대하여, 대화형 GPT(Chat GPT)의 프롬프트 응답 결과를 본다.

목에 통증과 숨쉬기가 무거운 증상을 완화하기 위한 의학적 조언이 필요합니다.

 목에 통증이 있을 경우, 불편함을 완화하기 위해 다음과 같은 방법을 시도할 수 있습니다:

1. 소금물 가글: 따뜻한 물에 소금 한 작은 스푼을 섞어 목을 가글하세요. 염증을 줄이고 목을 진정시키는 데 도움이 됩니다. 하루에 여러 번 가글해보세요.
2. 따뜻한 음료 섭취: 차나 육수와 같은 따뜻한 음료를 마시면 목을 진정시키고 통증을 줄일 수 있습니다.
3. 가습기 사용: 가습기를 사용하면 공기를 촉촉하게 유지하여 목을 진정시키는 데 도움이 됩니다. 특히 목이 건조한 경우에 유용합니다.
4. 목애드봉(Lozenges) 빨기: 목애드봉을 빨면 통증을 완화하고 목을 촉촉하게 유지할 수 있습니다.
5. 일반 구토제 복용: 아세트아미노펜이나 이부프로펜과 같은 일반 구토제를 복용하면 통증을 완화하고 염증을 줄일 수 있습니다.

중요한 점은 증상이 계속되거나 악화되는 경우, 자격 있는 의료 전문가로부터 의료 지원을 받는 것이 중요하다는 점입니다.

▶ 소금물 가글, 따뜻한 음료 마시기, 가습기 사용 등 간단한 조언까지 해주고, 증상이 악화될때에는 의사를 찾아가라는 말까지 해준다. 더 심한 증상에 대해서 대처하는 법을 질문하는 것은 삼가는게 좋다. 의사를 찾아가보라는 조언만 한다.

활용3 의료 ②

▶ 이번에는 다른 증상으로, Gemini/Bing AI/Wrtn에게 질문을 해보았는데, 모두가 잘 답변해주었고, 필요한 웹사이트도 안내해 주었다.

식도에 무언가가 걸린 느낌이 나고 소화가 잘 안됩니다. 어떻게 해야할까요?

식도에 무언가가 걸린 느낌이 나고 소화가 잘 안되는 증상은 역류성 식도염, 위염, 식도암 등의 다양한 질환으로 인해 발생할 수 있습니다. 따라서 정확한 원인을 진단하기 위해서는 병원을 방문하여 의사의 진료를 받는 것이 좋습니다.

이러한 증상을 완화하는 데 도움이 되는 몇 가지 생활습관은 다음과 같습니다.
- 과식하지 않기
- 지방이 많은 음식, 카페인, 알코올, 흡연을 피하기
- 식사 후 바로 눕지 않기
- 규칙적인 운동하기
- 충분한 수분 섭취하기

위의 생활습관을 지키더라도 증상이 지속되거나 심해진다면 병원을 방문하여 의사의 진료를 받는 것이 좋습니다.

 안녕하세요, 저는 빙이라고 합니다. 소화불량의 원인은 여러 가지가 있을 수 있습니다. 위염, 위궤양, 식도염 등의 질환[1]이나 소화 흡수장애[2]와 같은 병적인 이유일 수도 있고, 불규칙한 식습관[3]이나 야식[3]과 같은 생활습관 문제일 수도 있습니다. 증상이 심하거나 오래 지속된다면 전문의와 상담하는 것이 좋습니다. 그리고 가능하다면 규칙적이고 고기질의 식사를 하시고, 충분한 수분 섭취와 운동을 하시는 것도 도움이 될 수 있습니다.

출처: Bing과의 대화, 2023.
(1) 기본인데 잘 안 지키는 '소화 습관' 5가지 - 당신의 건강가이드 …. https://health.chosun.com/site/data/html_dir/2020/07/20/2020072002190.html.
(2) 소화가 안된다면, 반드시 원인을 알고 증상을 개선하자 | 중앙일보. https://www.joongang.co.kr/article/21566139.
(3) 소화가 잘 안되요 대처법은? : 네이버 블로그. https://m.blog.naver.com/yoosk1999/222429847807.

 제가 의사가 아니기 때문에 구체적인 진단이나 치료를 제공할 수는 없지만, 일반적인 조언을 드릴 수 있습니다. 소화 불량이나 불편함이 있다면 다음의 조언을 따를 수 있습니다.

1. 음식 섭취량을 조절하고, 천천히 먹으세요.
2. 카페인, 알코올, 지방이 많은 음식, 맵거나 얼얼한 음식 등 소화에 안 좋은 음식들을 피하세요.
3. 급격한 체중 변화를 피하고, 규칙적인 식사와 운동을 하세요.
4. 스트레스를 관리하세요. 스트레스는 소화 문제를 악화시킬 수 있습니다.
5. 앉아서 먹기를 권장하며, 먹고 바로 눕거나 운동하는 것은 피하세요.

그러나 만약 처음부터 심각한 증상이나 지속적인 불편함이 있거나, 이러한 조언들을 따라도 아무런 개선이 없다면 전문가의 도움을 받으시는 것이 좋습니다. 식도 문제를 정확하게 진단받아 적절한 치료를 받으셔야 합니다.

1.1.3 교육

▶ 대화형 GPT를 활용하여, 교육 관련 문제를 해결하는 일반적인 방법은 다음과 같다.

> 1. **조언과 안내**: 교육과 관련된 문제를 GPT에 설명하고, 해당 문제에 대한 조언이나 안내를 요청한다. 예를 들어, 학습 방법, 학업 스케줄 관리, 시험 대비 전략 등을 물어볼 수 있다.
> 2. **학습 자료 및 자원 제공**: GPT에게 특정 주제의 학습 자료나 온라인 자원을 추천해 달라고 요청한다. 이를 통해 필요한 정보를 얻고 학습에 도움을 받을 수 있다.
> 3. **과제 및 논문 도움**: 숙제나 논문 작성과 관련된 질문을 한다. GPT는 주제 관련 정보를 제공하거나 논문 구조, 인용 방법 등을 설명할 수 있다.
> 4. **프로젝트 아이디어**: 특정 주제나 프로젝트 아이디어를 물어보고 GPT의 창의적인 제안을 듣는다. 이를 통해 새로운 아이디어나 관점을 얻을 수 있다.
> 5. **공부 계획 및 목표 설정**: 학습 계획을 세우거나 학습 목표를 설정하는 데 도움을 요청한다. GPT는 학습 목표 달성을 위한 전략을 제안할 수 있다.
> 6. **언어 및 문법 도움**: 글쓰기, 발표 스킬, 문법 관련 질문을 한다. GPT는 언어와 문법에 대한 조언을 제공할 수 있다.
> 7. **시험 대비**: 시험을 준비할 때 시험 전략, 공부 계획, 연습 문제 등에 대한 조언을 얻을 수 있다.
> 8. **진로 상담**: 진로 선택과 관련된 질문을 하고 GPT의 진로 상담을 듣는다.
> 9. **코칭 및 멘토링**: 자기 계발 및 학습 관련한 코칭 또는 멘토링을 요청한다.
> 10. **문제 해결 논의**: 교육 관련 문제나 고민을 GPT와 논의하며 다양한 관점을 듣고 해결 방안을 찾을 수 있다.

▶ 중요한 것은 질문을 명확하게 제시하고 필요한 정보를 요구하는 것이다. 또한 GPT의 답변을 받은 후에는 항상 검증하고 추가 연구 및 학습을 진행해야 한다.

활용4 교육

▶ 좋은 예로는 학습 개념에 대한 설명과 이해를 도와주는 것이다.

> Newton 법칙에 대한 개념과 쓰이는 분야 그리고 Coulomb 법칙과의 관계성을 알려주세요.

 물리학에서 Newton의 법칙과 Coulomb의 법칙은 중요한 개념입니다. 각각의 개념과 그들이 쓰이는 분야, 그리고 두 법칙 간의 관계성에 대해 알려드리겠습니다.

Newton의 법칙:
Newton의 법칙은 아이작 뉴턴(Isaac Newton)이 17세기에 개발한 물리학적 원리입니다. 이 법칙은 물체의 운동과 힘에 대한 기초적인 원리를 설명합니다. Newton의 법칙은 크게 세 가지 법칙으로 나뉩니다.

… 중략 …

Newton의 법칙은 우리가 일상에서 경험하는 운동 현상을 설명하고, 엔지니어링, 천문학, 항공우주 공학 등 다양한 분야에서 적용됩니다.

Coulomb의 법칙:
Coulomb의 법칙은 전기적으로 서로 인력 또는 척력을 미치는 전기적인 물체 간의 상호 작용을 설명하는 법칙입니다. 이 법칙은 프랑스의 물리학자 샤를 드 쿨롱(Charles Augustin de Coulomb)에 의해 개발되었습니다.

… 중략 …

Coulomb의 법칙은 전기적으로 충전된 입자 사이의 상호 작용을 설명하며, 전기학과 전자공학에서 사용됩니다. 이 법칙은 전기장, 전기회로, 전기기기, 정전기 등 다양한 분야에서 중요하게 활용됩니다.

Newton의 법칙과 Coulomb의 법칙의 관계성:
Newton의 법칙과 Coulomb의 법칙은 모두 역사적으로 물리학에서 중요한 법칙으로 발견되었지만 직접적인 관련은 없습니다. 그러나 전자, 양성자, 중성자와 같은 입자들이 이러한 법칙에 따라 움직이며, 전자를 이용한 전기장 생성과 같은 과정에서 두 법칙이 함께 적용됩니다. 따라서 두 법칙은 물리학의 기초 이론으로 함께 사용되지만, 직접적인 관련은 없습니다.

활용5 언어교육

▶ 영어 언어 공부를 시작해 본다.
▶ 대화형 GPT에게 문맥설정부의 활용을 통해 어떤 조건의 인물이 되어 특정 상황에 대한 언어 연습을 할 수 있다. 정리하자면, 특정 주제를 가지고 회화 연습을 하거나, 특정 인물이 되어 특정 상황에서 상황극과 같은 언어 회화 연습을 할 수 있다.

영어회화 연습을 주제별로 하고싶은데, 우선 해외여행시 가능한 회화부터 시작해요.

 좋아요, 해외여행 관련 영어 회화를 시작해봅시다! 아래는 몇 가지 흔한 상황과 대화 예시입니다. 어떤 상황부터 연습해보고 싶으신가요?

1. 공항에서 체크인하기.
2. 호텔 예약 및 체크인.
3. 음식 주문하기.
4. 관광 명소에서 정보 얻기.
5. 쇼핑을 하거나 가격을 흥정하기.

원하시는 상황 중 어떤 것을 선택하고, 그에 관한 대화 예시나 질문을 제시해주세요.

> 쇼핑을 하거나 가격을 흥정하기.

 쇼핑하거나 가격을 흥정하는 상황에서 유용한 몇 가지 영어 표현과 대화 예시를 알려드리겠습니다.

상점 진입
You have some lovely items here. (여기 멋진 물건들이 있네요.)
I'm just browsing, thank you. (저는 그냥 둘러보고 있어요, 감사합니다.)

… 중략 …

구매 결정
I'll take it. (이걸로 할게요.)
I need some time to think about it. (조금 생각해봐야겠어요.)

이러한 표현과 예시를 참고하여, 쇼핑 중에 유용하게 사용할 수 있을 것입니다. 어떤 문장을 연습하고 싶으신가요?

▶ Khan Academy의 경우, 대화형 GPT를 활용한 Khanmigo라는 AI 보조교사를 만들었다. Khanmigo는 학생들에게 답을 주기보다는 질문을 하여 학생들이 생각할 수 있도록 자극을 주는 방식을 채택하였다. Khanmigo가 하는 질문들은 열린 질문들이며, 이 질문들을 통해서 학생들은 한 걸음씩 배움의 길로 나아갈 수 있다.

▶ 현재 Khanmigo는 사전예약 대기열로 사람들을 받고 있으며, 월 20달러 이상의 후원을 하거나, Khan Lab의 뉴스레터를 구독하면, 후에 사용이 가능하다고 한다.

1.1.4 기타활용

▶ 대화형 GPT를 활용하여, 기타활용(정보검색, 번역, 연설문작성, 영상요약, 영상편집, 포토샵, 음성 파일 피치 조절, 계산 및 문제해결 등)에 적용할 수 있다. 다음은 GPT를 활용하는 일반적인 방법과 예시이다.

1. **정보 검색**: GPT에게 특정 주제에 대한 정보를 검색하도록 요청할 수 있다. 예를 들어, "인공지능의 역사"나 "세계의 주요 도시"에 대한 정보를 물어볼 수 있다.
2. **번역**: 다른 언어로 된 텍스트를 번역해야 할 때 GPT를 활용한다. "영어에서 스페인어로 '안녕하세요'를 번역해주세요"와 같은 질문을 할 수 있다.
3. **연설문 작성**: GPT에게 원하는 주제나 내용을 제공하고 연설문, 글, 블로그 포스트, 뉴스 기사 등을 작성하도록 요청할 수 있다.
4. **영상 요약**: 긴 영상 또는 오디오 파일을 간결한 요약으로 변환하도록 GPT에게 요청한다.
5. **영상 편집**: 비디오 편집에 도움이 필요한 경우, GPT에게 비디오 편집 지침을 제공하고 필요한 수정을 요청한다.
6. **포토샵 및 그래픽 디자인**: 이미지 편집 또는 그래픽 디자인 작업을 할 때 GPT에게 지시를 제공하고 원하는 이미지를 생성하도록 요청한다.
7. **음성 파일 피치 조절**: 음성 파일의 톤 및 속도를 조절하거나 음성 효과를 추가하는 작업을 GPT에게 요청할 수 있다.
8. **계산 및 문제 해결**: 수학 문제, 논리적인 문제, 과학적인 계산 등에 대한 도움말을 GPT에게 요청한다.
9. **여행 및 여행 계획**: 여행 관련 정보, 여행지 추천, 여행 계획 작성에 관한 도움을 받을 수 있다.

▶ 각 분야에서 GPT를 사용할 때는 명확하고 구체적인 지시를 제공하고, 결과물을 검토하여 필요한 수정을 수행한다. 그리고 중요한 결정이나 전문적인 조언

이 필요한 경우, 항상 해당 분야의 전문가와 협력하는 것이 좋다.

활용 6 정보검색

▶ 최근 채식주의자들의 수는 점차 늘고 있다. 하지만 채식주의자들을 위한 식당은 수가 적다보니 이에 대한 정보 역시도 찾기가 힘들다. 더구나 코로나19를 거치면서 폐업한 곳도 있다보니 실시간으로 업데이트된 정보를 찾아야 할 필요가 있다.

▶ 대화형 GPT 중 Bing AI에게 서울시내에 있는 채식주의자들을 위한 식당에 대한 정보를 물었고, 친절하게 정보를 잘 알려주었다.

▶ Bing AI와 마찬가지로 Google Gemini도 실시간으로 업데이트된 정보를 제공해 주었다.

▶ 대화형 GPT가 언어모델이므로, 직접적으로 도와주지는 못하는경우 사용법을 알려줌으로써 간접적으로 도움을 줄 수 있다.

서울 시내에 있는 채식주의자들을 위한 식당과 그 주소를 알려주세요.

 서울은 다양한 채식주의자들을 위한 식당이 있어서 다양한 선택지가 있습니다. 여기 몇 가지 서울 시내의 채식주의자들을 위한 식당을 소개해 드리겠습니다.

- 발우공양 - 서울특별시 마포구 동교로 23길 6
- 칙피스 - 서울특별시 용산구 이태원로 188-1
- 베제투스 - 서울특별시 마포구 와우산로29길 17-1
- 보나보나 - 서울특별시 용산구 이태원로 192-11
- 플랜트 - 서울특별시 용산구 보광로 117 2층

이 외에도 서울 시내에는 다양한 채식주의자들을 위한 식당들이 있으니, 개인의 취향과 식사 스타일에 맞는 식당을 찾아보시기 바랍니다. 원하시는 정보를 찾으셨나요?

오세계향 (Osegye Hyang): 서울특별시 종로구 관훈동 21

Osegye Hyang (오세계향) restaurant address in Seoul in KoreanOpens in a new window
www.happycow.net
Osegye Hyang (오세계향) restaurant address in Seoul in Korean

플랜트 카페 서울 (Plant Cafe Seoul): 서울특별시 용산구 보광로 117, 2층
Plant Cafe Seoul (Itaewon) restaurant address in Seoul in KoreanOpens in a new window
www.tripadvisor.com
Plant Cafe Seoul (Itaewon) restaurant address in Seoul in Korean

··· 중략 ···

코스모스 (Cosmos): 서울특별시 서초구 서초동 468-1
Cosmos restaurant address in Seoul in KoreanOpens in a new window
koreandramaland.com
Cosmos restaurant address in Seoul in Korean

카페 시바 (Cafe SIVA): 서울특별시 마포구 서교동 134-13
Cafe SIVA restaurant address in Seoul in KoreanOpens in a new window
www.happycow.net
Cafe SIVA restaurant address in Seoul in Korean

이 주소들은 시간이 지남에 따라 변경될 수 있으므로, 가기 전에 항상 확인하는 것이 좋습니다. Google Maps와 같은 검색 엔진을 사용하여 이 레스토랑 중 하나의 최신 주소와 연락처 정보를 찾을 수도 있습니다.

활용7 한국어 번역

▶ 대화형 GPT(ChatGPT, Google Gemini, Bing AI, Wrtn)에게 외국어를 한국어로, 한국어를 외국어로 번역하는 작업을 요청할 수 있다. 먼저 영어를 한국어로 번역 작업을 요청해 보았다.

So tell me who are you dissing, maybe I'm missing the reason that you'e smilin' or wildin', so listen In my head, I just want to take 'em down Imagination set loose and I'm gonna shake 'em down
한국어로 번역해주세요.

 그래, 누구를 까고 있는지 말해봐, 아마도 난 놓친 게 있을지도 몰라. 네가 왜 웃고 있는지, 혹은 미치듯이 행동하는지 이유를 모르겠어, 그러니 들어봐. 내 머리 속에서, 그들을 격퇴하고 싶어. 상상력이 풀려나고, 그들을 흔들어놓을 거야.

 Sure, here is the translation of the lyrics you provided in Korean:

그래, 누굴 비웃고 있니, 내가 놓치고 있는 건가 봐
네가 웃고 있거나 미쳐 날뛰는 이유를, 그러니 들어봐
내 머릿속에서 난 그냥 그들을 무너뜨리고 싶어
상상력이 풀려났고 난 그들을 뒤흔들 거야
Here is the line-by-line translation:
- "So tell me who are you dissing" = 그래, 누굴 비웃고 있니
- "maybe I'm missing" = 내가 놓치고 있는 건가 봐
- "The reason that you're smilin' or wildin'" = 네가 웃고 있거나 미쳐 날뛰는 이유를
- "so listen" = 그러니 들어봐
- "In my head, I just want to take 'em down" = 내 머릿속에서 난 그냥 그들을 무너뜨리고 싶어
- "Imagination set loose and I'm gonna shake 'em down" = 상상력이 풀려났고 난 그들을 뒤흔들 거야

I hope this is helpful!

▶ Gemini 역시 번역을 잘 해주었고, 각 문장별로 번역까지 해주었다.

▶ Bing AI는 구글 번역기를 사용하여 번역해 주었고, Bing AI에게 영어를 한국어로 번역하는 작업을 요청할 때는 한국어로 요청을 해야 한다. 영어로 영어를 한국어로 번역해달라고 요청할 경우 문제가 있어 답변을 줄 수 없다는 말만 반복하다가 대화를 계속하고 싶지 않다며 일방적으로 끝내는 경우가 발생하였다.

제가 구글 번역을 사용하여 번역해보았습니다. "그래서 누구를 까고 있는 거야, 내가 그 웃는 이유나 미쳐 있는 이유를 놓치고 있는 건 아닌지, 그러니까 들어봐. 내 머리 속에서는 그들을 쓰러뜨리고 싶어. 상상력이 풀려나면 그들을 흔들어 놓을 거야."[123]

출처: Bing과의 대화, 2023.
(1) Google 번역. https://translate.google.co.jp/?hl=ko.
(2) Kakao i 번역. https://translate.kakao.com/.
(3) DeepL 번역: 세계에서 가장 정확한 번역기. https://www.deepl.com/ko/translator.

▶ Wrtn의 경우, 영어를 한국어로 번역하는 기능을 사용하려면 GPT-3.5-16K를 선택하거나 PaLM2를 선택하고 하는 편이 좋다. GPT-3.5와 GPT-4는 공란만 뜨고 번역이 안 될 때가 있기 때문이다.

▶ GPT-3.5-16K를 사용한 결과는 다음과 같다.

 GPT-3.5-16K 그러니까, 누구를 조롱하려는 거야? 아마도 네가 미소 짓거나 난장판을 벌이는 이유를 잘 이해하지 못한 것 같은데, 그러니까 들어봐. 내 머리 속에서는 그들을 격퇴하고 싶어.
상상력이 풀려나면 그들을 도발할 거야.

▶ PaLM2을 사용하여 번역한 결과는 다음과 같다.

 PaLM2 내가 누구를 욕하고 있는지 말해 봐. 너가 웃거나 흥분하는 이유를 못 알아듣겠어. 들어봐. 내 머릿속에는 그들을 무너뜨리고 싶은 마음뿐이야. 상상력을 풀어 놓았을 뿐이니, 이해해 주세요.

▶ 번역이 좀 이상하다고 판단되어 다시 한 번 시도한 결과는 다음과 같다.

 PaLM2 그러니까 누가 너를 비난하는지 말해 봐. 너는 웃고 있거나 미쳐 날뛰는 이유를 놓치고 있는 것 같아. 그러니 들어봐. 내 머릿속에는 그냥 그들을 쓰러뜨리고 싶을 뿐이야. 상상력을 풀어놓고 그들을 흔들어 놓을 거야.

▶ GPT-3.5-16K와 비교했을 때 PaLM2의 번역은 정확한 편이 아니었고, 번역 형태도 일관성이 부족하였다. 그리고 가끔 일시적으로 오류가 생겨 생성을 못 해주는 경우가 있어 새 채팅을 열고 번역을 요청해야 할 때가 있다. 따라서 번역 기능을 사용할 때는 GPT-3.5-16K를 쓰는 편이 최선의 선택인 것을 알 수 있다.

활용8 영어 번역

▶ 이번에는 한국어를 영어로 번역하는 작업을 요청해 보았다.

기억날 그날이 와도 그땐 사랑이 아냐. 스치우는 바람결에 느낀 후회뿐이지. 영어로 번역해주세요.

 Even if that day I remember comes, it's not love at that time
It's just regrets felt in the passing breeze.

 물론입니다. 한국어 가사를 영어로 번역해 드리겠습니다.

기억날 그날이 와도 그땐 사랑이 아냐
* Even if that day comes when I remember, it is not love.

스치우는 바람결에 느낀 후회뿐이지
* It is only regret that I felt in the passing wind.

이 가사는 사랑을 잃은 후의 후회를 표현하고 있습니다. 가수는 과거의 사랑을 그리워하지만, 그 사랑은 이미 끝났고 이제는 후회만 남아있다고 말합니다. 이 가사는 사랑의 덧없음과 후회의 아픔을 잘 표현하고 있습니다.

▶ Gemini는 가사라고 언급하지 않았지만 검색엔진 기반답게 이미 정보를 알고 있는 것 같이, 번역과 해석까지 해주었다.

 "기억날 그날이 와도 그땐 사랑이 아냐 스치우는 바람결에 느낀 후회뿐이지"라는 가사는 홍성민의 "기억날 그날이와도"라는 노래 가사입니다. 이 가사를 영어로 번역하면 "Even if the day I remember comes, it's not love at that time. It's just regret felt in the passing wind."입니다.

출처: Bing과의 대화, 2023.
(1) 홍성민 (+) 기억날 그날이와도 | 노래 가사. https://www.lyrics.co.kr/?p=329513.
(2) 홍성민 – 기억날 그날이와도 | 노래 가사. https://www.lyrics.co.kr/?p=88423.
(3) 기억날 그날이 와도...홍성민(가사와 악보) : 네이버 블로그. https://blog.naver.com/PostView.nhn?blogId=sesangmall&logNo=221860825293.

▶ Wrtn의 경우 GPT-3.5를 제외하고, GPT-4, GPT-3.5-16K의 결과는 다음과 같다.

 GPT-4 Even when the day to be remembered comes, it's not love back then,
It's just regret felt in a breeze brushing by.

 GPT-3.5-16K Even if that day, which I will remember, comes again, it wasn't love back then.
It's just regrets felt from a passing gust of wind.

 PaLM2
Even if the day comes to be remembered, it will not be love.
It's just a regret that I felt in the breeze.

▶ PaLM2의 결과는 오류가 생겨 새 채팅을 열고 다시 요청을 했다.
▶ 한국어를 영어로 번역하는 것은 요청을 영어로 하든 한국어로 하든 모두 다 잘 된다.

- Bing AI의 경우 나머지 대화형 GPT들과는 다르게, 외국어를 다른 언어로 번역을 하도록 요청할 경우 제약이 있는 편이다. 영어를 한국어로 번역할 때 한국어로 요청해야 가능했지만, 영어를 다른 언어로 번역할 때는 번역을 원하는 언어로 요청해도 되지 않았다. 즉 한국어로의 번역만 한국어로 요청했을 때 가능하고, 다른 언어들로의 요청은 가능하지 않았다. 이로 인해서 비영어권 국가에서 그들의 언어로 영어 번역을 요청시, 모국어를 쓸 수 없다는 제약이 있다.
- 한국어를 영어로 번역할 때 주의사항은 가끔 번역이 원래의 의미와 조금 다르게 될 때가 있다. 일반적으로 문장 요소, 조사 등이 생략된 경우인데, 의미가 명확한 한글 문장으로 고쳐서 번역 요청하면 원래 의미대로 번역을 해준다.

활용9 연설문 작성

- 짧은 연설문 작성을 요청해 보았다.

> 짧은 연설을 하려합니다.
> 대상은 음악을 전공한 대학생들이고 주제는 Scatman John과 그의 창의성입니다.
> 학생들에게 Scatman John과 그의 혁신적이고 혁명적인 음악을 알려줘서 영감을 주고싶어요.
> 이 연설문을 써주세요.

 안녕하세요 여러분,

저는 여러분과 함께 뛰어난 음악가이자 혁신가인 Scatman John에 대해 이야기할 기회를 가진 것에 대해 영광입니다. Scatman John은 음악계를 혁신시키며 독특하고 창의적인 스타일로 세간을 놀라게 한 인물입니다.

Scatman John, 본명은 John Larkin이었으며 재즈 피아니스트, 가수, 작곡가로 1990년대에 "Scatman (Ski-Ba-Bop-Ba-Dop-Bop)"라는 히트 싱글로 명성을 얻었습니다. 그의 음악은 재즈, 댄스, 힙합의 요소를 혼합하여 자신만의 독특한 사운드를 창조하여 그의 음악을 차별화했습니다.

그러나 Scatman John을 진정으로 독특하게 만든 것은 스캣 싱이라는 보컬 개법을 사용한 것입니다. 스캣 싱은 음성 개방 기술로, 무의미한 음절과 소리를 사용하여 멜로디와 리듬을 창조하는 것을 의미합니다. 스캣 싱은 재즈 음악에서 수십 년간 사용되어 왔지만, Scatman John은 이를 새로운 수준으로 끌어올려 자신의 노래의 기초로 사용하고 음악의 모든 측면에 통합하였습니다.

Scatman John의 음악은 혁신적일 뿐만 아니라 깊은 영감을 주었습니다. 그는 자신의 음악을 희망, 긍정성, 포용성을 전파하기 위한 플랫폼으로 활용했습니다. 그는 심각한 말더듬에 시달렸던 장애인들을 위한 강한 지지자였습니다. 그의 음악과 인생에서 그는 자신과 꿈을 믿는 용기가 있다면 불가능한 일이라도 가능하다는 것을 보여주었습니다.

마무리하며, Scatman John은 음악계에 희망과 포용성을 전파한 진정한 음악적 개척자입니다. 그의 희망과 포용성에 대한 메시지는 우리 모두가 배울 수 있는 것이며, 그의 음악은 앞으로도 다음 세대들에게 영감을 주기를 계속할 것입니다. 들어주셔서 감사합니다.

활용10 영상요약

▶ 대화형 GPT로 영상 요약도 가능하다.

▶ 이 작업을 위해서는 다음과 같은 크롬 확장 프로그램이 필요하다.

▶ 이 프로그램은 ChatGPT에서만 사용이 가능한 프로그램이며 유튜브 영상 중 영어 자막이 존재하는 영상에서 사용이 가능한 확장 프로그램이다. 사용법은 간단하다. 이 프로그램을 추가하면 유튜브 영상(영어 자막이 존재하는 영상)의 우측 상단 부분에 'Transcript & Summary' 탭이 나타난다.

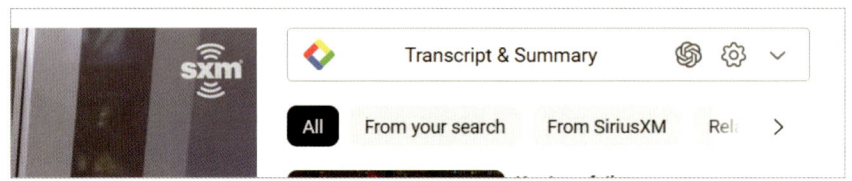

▶ 여기서 톱니바퀴 아이콘 옆의 아래를 향한 화살표를 클릭해주면 이 탭이 확장이 되는데 자막의 내용들이 플레이타임과 함께 한 번에 정리가 되어서 나온다.

ChatGPT 로고를 클릭하면 ChatGPT로 창이 새로 생기면서 영상에 대한 요약을 해준다. 영상은 보통 5줄로 요약해 준다.

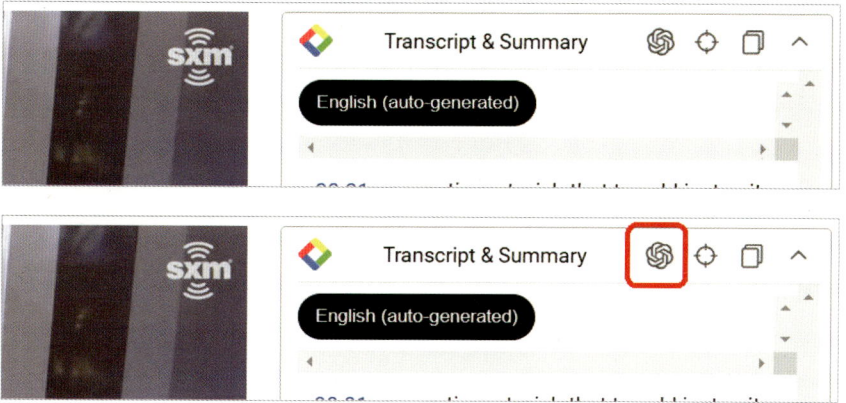

활용11 영상 편집

▶ Google Gemini에게 Premier Pro를 이용한 영상 편집에 관한 질문을 하였다.

프리미어 프로를 이용한 영상 편집을 할 때 장면 전환 효과를 넣는 법을 알려주세요.

 프리미어 프로를 이용한 영상 편집을 할 때 장면 전환 효과를 넣는 법은 다음과 같습니다.

1. 프리미어 프로를 실행하고, 편집할 영상을 불러옵니다.
2. 타임라인에 영상을 드래그하여 배치합니다.
3. 전환 효과를 적용할 영상 클립을 선택합니다.
4. 효과 패널에서 전환 효과를 선택합니다.
5. 전환 효과의 설정을 변경합니다.
6. 전환 효과를 적용하려면, 적용 버튼을 클릭합니다.

프리미어 프로에는 다양한 전환 효과가 제공됩니다. 전환 효과는 영상의 분위기와 흐름을 전환하는 데 사용할 수 있습니다. 예를 들어, 교차 디졸브 효과는 영상의 장면을 부드럽게 전환하는 효과입니다. 사라지기 효과는 영상의 장면이 사라지듯이 전환하는 효과입니다.

전환 효과를 사용하여 영상에 다양한 분위기와 흐름을 더해보세요.

활용12 포토샵

▶ Bing AI에게 포토샵(Photoshop) 사용에 대한 질문을 하였다.

포토샵에서 배경을 제거하는 방법을 알고싶습니다.

 안녕하세요. 포토샵에서 배경을 제거하는 방법은 다양합니다. 여러 방법 중 하나는 다음과 같습니다.

1. 이미지를 연 후 오른쪽에 있는 계층 패널을 마우스 오른쪽 버튼으로 누른 다음 계층 복제를 누르십시오. 다음 레이어 이름을 지정하고 OK 버튼을 클릭합니다.
2. 메뉴바에서 마법봉 찾기 복사 레이어를 클릭한 뒤 자동선택 도구 클릭하기 마우스 버튼을 꾹 누르고 있으면 지우고 싶은 배경 클릭합니다.
3. 선택된 배경 삭제 선택 된 배경에 Del 버튼만 눌러주면 됩니다.
4. 속성 〉 빠른 작업〉 배경 제거를 선택합니다.
5. Quick Selection Tool 로 지울 배경을 선택합니다. 포토샵이 알아서 선택할 영역을 확장해 줍니다.

위 방법은 '에서 참조하였습니다.

출처: Bing과의 대화, 2023.
(1) 배경 포토샵을 제거하려면 어떻게 해야 하나요? – HitPaw.
  https://www.hitpaw.kr/photo-tips/how-to-remove-background-photoshop.html.
(2) 이미지의 배경을 신속하게 제거 – Adobe Inc..
  https://helpx.adobe.com/kr/photoshop/using/quick-actions/remove-background.html.
(3) 포토샵에서 배경 없애는 초간단 방법 (50초에 누끼 끝내기 ….
  https://jewonagency.com/%ed%8f%ac%ed%86%a0%ec%83%b5%ec%97%90%ec%84%9c-%eb%b0%b0ea%b2%bd-%ec%97%86%ec%95%a0%eb%8a%94-%ec%b4%88%ea%b0%84%eb%8b%a8-%eb%b0%a9%eb%b2%95/.
(4) 누끼가 뭐죠? 포토샵으로 쉽게 배경 제거하기 – Adobe Blog.
  https://blog.adobe.com/ko/publish/2022/02/16/adobe-photoshop-remove-a-background-with-help-from-ai.

활용13 음성파일의 피치조절하기

▶ Wrtn(GPT-4사용)에게 베가스(Vegas)를 이용하여 음성파일의 피치를 조절하는 법을 물어보았다.

> 베가스라는 프로그램을 사용하여 음성파일의 피치를 조절하고 싶습니다. 어떻게 해야할까요?

:wrtn VEGAS Pro라는 프로그램을 사용하여 음성 파일의 피치를 조절하는 방법은 다음과 같습니다.

1. VEGAS Pro를 실행한 후, 프로젝트를 생성하거나 이미 작업 중인 프로젝트를 엽니다.
2. 컴퓨터에서 음성 파일을 찾아 VEGAS Pro의 타임라인으로 드래그 앤 드롭합니다.
3. 타임라인에서 불러온 음성 클립을 선택합니다.
4. 음성 클립이 선택된 상태에서 오른쪽 마우스 버튼을 클릭하여 표시되는 컨텍스트 메뉴에서 '오디오 이벤트의 속성' 또는 'Audio Event Properties'를 클릭합니다.
5. '오디오 이벤트 속성' 대화 상자에서 'Pitch change (semitones)' 또는 '피치 변경 (반음)' 슬라이더를 찾습니다.
6. 슬라이더를 왼쪽 또는 오른쪽으로 원하는 기준으로 드래그하여 음성 파일의 피치를 낮추거나 높입니다. 여기서 숫자는 반음 단위로 적용됩니다.
7. 피치 변경을 미리 들어보려면, 대화 상자의 'Preview' 또는 '미리보기' 버튼을 누를 수 있습니다.
8. 피치 조절이 완료되면 'OK' 버튼을 눌러 대화상자를 닫습니다.

이제 VEGAS Pro에서 음성 파일의 피치가 조절된 상태로 저장되었습니다. 프로젝트를 완료하고, 원하는 형식의 파일로 내보내고자 할 때 저장합니다.

1.2 사무업무

▶ 대화형 GPT는 파워포인트, 엑셀, 워드파일 변환, 인사관리, 회계처리, 마케팅, 법률 자문과 같은 다양한 업무를 개인비서로서 활용하기 위해서는 몇 가지 고려해야 할 사항이 있다. 대화형 GPT와 같은 인공 지능 도구는 이러한 업무 일부에 도움을 줄 수 있지만, 완전한 대체가 아니며, 다음과 같은 점을 고려해야 한다.

1. **지원되는 작업:** 대화형 GPT는 문서 작성, 정보 검색, 일정 관리, 기본적인 데이터 분석 및 번역과 같은 일반적인 작업에 적합하다. 파워포인트나 엑셀의 복잡한 기능, 회계 처리, 법률 자문과 같이 전문적인 업무에는 한계가 있을 수 있다.
2. **정확성:** 대화형 GPT는 정보를 기반으로 응답을 생성하므로 정보의 정확성을 항상 확인해야 한다. 특히 회계나 법률과 관련된 중요한 결정을 내릴 때는 전문가의 조언이 필요할 수 있다.
3. **보안:** 개인 비서로서 사용될 때 개인 정보나 기업의 민감한 정보를 대화형 GPT와 공유할 때 보안을 고려해야 한다. 데이터 보호 및 보안 정책을 준수해야 한다.
4. **전문 지식:** 일부 작업은 전문 지식과 경험이 필요한 경우가 있다. 예를들어 법률 자문은 법률 전문가의 조언을 필요로 하며, 회계 처리는 회계사의 전문 지식이 필요할 수 있다.
5. **시간 및 비용 절감:** 대화형 GPT를 사용하면 일부 반복적이고 시간 소모적인 작업을 자동화하고 효율적으로 처리할 수 있다.
6. **학습 및 개발:** 대화형 GPT를 개인 비서로 활용하려면 해당 도구의 기능을 이해하고 학습해야 한다. 또한 사용자 정의기능을 추가하려면 개발 노력이 필요할 수 있다.

▶ 개인 비서로서 대화형 GPT를 활용할 때는 이러한 고려 사항을 기반으로 작업을 구성하고, 필요한 경우 전문가의 도움을 받는 것이 중요하다. 대화형 GPT는 업무 효율성을 향상시킬 수 있는 강력한 도구 중 하나이지만, 사용법과 한계를 이해하고 적절하게 활용해야 한다.

1.2.1 파워포인트제작

▶ 대화형 GPT를 활용하여 파워포인트(powerpoint) 프레젠테이션 자료를 만드는 방법은 다음과 같다.

1. **주제와 내용 정의:** 먼저 프레젠테이션의 주제와 주요 내용을 정의한다. GPT에게 프레젠테이션 주제를 설명하고 어떤 정보를 포함해야 하는지 알려준다.
2. **아웃라인 생성:** GPT에게 프레젠테이션의 아웃라인을 생성하도록 요청한다. 주요 섹션과 각 섹션의 내용을 나열하고 구조를 만들어본다.
3. **텍스트 슬라이드 작성:** GPT를 사용하여 각 섹션의 텍스트 슬라이드를 작성한다. 각 슬라이드의 주요 내용, 제목, 부제목 등을 입력하도록 요청한다.
4. **이미지 및 그래픽 추가:** 필요한 경우 GPT에게 이미지나 그래픽 아이디어를 제공하고 해당 내용을 시각화할 방법에 대한 제안을 요청한다.
5. **디자인 및 레이아웃 향상:** GPT가 생성한 슬라이드의 디자인 및 레이아웃을 향상시킬 방법을 고려한다. 색상, 글꼴, 배경 등을 조정하거나 이미지의 크기와 위치를 조절할 수 있다.
6. **참고 자료 및 인용문 추가:** 필요한 경우 GPT에게 참고 자료 또는 인용문을 제공하고 해당 내용을 슬라이드에 추가하는 방법에 대한 제안을 요청한다.
7. **전체 레이아웃 검토:** GPT가 생성한 프레젠테이션을 전체적으로 검토하고 내용의 흐름과 논리적인 일관성을 확인한다. 필요한 수정사항을 반영한다.
8. **파워포인트로 이전:** GPT에서 생성한 텍스트 및 이미지를 파워포인트 또는 다른 프레젠테이션 소프트웨어로 복사하여 프레젠테이션을 완성한다.
9. **추가 수정 및 디자인 개선:** 프레젠테이션을 완성한 후에는 파워포인트를 사용하여 디자인을 최종 조정하고 필요한 수정을 수행한다.
10. **연습 및 발표:** 프레젠테이션을 연습하고 발표를 준비한다. 필요한 경우 GPT에게 발표 내용이나 스피치에 대한 조언을 요청할 수도 있다.

▶ 중요한 점은 GPT가 생성한 내용을 자세히 검토하고 수정해야 한다는 것이다. 또한 프레젠테이션을 만들 때 대상 청중을 고려하여 내용을 직접 수정하고 맞춤화해야 한다.

활용14 프리젠테이션 ①

▶ Scatman John의 생애와 업적에 관한 발표자료를 작성을 위해, GPT에게 전체 목차를 요청하고, 세부 내용을 단계별로 요청하면, 초안 작성이 가능하다. 초안을 수정보완하여 최종 프레젠테이션 자료를 직접 만드는건 사용자의 몫이다.

> Can you write table of contents for me?
> About the life and career of Scatman John, the American musician and artist

 Great, here's a sample table of contents for a presentation or report on the life and career of Scatman John:

I. Introduction
  • Brief overview of Scatman John and his musical style
II. Early Life and Career
  • Childhood and early musical influences
  • Jazz pianist beginnings in California
III. Move to Europe and Scatman Style
  • Decision to move to Europe and start a new career
  • Development of the scat-singing and rap style
IV. Commercial Success and "Scatman's World"
  • Release of the debut album "Scatman's World"
  • Success of the album and hit singles "Scatman (Ski-Ba-Bop-Ba-Dop-Bop)" and "Scatman's World"
V. Illness and Continuing Career
  • Diagnosis of lung cancer
  • Release of two more albums, "Everybody Jam!" and "Take Your Time"
  • Scatman John's continuing message about stuttering awareness
VI. Legacy and Impact
  • Scatman John's lasting impact on the music industry and fans
  • Contributions to the Stuttering Foundation and positive message
VII. Conclusion
  • Final thoughts on Scatman John and his musical legacy.

Can you tell me what to write on "Brief overview of Scatman John and his musical style"?

 Sure, here's some information you can include in the "Brief overview of Scatman John and his musical style" section of your presentation or report:

··· 중략 ···

In addition to his music, Scatman John was also known for his humanitarian work and activism. He was an advocate for stuttering awareness and worked with the Stuttering Foundation to raise awareness and funds for research. He used his music and public platform to spread positive messages and promote acceptance and understanding of people with disabilities.

활용15 프리젠테이션 ②

▶ 이 외에도 VBA 코드를 활용한 프레젠테이션 자료 작성법이 있다.

I want VBA file for PowerPoint pptx generation. First slide is title. Second slide is table of contents and next will be this. Each numbered contents will be in each slide

··· 중략 ···

V. Legacy and Impact
Impact on music industry and fans, contributions to Stuttering Foundation, final thoughts on Scatman John's musical legacy.

Sub GenerateSlides()

Dim ppt As Presentation
Set ppt = Application.Presentations.Add

… 중략 …

' Add Legacy and Impact content to slide
With legacySlide
 .Shapes.Title.TextFrame.TextRange.Text = "V. Legacy and Impact"
 .Shapes(2).TextFrame.TextRange.Text = "Impact on music industry and fans, contributions to Stuttering Foundation, final thoughts on Scatman John's musical legacy."
End With

End Sub

- ▶ 먼저 대화형 GPT에게 프레젠테이션 자료에 대한 대략적인 설명을 해주고, 이 설명대로 VBA 코드를 써달라고 요청한다. 그러면 위와같이 VBA 코드를 써주는데, 이것을 복사한 후 파워포인트에 들어간다.

- ▶ ChatGPT가 코드를 써줄 때 주의해야 할 점은 내용이 길어지면 코드를 도중에 쓰다가 멈추는 경우가 발생하는 점이다. 여기에서 'Continue' 버튼을 누르면 코드를 이어서 써준다. 계속하라는 프롬프트를 입력할 경우에도 써주기는 하지만, 기존의 코드를 이어 쓰는 것보다 새로운 종류의 코드를 이어쓰는 경우가 많다.

- ▶ 따라서 코드가 끊겼을 때 프롬프트로 코드를 완성하고 싶다면 코드를 다시 써달라고 요청하는게 더 완벽한 코드를 얻을 수 있는 방법이다. 그리고 이 과정에서 완벽한 코드를 받기까지 여러번 요청을 해야 할 수도 있다.

- ▶ 이 방법 또한 초안정도 레벨이라 내용을 추가하고 꾸미는 것은 사용자가 할 일이다.

▶ 파워포인트의 보기 탭을 눌러 매크로를 클릭한다. 혹은 키보드의 Alt키와 F11 키를 동시에 눌러도 된다.

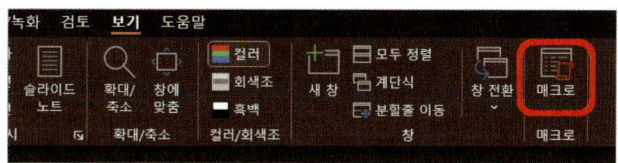

▶ 매크로를 클릭하였을 경우 다음과 같은 창이 나오고, 매크로 이름은 적절히 지은 후 만들기를 클릭한다. (매크로 이름은 중요하지 않음)

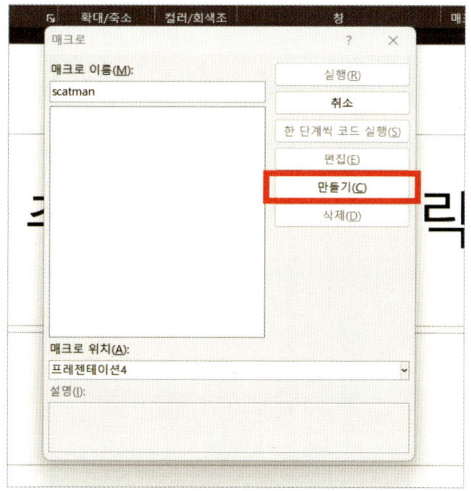

▶ 만들기를 클릭하면 다음과 같은 프로그램이 실행이 된다. 여기에서 모듈 창의 이미 쓰여진 Sub매크로 이름()과 End Sub를 지우고 복사한 코드를 붙여넣는다.

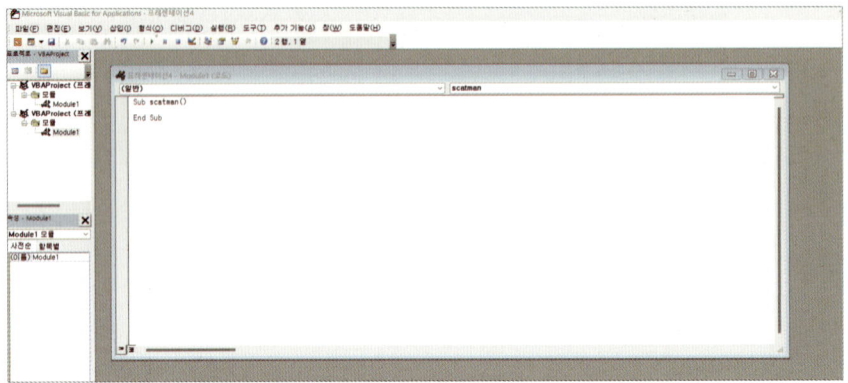

▶ Alt+F11을 누르신 분들은 프로그램 시작 시 아무것도 없으므로 위의 메뉴 중 삽입 탭의 모듈을 클릭하여 백지상태인 모듈 창을 불러온다. 그리고 바로 복사한 코드를 붙여넣으면 된다.

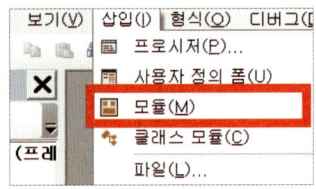

▶ 코드를 붙여넣었다면, 위의 메뉴에서 실행 아이콘을 클릭한다. 혹은 키보드의 F5키를 눌러도 된다.

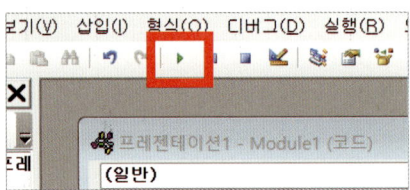

▶ 다음과 같이 새 프레젠테이션으로, VBA 코드로 요청한 파일이 생성이 된다. 이제 이 초안 프레젠테이션을 꾸미고 편집하는 것은 사용자의 몫이다.

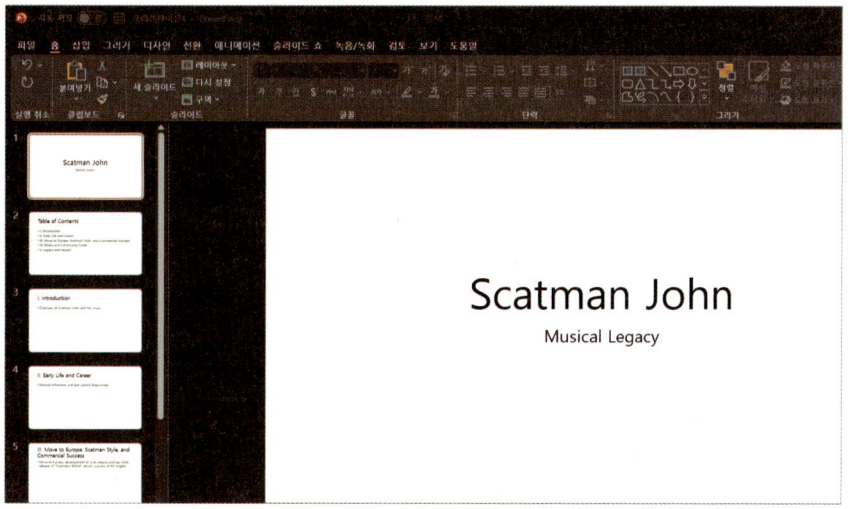

▶ 물론 또 다른 VBA 코드를 활용하여 추가로 꾸미는 것도 가능하나 아직까지는 그리 효율적이지는 못한게 현실이다. 하지만 간단하게 전체 슬라이드의 템플릿 중 어떤 요소를 제거하는 작업이나 슬라이드 복사 같은 작업은 잘 해내고 있으므로 단순한 작업이라면 활용해도 괜찮다.

▶ 주의사항은 파일을 저장할 때는 반드시 PowerPoint 매크로 사용 프레젠테이션 (*.pptm) 으로 저장해야 한다.

▶ Google Gemini의 경우, 이 코드 생성에 있어서 에러가 많이 나는 편이며, Bing AI의 경우 VBA 코드를 해당 조건에 맞는 코드가 아닌 단지 기본 예시슬라이드 생성코드만 주는데, 그마저도 잘못된 코드를 주는 경우가 많다. 향후에 마이크로소프트에서 오피스 프로그램에 대화형GPT를 탑재할 계획이라고 하니, 개발된 이후에는 ChatGPT가 아니라 오피스 프로그램에서 바로 사용할 수 있을 전망이다.

활용16 프리젠테이션 ③

▶ Wrtn의 경우 GPT-4를 사용해서 몇 번의 수정만으로 아래의 완벽한 코드를 주었다.

```
Sub CreatePowerPoint()

Dim PPTApp As PowerPoint.Application
Dim PPTPres As PowerPoint.Presentation
Dim PPTSlide As PowerPoint.Slide
Dim PPTTableOfContents As PowerPoint.Slide
Dim slideTitles As Variant
Dim slideContents As Variant

… 중략 …

PPTPres.SaveAs "ScatmanJohnPresentation.pptx", ppSaveAsOpenXMLPresentation
'PPTPres.Close
'Set PPTPres = Nothing
'PPTApp.Quit
'Set PPTApp = Nothing
End Sub
```

▶ 위의 파워포인트 예시에 대한 QR코드는 다음과 같다.

ChatGPT

Wrtn

1.2.2 엑셀활용

▶ 파워포인트와 마찬가지로, 대화형 GPT가 아직까지는 엑셀 결과물의 완벽한 파일을 제공해주지 못한다.

▶ 대화형 GPT를 사용하여 엑셀 결과물을 만들어내는 방법은 다음과 같다.

1. **요청 명확하게 하기:** GPT에게 엑셀 결과물을 만들어내기 전에 목표와 요청을 명확하게 설명한다. 어떤 종류의 데이터나 정보가 필요한지, 원하는 결과물 형식은 무엇인지 등을 구체적으로 언급한다.
2. **데이터 입력:** GPT에게 필요한 데이터를 입력하라고 요청한다. 예를들어, 표 형식의 데이터를 어떻게 구성해야 하는지 설명하고 데이터의 각 열과 행에 어떤 정보가 들어가야 하는지 지시한다.
3. **수식 및 계산:** 필요한 경우 GPT에게 엑셀 수식이나 계산 방법을 설명한다. 예를 들어, 데이터를 합산, 평균 계산, 그래프 생성 등의 작업을 요청할 수 있다.
4. **포맷 및 레이아웃 지정:** 결과물의 포맷과 레이아웃에 대한 요구사항을 설명한다. 표의 제목, 열 제목, 데이터 서식, 색상 등을 지정할 수 있다.
5. **그래프 또는 차트 생성:** 그래프나 차트가 필요한 경우 어떤 유형의 그래프가 필요한지 설명하고 데이터를 시각화하는 방법을 요청한다.
6. **출력 및 저장:** GPT에게 결과물을 생성하도록 지시한 후, 엑셀 파일로 출력하고 저장하라고 명시한다.
7. **검토 및 수정:** GPT가 생성한 엑셀 결과물을 주의 깊게 검토하고 필요한 수정을 수행한다. 결과물이 요구 사항을 충족시키는지 확인한다.
8. **추가 작업 및 활용:** 필요한 경우 엑셀 결과물을 추가 작업하고 활용한다. 다른 문서나 보고서에 삽입하거나 공유할 수 있다.

▶ 대화형 GPT를 활용하여 엑셀 결과물을 생성하면 **효율적으로** 시간을 절약할 수 있지만, 생성된 결과물을 신중하게 검토하고 수정해야 한다. 결과물의 정확성을 확인하는 것이 중요하다.

활용17 엑셀 ①

▶ ChatGPT에게 Mercedes-Benz, BMW, Audi의 2019년, 2020년, 2021년 자동차 판매량을 엑셀로 만들고 싶다고 요청한 결과, 자료와 함께 표도 만들어 주었다.

> Can you tell me the data of the number of sales of all vehicles of Mercedes-Benz, BMW, Audi in 2019, 2020 and 2021 for Excel chart?

 Yes, I can provide you with the data for the number of sales of Mercedes-Benz, BMW, and Audi vehicles in 2019, 2020, and 2021. Here's the data:

Year	Mercedes-Benz	BMW	Audi
2019	2,385,400	2,520,307	1,845,550
2020	2,164,187	2,028,659	1,692,773
2021	2,383,590	2,210,365	1,925,000

Note that the sales figures are for all vehicles sold by each brand, including both passenger cars and commercial vehicles. Also, please keep in mind that these figures are subject to change as companies release their official sales reports.

활용18 엑셀 ②

▶ 이번에는 새 대화창을 열지 않고 곧바로 Mercedes-Benz와 Man의 2019년, 2020년, 2021년 트럭과 버스 판매량 정보를 요청했고, 바로 알려주었다.

▶ 엑셀의 경우 ChatGPT가 알려준 정보를 엑셀에 바로 입력하는 식으로 도움을 받을 수 있다.

> What about sales of trucks and buses of Mercedes-Benz and Man SE in 2019, 2020 and 2021 for Excel?

 Certainly, here is the data for the number of trucks and buses sold by Mercedes-Benz and MAN SE in 2019, 2020, and 2021:

Year	Mercedes-Benz (trucks and buses)	MAN SE (trucks and buses)
2019	126,268	103,838
2020	118,965	97,655
2021	157,336	118,422

Note that the sales figures are for trucks and buses only, and do not include passenger cars or other vehicles. Also, please keep in mind that these figures are subject to change as companies release their official sales reports.

▶ 그래프 그리는 것도 요청해봤으나, 그래프 그리는 방법에 대한 과정만 설명해 주었다. 그리고 일부 발표가 되지 않은 자료의 경우 ChatGPT가 가져오는게 불가능하여 사용자에게 알려줄 수 없다.

▶ 또한 ChatGPT가 엑셀에 바로 접근이 불가능하여 자료를 요청하고 그 자료를 그대로 사용하여 엑셀로 옮기는 것은 사용자가 할 일이다.

▶ 그러나 파이썬 코드와 Colab(https://colab.research.google.com/?hl=ko)을 이용하면 초안은 작성할 수 있다. Colab은 구글 계정만 있다면 누구나 쓸 수 있다.

Colab

활용19 엑셀 ③

▶ ChatGPT에게 Colab에서 쓸 2020년 최다 판매된 차량 모델 상위 20개의 엑셀 파일을 만들 수 있는 파이썬 코드를 요청해 보았다. 뒤에 '이미 존재하는 파일 없이' 라는 말을 붙인 이유는 이미 코드 파일이 있다고 전제하고 코드를 써주는 경우가 간혹 있기 때문이다.

> Can you give me the python code which make the Excel file which has the chart of top 20 car models sold the most in 2020? I will use colab. Write the code without any existing file

 Without the CSV file, you will need to create the data for the chart manually. Here's the code that creates a sample dataset and generates a chart of the top 20 car models sold the most in 2020:

import openpyxl
from openpyxl.chart import BarChart, Reference, Series

# Create a new workbook
workbook = openpyxl.Workbook()

… 중략 …

# Save the workbook to an Excel file
workbook.save('car_sales_chart.xlsx')

▶ 코드를 받았으면, 이제 이 코드를 복사하고 Colab 사이트에 접속을 한다.

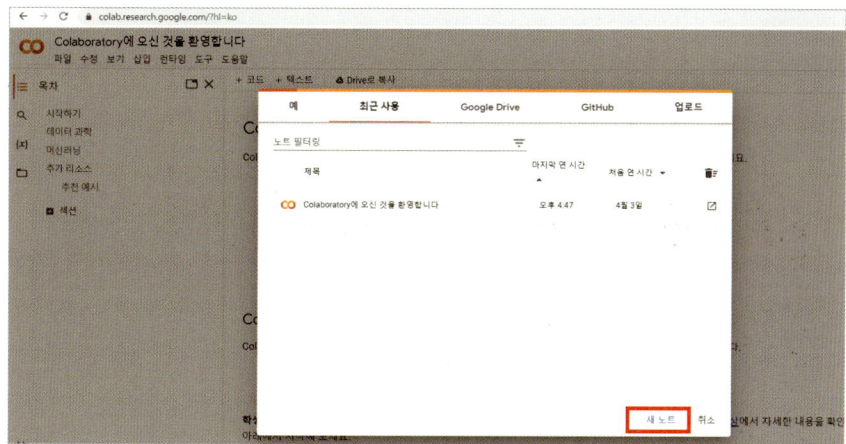

▶ 새 노트를 클릭하면 아래와 같은 화면이 나온다.

▶ 코드를 입력할 수 있는 창에 코드를 복사해서 붙여넣은 후, 옆의 재생표시를 클릭해주면, 잠시후 재생표시 옆에 V표시가 나타난다.

▶ 에러가 났어도 걱정하지 않아도 된다. 에러가 난 부분을 복사해서 붙여넣으면, 대화형 GPT는 코드를 다시 수정해서 써준다.

- 코드가 제대로 잘 작동하였다면 왼쪽의 파일 아이콘을 클릭한다. 파일 아이콘을 클릭하여 만들어진 엑셀 파일이 나오는데(어떤 자료의 엑셀 파일을 만들어달라고 했는가에 따라서 파일명이 다르다.), 더블 클릭을 해주면 다운로드 받을 수 있다.
- 파일을 열어보면, 다음과 같이 훌륭한 엑셀 파일 초안이 완성되었다.

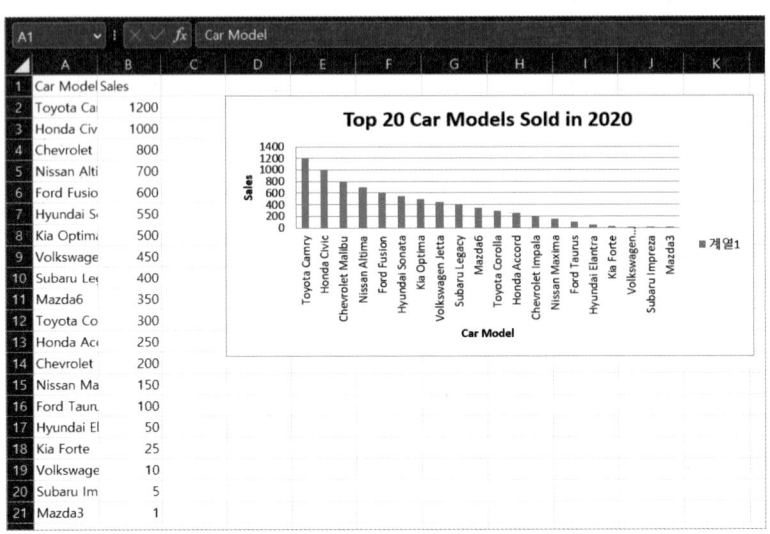

- Bing AI의 경우, 실시간으로 업데이트된 정보를 엑셀 파일을 위한 코드로 요청할 수 있는 장점이 있지만, 데이터는 제대로 나오나, 차트가 제대로 나오지 않는 문제가 있다. 차트는 존재하나, 막대그래프가 없는 빈 차트를 준다.
- Gemini의 경우, 코드 생성에 있어서 아직 완전하지 않은 모습을 보여준다. 코드를 요청할 시, 견본 코드만을 제공하며, 이 견본 코드마저도 완전하지 않아 계속 에러가 나서, 몇 번을 요청해도 같은 코드를 반복한다.

활용20 엑셀 ④

▶ Wrtn의 경우, GPT-4를 선택하여 요청해 보았다. Wrtn은 아래 코드를 주었는데, 이 코드는 ChatGPT에게 준것과 같이 제대로 된 코드로서, 생성된 엑셀 파일은 다음과 같다.

```
!pip install pandas openpyxl

import pandas as pd
from openpyxl import Workbook
from openpyxl.chart import BarChart, Reference
from openpyxl.utils.dataframe import dataframe_to_rows

# 예시 데이터 생성
data =
    'Model': [
        "Toyota Corolla", "Ford F-Series", "Toyota RAV4", "Honda CR-V", "Chevrolet Silverado",
"Ram Pickup",

                              … 중략 …

# 엑셀 파일 저장
workbook.save('Top20CarModels2020_Global.xlsx')
```

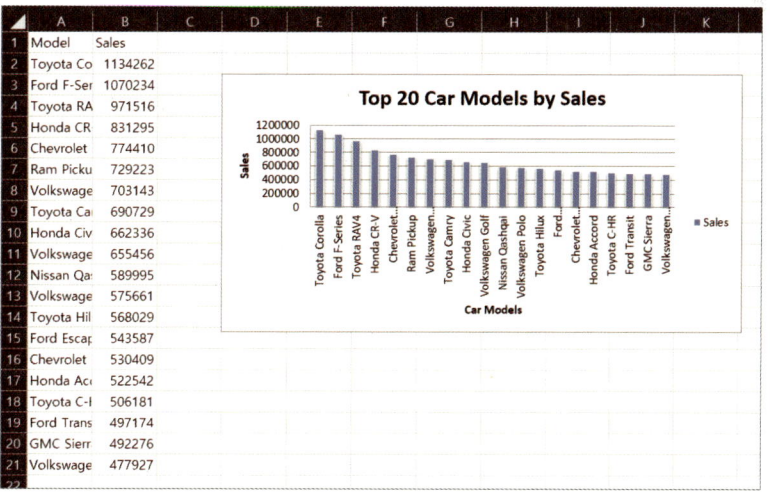

▶ 말하면, 현재까지는 대화형 GPT로 초안까지 작성가능하며, 이를 다듬고 완성하는 것은 사용자의 몫이다.

▶ 위의 엑셀 예시에 대한 QR코드는 다음과 같다.

1.2.3 워드파일변환

▶ Word 파일을 PDF로 변환하는 방법을 물으니, 웹사이트(PDF24, Smallpdf, Online-Convert, PDF Converter)를 알려주고, 신뢰성이 높은 웹사이트를 선택해서 사용하라고 권장해 주었다.

활용21 워드파일변환

> 프로그램 말고 웹사이트를 사용하는 방법으로 word 확장자 파일을 pdf 확장자 파일로 변환하는 방법을 알려주세요.

 웹사이트를 사용하여 Word 문서를 PDF로 변환하는 방법은 매우 간단합니다. 여러 웹사이트 중에서 PDF24, Smallpdf, Online-Convert, PDF Converter 등이 있습니다.

PDF24의 경우, 다음과 같은 단계를 따르면 됩니다.

PDF24 웹사이트에 접속합니다. (https://ko.pdf24.org/word-to-pdf)
"WORD 파일 선택" 버튼을 클릭하여 변환하려는 Word 문서를 선택합니다.

"PDF로 변환" 버튼을 클릭합니다.
변환된 PDF 파일을 다운로드합니다.
Smallpdf의 경우, 다음과 같은 단계를 따르면 됩니다.

Smallpdf 웹사이트에 접속합니다. (https://smallpdf.com/kr/word-to-pdf)
"파일 선택" 버튼을 클릭하여 변환하려는 Word 문서를 선택합니다.
"PDF로 변환" 버튼을 클릭합니다.
변환된 PDF 파일을 다운로드합니다.
Online-Convert의 경우, 다음과 같은 단계를 따르면 됩니다.

Online-Convert 웹사이트에 접속합니다. (https://www.online-convert.com/ko)
"문서" 카테고리에서 "WORD를 PDF로 변환"을 선택합니다.
"파일 선택" 버튼을 클릭하여 변환하려는 Word 문서를 선택합니다.
"변환 시작" 버튼을 클릭합니다.
변환된 PDF 파일을 다운로드합니다.
PDF Converter의 경우, 다음과 같은 단계를 따르면 됩니다.

PDF Converter 웹사이트에 접속합니다. (https://www.freepdfconvert.com/ko/word-to-pdf)
"WORD 파일 선택" 버튼을 클릭하여 변환하려는 Word 문서를 선택합니다.
"PDF로 변환" 버튼을 클릭합니다.
변환된 PDF 파일을 다운로드합니다.
이러한 웹사이트를 사용하여 Word 파일을 PDF 파일로 변환할 수 있습니다. 다만, 파일 크기나 개인정보 보호 등을 고려하여 신뢰성이 높은 웹사이트를 선택하시길 권장합니다.

1.2.4 인사관리

▶ 대화형 GPT를 쓰면 인사관리(Personnel Management)에 있어서 조언을 받을 수 있다. 대화형 GPT를 활용하여 조직의 인사관리를 개선하고 효율성을 높일 수 있는 여러 가지 방법이 있다.

> 1. **인사정책 및 절차 설명:** 새로 입사한 직원이나 조직 구성원에게 인사정책, 복지 혜택, 휴가 신청 절차 등을 설명하는 데 GPT를 활용할 수 있다.

2. **직무 분석 및 설명**: 조직 내에서 특정 직무의 역할, 책임, 업무 프로세스를 GPT를 활용하여 상세히 설명할 수 있다.
3. **합격자면접 질문 생성**: 채용 프로세스를 위해 GPT를 사용하여 직무 관련 질문과 시나리오를 생성할 수 있다.
4. **인사 데이터 관리**: GPT를 활용하여 직원 정보, 출퇴근 기록, 급여 정보 등을 관리하고 필요한 보고서를 생성할 수 있다.
5. **직원 교육 및 훈련**: 조직 내에서 필요한 교육 자료 및 교육 프로그램을 설계하고 진행하는 데 GPT를 활용할 수 있다.
6. **직원 피드백 및 평가**: 성과 평가나 360도 피드백 프로세스에서 질문 및 평가 양식을 작성할 때 GPT를 활용하여 효율성을 높일 수 있다.
7. **근로 계약서 작성**: 새로 입사한 직원들의 근로 계약서를 작성하고 필요한 절차와 조항을 설명하는 데 GPT를 활용할 수 있다.
8. **직원 상담 및 문의 응답**: 직원들의 질문에 대한 빠른 응답을 위해 GPT를 사용하여 인사팀의 업무 부담을 줄일 수 있다.
9. **급여 및 혜택 설명**: 직원들에게 급여 구조, 보험 혜택, 퇴직 연금 등을 설명하고 질문에 답하는 데 GPT를 활용할 수 있다.
10. **인사정보 자동화**: GPT와 함께 인사 관리 시스템을 통합하여 일상적인 작업 자동화를 실현할 수 있다.

▶ 하지만 인사 관리는 민감한 주제일 수 있으므로 개인 정보 보호 및 보안에 항상 주의해야 한다. 또한 GPT를 활용할 때에도 전문성과 인간의 판단이 필요한 상황에서는 전문가의 지원이 필요할 수 있다.

활용22 인사관리 ①

▶ ChatGPT에게 John Larkin과 이용석이라는 직원 2명의 성과와 특징을 알려주고, 누구를 승진시켜야 할지 물었다.

인사 관리자로서, 저는 John Larkin과 Yongseok Lee 중 하나를 승진시켜야 합니다.

John Larkin은 회사의 큰 성장을 이끌었으며 항상 최상의 결과물을 제공합니다. 우리는 항상 John이 회사에 큰 이익을 보장할 수 있다고 말합니다. 그러나 John의 문제점은 근면성이 떨어진다는 것입니다. 가끔씩 담배를 피우러 나가거나 휴대폰을 확인하는 등의 행동을 자주 합니다. 또한 종종 늦게 출근하지만 지각한 시간만큼 더 일을 하여 근무 시간을 유지합니다.

Yongseok Lee는 John만큼 뛰어나지는 않지만, 그 역시 창의적인 사람입니다. John만큼은 아니지만 Yongseok은 평균 이상으로 우리의 이익과 프로젝트에 기여했습니다. 그는 시간을 잘 지키며 근면성이 뛰어납니다. 이제 누구를 승진시켜야 할지 알려주세요.

 주어진 정보를 고려할 때, 승진 결정은 다음과 같이 할 수 있을 것입니다.

John Larkin 승진 시나리오:
John은 회사의 큰 성장과 최상의 결과물 제공에 크게 기여하였습니다.
그러나 근무 습관이 부족하며, 담배 피우기와 휴대폰 사용, 늦은 출근과 같은 행동이 관리적인 문제로 다가올 수 있습니다.
John에게 승진을 제안하려면 그의 근무 습관을 개선하고 개인적인 업무 태도를 향상시키는 계획을 수립해야 합니다.

Yongseok Lee 승진 시나리오:
Yongseok Lee는 John만큼은 아니지만 회사 이익과 프로젝트에 기여한 창의적인 사원입니다.
그는 근면하고 시간을 잘 지키며, 팀에서 신뢰를 얻고 있습니다.
Yongseok Lee에게 승진을 제안하면 그의 뛰어난 근면성과 신뢰성을 보다 큰 역할로 활용할 수 있을 것입니다.
최종 결정은 회사의 목표와 가치, 그리고 각 후보의 개발 가능성에 따라 다를 수 있습니다. 두 후보 모두 장점과 단점이 있으므로 승진에 대한 결정은 신중하게 고려되어야 합니다. 종종 회사는 창의성과 근면성을 모두 고려하여 승진을 고려하기도 합니다.

▶ ChatGPT 의견은 최종 결정은 회사의 목표와 가치, 그리고 각 후보의 개발 가능성에 따라 승진을 시켜야 할 사람이 달라질 수 있다고 답변을 했다.
▶ 따라서 회사 분위기를 알려주니, 이용석을 승진시키는 것이 더 낫다고 답변했다.

우리 회사는 압박 없이 자유로움을 더 많이 제공하고 있습니다. 우리는 직원들의 아이디어와 행동을 존중하며, 그들이 다른 직원들이나 회사에 해를 끼치지 않는 한 어떤 것도 허용합니다.

 귀사가 자유, 개성 및 창의성을 중요시하는 문화를 가진다면, 이러한 가치와 가장 일치하는 직원을 승진시키는 것이 더 적절할 수 있습니다.

이 경우, John과 Yongseok 모두 창의성을 발휘하고 회사의 성장에 기여했지만, John은 회사의 시간 엄수와 근면성 기준과는 잘 부합하지 않을 수 있습니다.

반면에, Yongseok의 꾸준한 시간 준수와 근면성은 회사의 가치와 더 일치할 수 있습니다. 따라서 Yongseok을 승진시키는 것이 회사 문화와 더 잘 부합할 수 있습니다.

그러나 결정을 내리기 전에 구체적인 업무 요구 사항과 각 직원의 강점과 약점이 어떻게 부합하는지 고려하는 것이 중요합니다. 전반적으로, 회사의 문화와 가치와 일치하는 직원을 승진시키면 더 나은 직무 만족도, 생산성 및 긍정적인 작업 환경으로 이어질 수 있습니다.

활용23 인사관리②

▶ 한 팀의 매니저로서 팀원 중 한 명의 업무 평가를 진행해야 할 때, 어떻게 해야 할지 조언을 구할 때, 자세한 내용들과 절차까지도 응답해 주었다.

팀원 중 한 명에 대한 업무 평가를 진행해야 하는데 조언이 필요합니다.

 물론! 업무 평가는 중요한 HR 프로세스 중 하나입니다. 다음은 업무 평가를 진행할 때의 조언입니다.

1. 구체적인 피드백 제공: 업무 평가에서는 구체적인 피드백을 제공하는 것이 중요합니다. 주관적인 평가보다는 객관적인 사실과 실적에 기반하여 피드백을 제공하는 것이 좋습니다. 예를 들어, "A 프로젝트

에서 B 업무를 수행하면서 C 결과를 달성했습니다. 그러나 D 프로젝트에서 E 업무를 수행할 때는 더 많은 노력이 필요합니다"와 같이 구체적으로 언급하는 것이 좋습니다.

… 중략 …

6. 개선 계획 수립: 업무 평가 결과를 바탕으로 개선 계획을 수립하는 것이 중요합니다. 평가 결과를 토대로 개선이 필요한 부분에 대한 구체적인 계획을 수립하고, 팀원에게 그에 따른 지도와 지원을 제공하여 성장과 발전을 도모할 수 있습니다.

예를 들어, 업무 평가를 진행할 때 다음과 같은 절차를 따를 수 있습니다.
1. 평가 기준 설정: 평가를 위한 기준을 명확하게 설정하고, 이를 팀원과 공유합니다. 기준은 구체적이고 객관적인 사실과 실적에 기반하여 설정되어야 합니다.

… 중략 …

8. 공정성과 투명성 유지: 업무 평가를 공정하게 진행하고, 평가 기준과 절차에 대한 투명성을 유지합니다. 각 팀원에게 동일한 기회와 조건을 제공하며, 개인적인 감정이나 선입견에 의해 평가를 하지 않도록 합니다.

위와 같은 절차를 따르면서, 팀원에 대한 업무 평가를 진행하여 공정하고 투명한 평가 결과를 도출하고, 개선 기회를 제공하여 팀원의 성장과 발전을 지원할 수 있습니다. 항상 상호 소통과 협력을 통해 평가를 진행하고, 팀원의 의견을 존중하며 공정한 평가를 실시하는 것이 좋습니다.

1.2.5 회계처리

▶ 일정규모 이하의 소규모 기업에서는 회계전문가를 고용하지 않고, 대화형 GPT를 사용하여, 직접 회계 처리를 수행할 수 있다. 다음은 소규모 기업이 직접 회계 처리를 하는 데 도움이 될 수 있는 몇 가지 단계이다.

> 1. **회계 소프트웨어 선택:** 회계 소프트웨어를 선택하여 회계 작업을 자동화하고 간소화할 수 있다. 여기에는 QuickBooks, Xero, Wave 등이 포함된다. 이러한 소프트웨어는 거래 기록, 청구서 발행, 급여 처리 및 재무 보고서 생성과 같은 작업을 지원한다.

2. **재무 문서 정리**: 회사의 재무 문서를 정리하고 관리한다. 이에는 영수증, 청구서, 계좌 추적, 급여 기록 등이 포함된다. 모든 거래를 문서화하고 정리하여 나중에 문제가 발생하지 않도록 한다.
3. **일일/주간/월간 기록**: 회계 작업을 정기적으로 수행한다. 일일, 주간 또는 월간으로 거래 내역을 기록하고 확인하여 회사의 재무 상태를 파악한다.
4. **세무 준수**: 세무 규정을 준수하는 것은 중요하다. 정기적인 세무 보고서 작성과 납부를 확실히 한다. 이를 위해 세무 상담사와 협력할 수 있다.
5. **재무 보고서 작성**: 정기적으로 재무 보고서를 작성하여 회사의 재무 상태를 추적하고 이해관계자에게 제공한다. 이러한 보고서는 회사의 성과를 평가하는 데 중요한 역할을 한다.
6. **계속적인 교육**: 회계 및 재무 분야는 계속해서 변화하므로, 관련 정보와 법규를 최신으로 유지하고 전문가의 조언을 받을 수 있도록 교육에 투자한다.
7. **재무 계획 및 예산**: 회사의 재무 계획과 예산을 작성하여 재무 상태를 관리하고 향후 성장을 위한 전략을 수립한다.

▶ 소규모 기업이 직접 회계 처리를 수행할 수 있지만, 정확성과 법적 준수를 위해서는 주의 깊게 처리해야 한다. 필요한 경우 회계 전문가나 세무 상담사와 협력하여 지원을 받을 수 있다.

활용24 회계처리 ①

▶ 예를들면, 500유로의 예산으로 20개의 플라스틱 의자와 5개의 접이식 테이블을 구매할 때, 가장 가성비 좋은 옵션에 대해 ChatGPT에게 도움을 요청하였다.
▶ 브랜드와 가격에 맞추어 추천해 주었고, 심지어 예산의 거의 절반만 사용한 금액을 알려주었다.

내 이벤트 관리 회사를 위해 20개의 플라스틱 의자와 5개의 접이식 테이블을 구매하기 위한 가장 비용 효율적인 옵션을 500 유로의 예산 내에서 찾아주실 수 있을까요?

 당연히, 500 유로 예산 내에서 저렴한 플라스틱 의자와 접이식 테이블에 대한 몇 가지 제안을 도와드릴 수 있습니다.

플라스틱 의자에 대한 옵션으로는 IKEA에서 다음과 같은 제품을 고려할 수 있습니다:
GUNDE 접이식 의자 - 이 의자는 가볍고 접어서 쉽게 보관할 수 있습니다. 내구성 있는 플라스틱으로 만들어져 하나에 대략 7 유로 정도입니다.
TERJE 접이식 의자 - 이 의자는 GUNDE 의자보다 내구성이 더 높으며 나무 프레임이 있습니다. 접어서 보관하기 쉽고 의자 하나에 대략 15 유로 정도입니다.
ADDE 의자 - 이 의자는 쌓을 수 있고 내구성 있는 플라스틱으로 만들어져 하나에 대략 7 유로 정도입니다.

접이식 테이블에 대한 옵션으로는 IKEA에서 다음과 같은 제품을 고려할 수 있습니다:
GUNGGUNG 어린이 테이블 - 이 테이블은 플라스틱으로 만들어져 약 20 유로 정도입니다. 실내와 실외 모두에 적합하며 쉽게 접어서 보관할 수 있습니다.
FOLDING 테이블 - 이 테이블은 판넬보드와 강철로 만들어져 약 25 유로 정도입니다. 가벼우며 쉽게 접어서 보관할 수 있습니다.
이러한 옵션을 기반으로 하면 20개의 GUNDE 의자를 140 유로에 구입하고 5개의 FOLDING 테이블을 125 유로에 구입하여 예산 내에서 해결할 수 있을 것입니다. 이로써 세금 또는 배송비와 같은 추가 비용을 커버할 여유도 남을 것입니다.

이러한 제안이 예산 내에서 적합한 플라스틱 의자와 접이식 테이블을 찾는 데 도움이 되기를 바랍니다. 추가 질문이나 도움이 필요한 경우 언제든지 물어보세요.

▶ Bing AI와 Gemini는 실시간이 반영된 가격의 제품들에 대해, 어디서 사는지? 브랜드는 무엇인지?에 대한 정보를 주었다.

 여러 옵션을 찾아보았습니다.

플라스틱 접이식 의자로는 Amazon.com에서 VINGLI 20개 팩 화이트 플라스틱 접이식 의자를 확인해 보세요. 이 의자는 최대 350 파운드(약 159 킬로그램)의 무게를 버틸 수 있으며 쌓아서 쉽게 보관할 수 있습니다. 20개의 의자에 대한 비용은 약 315.99 유로입니다1.
접이식 테이블로는 Amazon.com에서 다양한 크기와 가격으로 다양한 옵션이 있습니다. 한 가지 옵션은 약 109.99 유로로 판매되는 Flash Furniture 5피트 라운드 그라나이트 화이트 플라스틱 접이식 테이블입니다2.
원하는 제품을 찾을 수 있기를 바랍니다!

물론, 500 유로의 예산 내에서 20개의 플라스틱 의자와 5개의 접이식 테이블을 구매하는 데 가장 비용 효율적인 옵션을 찾아드릴 수 있습니다.

플라스틱 의자:
VASAGLE Stackable Plastic Chairs: 이 의자는 가벼우며 쌓을 수 있어 이벤트에 이상적입니다. 아마존에서 1개당 9.99 유로에 구매할 수 있습니다.
접이식 테이블:
VASAGLE Folding Table: 이 테이블은 내구성 있는 플라스틱으로 만들어져 보관이 쉽습니다. 아마존에서 1개당 19.99 유로에 구매할 수 있습니다.
이러한 제안을 기반으로 하면 플라스틱 의자 20개를 200 유로에 구입하고, 접이식 테이블 5개를 100 유로에 구입하여 총 300 유로로 구매할 수 있을 것입니다. 실제 비용은 선택한 구체적인 제품에 따라 달라질 수 있습니다.

더 저렴한 옵션을 찾으려면 다음과 같은 팁을 고려해보세요:
가격 비교: 다양한 판매업체에서 가격을 비교하고 할인 혜택을 확인하세요.
할인 및 프로모션 확인: 많은 판매업체가 가구에 대한 할인과 프로모션을 제공하므로 구매 전에 확인하세요.
대량 구매: 의자나 테이블을 대량으로 구매할 경우 할인 혜택을 받을 수 있습니다.
중고 가구 고려: 예산이 제한적이라면 중고 가구를 고려해보세요. 중고 가구를 판매하는 웹사이트와 분류 광고를 확인할 수 있습니다.
이러한 팁을 따르면 예산 내에서 플라스틱 의자와 접이식 테이블을 비용 효율적으로 구입할 수 있을 것입니다. 추가 질문이나 도움이 필요하면 언제든지 물어보세요.

활용25 회계처리 ②

▶ 사업 확장을 위한 재정적인 조언에 대해 장단점을 들어 설명을 요청하였고, 여러 방법과 장단점을 모두 알려주었다.
▶ ChatGPT는 전문지식과 실전경험을 요구하는 분야는 전문가와 상담을 받을 것을 항상 권유하고 ChatGPT의 답변을 참고로만 사용하기를 권장한다.

책사업에서 영상사업으로 확장하기 위해 어떤 방식으로 재정적인 조언을 받을 수 있을까요? 각방법의 장단점을 알려주세요.

1. 자금 자체 확보:
장점: 자금의 독립성과 자율성을 유지할 수 있으며, 사업의 소유권이 희석되지 않음.
단점: 자금 확보가 어려울 수 있고, 개인 또는 기업의 신용 등에 따라 대출 조건이 달라질 수 있음.

2. 투자 유치:
장점: 외부 자금을 유치하여 확장에 필요한 자금을 확보할 수 있음.
단점: 투자 유치 과정이 복잡하고 시간이 많이 소요될 수 있으며, 사업의 소유권과 통제에 대한 양도가 발생할 수 있음.

··· 중략 ···

마지막으로, 법적인 측면도 고려해야 합니다. 각 국가 및 지역의 법과 규제, 관련 규칙과 제한을 준수하며, 적절한 세무 및 회계 절차를 따르는 것이 중요합니다.

종합적으로, 기존의 책 사업에서 영상 사업으로의 확장은 재정적인 측면 뿐만 아니라 다양한 측면에서 신중한 검토와 전문적인 조언이 필요한 복잡한 과정이라고 할 수 있습니다. 상황에 따라 적절한 전문가의 도움을 받아 신중하게 계획하고, 재정적인 조언을 수렴하여 안정적인 확장 전략을 수립하는 것이 좋습니다.

활용26 회계처리 ③

▶ 대화형 GPT(ChatGPT)를 사용하여 재무제표 분석이 가능하다.

▶ 티케이 엘리베이터 코리아의 재무제표 데이터 중에서 핵심 데이터를 ChatGPT에게 주고, 회사의 재무 건전성과 안정성에 대한 평가요청을 해보았다.

회사 티케이엘리베이터코리아 주식회사의 2022년 12월의 재무제표 데이터를 활용하여 현재비율, 부채비율을 계산해보고 이 회사의 재무 건전성과 안정성을 평가해주세요. 데이터는 다음과 같습니다.

유동자산: 213,091,032,397원
유동부채: 205,675,229,457원
부채총계: 219,494,243,055원
자본총계: 75,753,777,038원
자산총계: 295,248,020,093원

네, 주어진 데이터를 활용하여 현재비율(Current Ratio)과 부채비율(Debt Ratio)을 계산해 보겠습니다.

유동자산: 213,091,032,397원
유동부채: 205,675,229,457원
부채총계: 219,494,243,055원
자본총계: 75,753,777,038원
자산총계: 295,248,020,093원

1. 현재비율(Current Ratio) 계산:
현재비율은 현재 기업의 유동자산이 유동부채를 상환하는 데 충분한지를 나타내는 지표로, 다음과 같이 계산됩니다:
현재비율 = 유동자산 / 유동부채

주어진 데이터에서 유동자산은 213,091,032,397원이고, 유동부채는 205,675,229,457원입니다. 따라서 현재비율을 계산하면:

현재비율 = 213,091,032,397 / 205,675,229,457 ≈ 1.03

현재비율은 약 1.03이 됩니다. 일반적으로 현재비율이 1보다 크면 현재 기업의 유동자산이 유동부채를 상환하는 데 충분하다고 판단됩니다. 그러나 현재비율이 1보다 작을 경우, 기업의 유동부채를 상환하기 위한 유동자금이 부족할 수 있어 재무위험이 증가할 수 있습니다.

2. 부채비율(Debt Ratio) 계산:
부채비율은 기업의 부채가 자본에 대해 차지하는 비율을 나타내는 지표로, 다음과 같이 계산됩니다:
부채비율 = 부채총계 / 자본총계

주어진 데이터에서 부채총계는 219,494,243,055원이고, 자본총계는 75,753,777,038원입니다. 따라서 부채비율을 계산하면:

부채비율 = 219,494,243,055 / 75,753,777,038 ≈ 2.90

부채비율은 약 2.90이 됩니다. 부채비율이 높을수록 기업의 부채가 자본에 대해 더 크다는 것을 나타내며, 기업의 재무위험이 증가할 수 있습니다. 낮은 부채비율은 기업의 재무 건전성과 안정성이 높다는 것을 나타냅니다.

이 회사의 재무 건전성과 안정성을 평가해보면, 현재비율이 1보다 크기 때문에 현재 유동자산이 유동부채를 상환하는 데 충분하다고 볼 수 있습니다. 그러나 부채비율이 2.90으로 높게 나타났기 때문에 기업의 부채가 자본에 대해 큰 비중을 차지하고 있다는 점이 주목됩니다. 이는 기업의 재무위험이 증가할 수 있음을 나타낼 수 있습니다. 높은 부채비율은 기업의 대외적인 부채 상환능력이 떨어질 수 있고, 이자비용이 증가할 수 있으며 재무상태의 불안정성이 높아질 수 있습니다.

> 따라서, 주어진 데이터를 기반으로 보면 이 회사의 현재비율은 양호하지만, 부채비율이 높게 나타나기 때문에 재무 건전성과 안정성이 낮을 수 있음을 고려해야 합니다. 기업의 재무 건전성과 안정성을 평가할 때에는 다양한 지표들을 종합적으로 고려하여 완전히 이해하는 것이 중요합니다. 또한, 업종, 경제 환경, 기업의 성장 전략 등을 함께 고려하여 종합적인 판단을 수행하는 것이 바람직합니다.

▶ Bing AI에게 마이크로소프트의 2022년 6월 재무제표 데이터를 분석하여, 재무 건전성과 안정성에 대한 평가요청을 해보았다.

마이크로소프트의 2022년 6월의 재무제표 데이터를 활용하여 현재비율, 부채비율을 계산해 보고 이 회사의 재무 건전성과 안정성을 평가해주세요.

> **Bing** 2022년 6월의 마이크로소프트의 재무제표 데이터를 기반으로 현재비율과 부채비율을 계산해보면 현재비율은 2.7이고 부채비율은 0.5입니다.
>
> 마이크로소프트는 꾸준한 성장세를 보이고 있으며, 재무 건전성과 안정성도 높은 편입니다.이 중요합니다. 또한, 업종, 경제 환경, 기업의 성장 전략 등을 함께 고려하여 종합적인 판단을 수행하는 것이 바람직합니다.

▶ 계산 과정은 생략했으나, Bing AI가 재무제표 데이터에 접근 가능할 경우, 사용자가 데이터를 직접 입력하지 않아도 Bing AI가 알아서 찾은 후 계산을 해주고 분석까지 해준다.
▶ 2022년으로 한 이유는 2023년 데이터가 아직 업데이트가 되지 않았다고 Bing AI가 응답했기 때문이다.
▶ Google Gemini를 사용해서 구글의 2023년 6월 재무제표 데이터를 분석하여 재무 건전성과 안정성을 평가해달라고 해보았다. Gemini 역시 재무제표 데이터에 접근 가능할 경우, 사용자가 데이터 입력을 직접하지 않아도 알아서 찾은 후 계산과 분석까지 해준다.

> 구글의 2023년 6월의 재무제표 데이터를 활용하여 현재비율, 부채비율을 계산해보고 이 회사의 재무 건전성과 안정성을 평가해주세요.

1. 현재비율은 유동자산을 유동부채로 나눈 비율로, 기업의 재무 건전성을 나타내는 지표 중 하나입니다. 현재비율이 1 이상이면 기업이 유동자산으로 유동부채를 모두 상환할 수 있는 재무 상태를 갖추고 있다고 볼 수 있습니다. 현재비율이 1 미만이면 기업이 유동부채를 모두 상환하기에 충분한 유동자산을 보유하고 있지 않다고 볼 수 있습니다.

2. 부채비율은 총자산을 부채로 나눈 비율로, 기업의 재무 안정성을 나타내는 지표 중 하나입니다. 부채비율이 높을수록 기업은 부채가 많고 재무적으로 안정성이 떨어진다고 볼 수 있습니다. 부채비율이 낮을수록 기업은 부채가 적고 재무적으로 안정성이 높다고 볼 수 있습니다.

3. 구글의 2023년 6월 현재비율은 1.27이고, 부채비율은 0.24입니다. 현재비율이 1 이상이고 부채비율이 0.5 이하이므로, 구글은 재무적으로 건전하고 안정적인 회사라고 볼 수 있습니다.

4. 현재비율과 부채비율은 기업의 재무 건전성과 안정성을 나타내는 지표 중 일부일 뿐입니다. 기업의 재무 건전성과 안정성을 평가하기 위해서는 다른 지표들도 함께 고려해야 합니다.

▶ Wrtn의 GPT-3.5, GPT-4, GPT-3.5-16K의 경우, 실시간으로 데이터에 접근할 수 없다는 답변을 주었지만, PaLM2의 경우 구글 데이터가 방대한 것인지 저장된 접근 가능 데이터라면 위와 동일하게 재무제표 분석을 해주었다. (GPT들의 경우 저장된 재무제표 데이터가 없었다.)

▶ 예를들어 마이크로소프트의 재무제표 2023년 6월의 데이터는 PaLM2의 데이터베이스에 존재하지 않았지만, 2022년 12월의 데이터는 존재하는지 그 데이터를 토대로 재무제표 분석을 해주었다. 구글 재무제표 데이터는 업데이트가 빠른건지 2023년 6월까지도 가능하였다.

▶ Wrtn의 실시간 기능을 사용하기 위해서 검색 모드를 사용해봤으나, 결과가 제대로 나오지 않았다.

1.2.6 마케팅

▶ 마케팅(Marketing)을 위해 대화형 GPT를 활용하는 방법은 다양하다. 다음은 마케팅에서 GPT를 활용하는 몇 가지 방법을 제시하였다.

1. **콘텐츠 아이디어 생성:** GPT에게 콘텐츠 주제나 제목을 제안하도록 요청하면 새로운 아이디어를 얻을 수 있다. 예를 들어, "다음 블로그 게시물 주제를 제안해주세요"와 같은 질문을 할 수 있다.
2. **콘텐츠 작성 보조:** GPT를 사용하여 블로그 게시물, 소셜 미디어 게시물, 이메일 뉴스레터 및 광고 캐시션을 작성하는 데 도움을 받을 수 있다. GPT에게 주제와 목적을 설명하고 콘텐츠를 생성하도록 요청한다.
3. **키워드 연구:** GPT를 활용하여 키워드 연구를 수행할 수 있다. 산업 및 관련 주제에 대한 검색어를 제안하도록 요청하면 검색 엔진 최적화 (SEO) 및 검색 엔진 마케팅 (SEM)에 도움이 될 수 있다.
4. **고객 지원 및 응답:** 고객이 제품 또는 서비스에 관한 질문을 할 때 GPT를 사용하여 신속하고 정확한 답변을 제공할 수 있다. 이를 통해 고객 서비스 품질을 향상시킬 수 있다.
5. **소셜 미디어 관리:** GPT를 사용하여 소셜 미디어 게시물을 작성하고 게시 일정을 관리하는 데 도움을 받을 수 있다. 게시물 캡션, 해시태그 및 게시 시간을 추천받을 수 있다.
6. **마케팅 전략 수립:** GPT에게 특정 시장 조사, 경쟁 분석 및 마케팅 전략에 관한 정보를 요청하여 전략을 개발하는 데 도움을 받을 수 있다.
7. **마케팅 자료 작성:** 마케팅 자료, 프로모션 머터리얼, 브로셔 및 슬라이드 프레젠테이션을 작성할 때 GPT를 활용할 수 있다.

▶ 마케팅에서 GPT를 사용할 때 항상 생성된 콘텐츠의 품질과 일치성을 검토하고 수정해야 한다. 또한 민감한 정보를 다룰 때 개인 정보 보호 및 보안을 고려해

야 한다. GPT는 창의성을 제공할 수 있지만 전략적인 마케팅 결정에는 전문가의 지식과 경험이 필요하다.

활용27 마케팅 ①

▶ ChatGPT에게 방산업체가 루마니아에 탱크를 팔기 위한 프로젝트에 대해 도움을 요청하였다.

> I'm in marketing agency and I need your help with our new project. Our new customer is Defense contractor. They try to sell their tanks to Romania. And we need some ideas for this.

 Sure, I'd be happy to help! Here are some ideas for how you could help your Defense contractor client sell their tanks to Romania:

Highlight the tanks' features and benefits: Create content that highlights the unique features and benefits of the tanks, such as their armor, firepower, and mobility. Show how they can meet the specific needs of the Romanian military and how they can give them a strategic advantage over their adversaries.

··· 중략 ···

By using these ideas, you can help your Defense contractor client successfully sell their tanks to Romania and establish themselves as a leader in the market.

▶ 장점 부각 및 쇼케이스, 소셜미디어 등의 자세한 해결책으로 응답해 주었다.

활용28 마케팅 ②

▶ 이번에는 루마니아 관광 사업을 시작하는 상황이라 가정하고, 이에 대한 마케팅 전략에 대한 조언을 해달라고 요청한다.

▶ 대화형 GPT의 답변은 상당히 자세하게 해주었으나, 그 내용은 항상 같지 않다. 때때로 같은 질문을 반복함에 따라서 또 다른 전략이나 해결책을 얻을 수 있다.

루마니아 관광 사업을 시작하고 싶은데. 아름다운 고성들을 방문하는 것과 맛있는 전통음식들을 먹어보는 것 그리고 현지에서의 재미난 활동을 주로 할 계획입니다. 마케팅 전략에 대해서 조언을 해주세요.

 루마니아 관광 사업을 시작하려는 경우 다음과 같은 마케팅 전략을 고려해볼 수 있습니다.

브랜딩: 국내에서 루마니아 관광에 대한 인지도가 높지 않을 가능성이 있으므로, 관광지 정보, 전통음식 및 현지에서의 재미난 활동을 포함한 루마니아 관광에 대한 브랜드 메시지를 개발해야 합니다.

온라인 마케팅: 구글, 페이스북, 인스타그램 등에서 광고를 통해 루마니아 관광에 대한 정보를 전달할 수 있습니다. 광고를 통해 국내 여행객에게 루마니아를 알리는 것 외에도, 루마니아 여행을 계획 중인 국내 여행객들에게 보다 많은 정보를 제공하고 관심을 유도할 수 있습니다.

웹사이트 제작: 루마니아 관광 정보를 제공하는 웹사이트를 만들고, SEO 검색 최적화를 통해 관심 있는 여행객들에게 정보를 전달할 수 있습니다. 웹사이트에서는 루마니아의 관광지 정보, 전통음식, 현지에서의 활동 등을 다양한 콘텐츠로 제공해야 합니다.

협력사 및 리뷰어와의 제휴: 국내 여행관련 커뮤니티, 여행사 등과의 협력을 통해 광고비를 절감할 수 있습니다. 또한, 루마니아 관광지 방문 후 후기를 작성하는 리뷰어와의 협력을 통해, 광고보다 더 직접적인 정보전달을 할 수 있습니다.

현지 전문가와의 협력: 루마니아 현지 전문가와의 협력을 통해, 전통음식 및 현지에서의 활동 등 루마니아 관광에 대한 정보를 보다 정확하고 직접적으로 전달할 수 있습니다.

이러한 마케팅 전략을 활용하여 루마니아 관광 사업을 성공적으로 시작할 수 있으며, 높은 인지도와 많은 관심을 유도할 수 있습니다.

▶ 요즘 유행하는 소셜 미디어를 활용한 마케팅에 대해, 실시간 업데이트되는 Google Gemini와 Bing AI에게 질문해 보았다.

▶ Gemini의 경우, 대표적인 소셜 미디어를 들어 어떻게 마케팅해야 하는지 설명해주었다. Bing AI의 경우, 소셜 미디어 뿐만 아니라 소셜 미디어를 활용할 수 있는 이벤트 개최를 제안하였다. 단순히 소셜 미디어를 이용하는 것을 넘어, 좀 더 목표로 한 소비자들의 관심을 끌 수 있는 전략까지 알려준 것이다. 다양한 소셜 미디어를 사용하는 조언들을 제공하였다.

신형 전기차를 요즘 유행하는 소셜 미디어를 활용한 마케팅을 하고 싶습니다. 이 전기차는 젊은 세대를 겨냥한 차이며 스포츠카 형식이지만 가격이 다른 차들에 비해 저렴합니다. 어떻게 마케팅을 하면 좋을지 예를 들어주세요.

 젊은 세대는 소셜 미디어를 매우 활발하게 사용하기 때문에, 요즘 유행하는 소셜 미디어를 활용한 마케팅은 효과적일 것입니다. 다음은 몇 가지 예시입니다.

- 인스타그램

인스타그램은 젊은 세대에게 가장 인기 있는 소셜 미디어 중 하나입니다. 인스타그램을 통해 신형 전기차의 사진을 찍어 게시하고, 젊은 세대가 공감할 수 있는 해시태그를 달면 효과적일 것입니다. 예를 들어, #전기차 #스포츠카 #친환경 #저렴한 전기차 #젊은이들을 위한 전기차 등과 같은 해시태그를 사용할 수 있습니다.

- 유튜브

유튜브는 전 세계적으로 가장 많이 사용되는 동영상 플랫폼입니다. 유튜브를 통해 신형 전기차의 시승 영상을 제작하고 게시하면 효과적일 것입니다. 시승 영상을 통해 신형 전기차의 성능, 디자인, 가격 등을 자세히 소개할 수 있습니다.

- 틱톡

틱톡은 젊은 세대에게 인기 있는 15초짜리 동영상 플랫폼입니다. 틱톡을 통해 신형 전기차의 짧은 동영상을 제작하고 게시하면 효과적일 것입니다. 짧은 동영상을 통해 신형 전기차의 매력을 쉽고 재미있게 소개할 수 있습니다.

이 외에도 다양한 소셜 미디어를 활용하여 신형 전기차를 마케팅할 수 있습니다. 소셜 미디어를 통해 젊은 세대에게 신형 전기차의 정보를 제공하고, 신형 전기차에 대한 관심을 유도할 수 있습니다.

1.2.7 법률자문

▶ 대화형 GPT를 활용하여 법률 자문을 받는 일반적인 방법은 다음과 같다.

1. **질문 명확화**: 법률 관련 질문을 작성할 때 최대한 명확하고 구체적으로 작성한다. 법률 문제는 세부 사항에 따라 다르므로 가능한 많은 정보를 제공하는 것이 중요하다.

2. **개인 정보 보호:** 민감한 개인 정보나 법적인 문제에 대한 질문을 할 때, 개인 정보를 식별할 수 없도록 조심한다. 대화형 GPT에게 개인 식별 정보를 제공하면 안된다.

3. **법적 분야 선택:** 법률은 다양한 분야로 나뉜다. 노동법, 부동산법, 가족법, 상업법 등 다양한 분야 중에서 자신의 질문이 어떤 법적 분야에 해당하는지 명확히 한다.

4. **질문 작성:** 대화형 GPT에게 법률 관련 질문을 작성한다. 예를 들어, "부동산 거래 중 발생한 계약 위반에 대한 법적 조언이 필요합니다"와 같이 구체적인 질문을 작성한다.

5. **상황 설명:** 법률 문제에 대한 배경 정보를 제공한다. 언제, 어떤 상황에서 문제가 발생했는지, 관련된 인물과 조직은 무엇인지 등을 설명한다.

6. **대화 시작:** GPT와 대화를 시작한다. GPT는 법률 관련 질문에 답변하고 법적인 조언을 제공할 수 있다. 하지만 GPT는 법률 전문가가 아니므로 전문가의 조언을 대체하지는 않는다.

7. **대화 결과 검토:** GPT의 답변을 받은 후, 이를 검토하고 이해가 필요하다. 필요한 경우 추가 질문을 하거나 전문 법률가와 상담할 수 있다.

8. **전문 법률가와 상담:** 본질적인 법적 문제 또는 복잡한 법률 문제에 대한 조언이 필요한 경우, 실제 법률 전문가와 상담해야 한다. 법률 전문가는 구체적인 상황을 평가하고 더 자세한 조언을 제공할 수 있다.

▶ 대화형 GPT는 법률 문제에 대한 일반적인 정보와 지침을 제공할 수 있지만, 법률적인 문제에 대한 최종 결정은 항상 실제 법률 전문가와 상담하여야 한다. 법률 전문가는 귀하의 고유한 상황을 고려하고 법률적인 조언을 제공할 수 있다.

활용29 법률자문 ①

▶ 해외 수출 사업을 하기 위해, GPT에게 관세법과 그 법에 따라 관세가 얼마나 적용될 것인지? 영어로 묻고 받은 답변을, GPT로 국문으로 번역하였다. EU국

가 폴란드에서 40유로의 한국 화장품 5kg를 수입할 때 부과되는 관세에 대해서 물어보았다. 상품의 세세한 정보에 따라 관세가 달라질 수 있지만 일반적인 경우로 대략적인 값을 알려준다.

한국에서 유럽 연합(EU) 국가로 물품을 발송할 때의 수입 관세 및 규정에 대해 알고 싶습니다. 예를 들어 한국 화장품을 폴란드로 보내려고 합니다. 총 소포 무게는 5kg이며 총 제품 가격은 약 40 유로입니다. 폴란드에서 이를 받을 때 얼마나 관세를 내야 할까요?

 비-EU 국가인 한국에서 폴란드와 같은 EU 국가로 물품을 수입할 때, 물품의 가치, 성격 및 수량에 따라 관세, 부가가치세(VAT) 및 기타 요금을 부담할 수 있습니다. 관세와 VAT의 금액은 물품의 유형, 가치 및 원산지 국가를 포함한 여러 요인에 따라 다릅니다.

··· 중략 ···

제공한 정보를 기반으로 한 경우, 한국 화장품의 총 가치가 40 유로이고 무게가 5kg이며, 관세율이 0%로 가정한다면 총 관세 가치는 40 유로이고 총 부가가치세는 9.20 유로(40 유로의 23%)가 될 것입니다. 이것은 단순한 예상이며 실제 관세와 부가가치세 금액은 다양한 요인에 따라 다를 수 있습니다. 수입 과정에 대한 자세한 정보와 도움을 위해 세관 중개업체 또는 폴란드의 세관 당국과 상담하는 것이 좋습니다.

활용30 법률자문 ②

▶ 한국의 예비군 보류관련법에 대해서 질문을 해보았다. 예비군 보류법과 보류가 안 되었을 시의 벌금에 관한 내용까지도 잘 알려주었다.

한국의 대표적인 음식인 "비빔밥"의 레시피를 알려주세요.

 물론입니다!
한국의 예비군 복무에 관련된 보류법과 벌금 정보를 자세히 설명해드리겠습니다.

1. 예비군 복무 보류: 예비군 복무는 국방의 의무를 이행하는 것이지만, 일부 상황에서는 복무 일정을 잠시 중단할 수 있습니다. 이를 '보류'라고 합니다.

… 중략 …

2. 예비군 복무 벌금: 예비군 복무에 관련된 보류법과 벌금 정보는 국방부, 예비군 관련 기관, 혹은 지방 행정기관 등의 공식 웹사이트, 공고, 공문 등을 참고하여 확인하시기 바랍니다. 이를 통해 본인의 예비군 복무 의무와 권리, 벌금 등에 대해 정확하게 이해하고 복무를 이행하는 것이 중요합니다.

▶ 교통법에 관련된 질문도 해보았다. 최대한 빠르게 납부하는 것을 추천한다. 다만 법이 2021년 이후에 업데이트가 된 경우, 반영하지는 못하는 경우도 있다. 예를들어 크로아티아는 2023년 1월부터 셴겐 국가가 되었으나, ChatGPT는 비셴겐 국가라고 답변한다. 따라서 유럽거주 관련법에 대한 문답은 현실과 차이가 있다.

한국의 교통법규에 대해서 질문이 있습니다. 교통 벌금이 시간이 지나면 액수가 더 낮아진다고 들었는데 과속으로 벌금을 내야 하는 상황에서 벌금을 바로 내는게 더 경제적일까요. 아니면 최대한 오래 끌다가 내는게 더 경제적일까요?

 한국의 교통법규에서는 과속으로 인한 벌금이 일정 기간 이내에 납부되는 경우, 벌금이 감면되는 감면제도가 있습니다.

이 감면제도는 운전자들에게 벌금을 빨리 납부하고 지체하지 않도록 유도하고, 벌금 납부의 지연을 저해하기 위해 마련된 것입니다. 따라서, 한국에서는 보통 벌금을 빨리 납부하는 것이 경제적으로 더 이익일 수 있습니다. 벌금의 감면율은 구체적인 위반사항 및 납부 기간에 따라 다양하게 적용됩니다. 일반적으로 14일 이내에 납부할 경우 일정한 비율로 감면되며, 시간이 경과함에 따라 감면 비율이 점차 감소합니다.

… 중략 …

따라서, 일반적으로 한국에서는 벌금을 빠르게 납부하여 감면 혜택을 받고 추가적인 수수료나 법적 후과를 피하는 것이 권장되는 접근 방식입니다. 그러나 항상 정확하고 최신의 정보를 얻기 위해서는 한국 경찰청 또는 관련 정부 웹사이트와 같은 공식 출처에서 최신 정보를 확인하는 것이 가장 좋습니다.

▶ 최근 법에 대해, 실시간 업데이트가 되는 Gemini와 Bing AI에게 최근의 법에 대해서 질문을 해보았다. Gemini는 아주 정확히 설명해 주었고, Bing AI는 관련 뉴스 링크까지도 첨부해 주었다. Wrtn은 해당 정보가 있는 '나무위키'의 웹페이지를 첨부해 주었다.

1.3 문화예술컨텐츠

▶ 대화형 GPT를 활용하여, 문화예술컨텐츠(이미지생성, AI인물만들어보기, 음악만들기, 영상제작하기, 웹사이트제작하기, 문학작품쓰기 등)를 제작하는 일반적인 과정은 다음과 같다.

1. **컨셉 설정 및 아이디어 개발:**
   - 먼저 제작하고자 하는 예술 컨텐츠의 컨셉을 설정한다. 이것은 이미지, 인물, 음악, 영상, 문학 등 어떤 유형의 예술 컨텐츠인지에 따라 다를 수 있다.
   - 컨셉에 맞는 아이디어를 개발하고 내용을 구체화한다.

2. **대화형 GPT 활용:**
   - 대화형 GPT를 사용하여 컨텐츠에 대한 텍스트 설명이나 방향을 제공한다.
   - 예를 들어, 이미지 생성을 위해 원하는 이미지의 특징을 설명하거나, 음악을 만들기 위해 원하는 분위기와 악기를 설명할 수 있다.

3. **생성 및 제작:**
   - GPT는 주어진 정보를 기반으로 이미지, 음악, 텍스트, 영상 등을 생성한다.
   - 생성된 컨텐츠를 편집하고 조합하여 원하는 결과물을 만든다.

4. **평가 및 수정:**
   - 생성된 컨텐츠를 평가하고 필요한 경우 수정한다.
   - 예술 작품의 질을 향상시키기 위해 추가적인 편집이나 수정을 수행할 수 있다.

> **5. 완성 및 배포:**
> - 예술 작품이 완성되면, 원하는 형식에 따라 저장하고 배포한다. 이것은 이미지를 파일로 저장하거나 음악을 녹음하고 공유하는 것과 관련될 수 있다.
> - 문화 예술 컨텐츠를 웹사이트, 소셜 미디어, 갤러리 등에서 공개하거나 판매할 수 있다.

▶ 이러한 과정에서 GPT는 아이디어를 구체화하고 예술 작품을 생성하는 데 도움을 주는데 사용될 수 있으며, 예술가의 창의성과 비전을 지원할 수 있다. 그러나 예술 작품의 질을 유지하고 발전시키기 위해서는 예술가의 개입과 평가가 필요할 수 있다.

1.3.1 이미지 생성

▶ 대화형 GPT를 활용하여 이미지를 생성하는 과정은 다소 복잡하며, 일반적으로 GPT 모델 자체로는 직접 이미지를 생성하지 않는다. 그러나 GPT 모델을 활용하여 이미지 생성을 지원하는 다른 도구나 서비스가 있을 수 있다. 아래는 이미지 생성을 위한 일반적인 과정이다.

> **1. 데이터 수집 및 텍스트 설명 작성:** 이미지 생성을 위한 데이터셋을 수집하고 준비한다. 원하는 이미지를 만들기 위한 텍스트 설명을 작성한다. 이 설명은 이미지의 내용, 구조, 색상 및 요구 사항을 기술해야 한다. 예를 들어, "푸른 하늘 아래에서 비행하는 빨간색 풍개바람 모양 비행기"와 같은 설명을 작성할 수 있다.

2. **GPT 모델 활용**: 현재 이용 가능한 모델은 지속적으로 개발되고 업데이트되고 있다. 따라서 가장 최신 모델이 가장 좋을 수 있다. OpenAI, Google, Facebook 및 기타 AI 연구 기관이 개발한 모델 중에서 선택할 수 있다. 예를 들어, DALL·E는 텍스트 설명에 기반한 이미지 생성에 특화되어 있으며, CLIP과 같은 모델은 이미지와 텍스트 간의 상호 작용에 중점을 둔다. 따라서 작업 목적에 맞는 모델을 선택해야 한다.

3. **이미지 생성 및 결합**: GPT 모델로 생성된 텍스트 설명을 기반으로 이미지를 생성한다. 이러한 모델은 텍스트에 포함된 요소를 시각적으로 표현하며, 생성된 이미지를 반환한다. 생성된 이미지와 텍스트 설명을 결합하여 최종 결과물을 생성한다.

4. **평가 및 수정**: 생성된 이미지를 평가하고 필요한 경우 수정한다. 이미지의 품질을 향상시키기 위해 추가적인 편집이나 수정을 수행할 수 있다.

5. **완성 및 배포**: 이미지 생성 작업이 완료되면, 원하는 형식에 따라 이미지를 저장하고 배포한다. 이미지를 웹사이트, 소셜 미디어, 갤러리 등에서 공개하거나 판매할 수 있다.

▶ 이러한 과정에서 대화형 GPT 모델은 이미지와 관련된 텍스트 설명을 생성하는 데 활용된다. 중요한 점은 이미지 생성에는 GPT 이외의 이미지 생성 모델이 필요하며, 이러한 모델을 통합하여 작업해야 한다.

▶ OpenAI사의 DALL·E 2(달리) 외에도 여러가지 AI 생성 이미지 웹사이트나 프로그램이 존재한다. 사용자의 편의성과 사용모델의 비용 등을 고려하여 선택한다.

- DALL·E 2(https://openai.com/dall-e-2)를 활용하여 이미지를 생성해 본다.
- Google 검색창에서 DALL·E 2-OpenAI를 클릭하면 된다. DALL·E 2의 경우 OpenAI ChatGPT의 계정이 있으면 사용이 가능하다. ChatGPT를 이미 사용해본 사용자는 그대로 사용하면 된다.

- DALL·E 2를 처음 시작할 때 50크레딧을 준다. 이미지를 생성하거나 수정할 때마다 크레딧이 소모되며, 크레딧을 모두 소모하였을 경우, 약 한달 후에 재충전되기까지 기다리거나 돈을 지불하여 크레딧을 충전해도 된다.
- DALL·E 2의 첫 화면이다. 보이는 검색창에 원하는 이미지를 텍스트로 설명하면 된다.

활용31 이미지생성 ①

▶ DALL·E 2는 유명인사를 포함한 실존 인물의 이미지를 생성하지 않으므로, Scatman John의 외모를 텍스트로 입력하고, 햄스터들과 함께 무대에 있는 이미지 생성을 요청하였다.

▶ 4종류 이미지를 보여주며, 이중에서 선택하거나, 재생성을 하여 다른 이미지 중에서 선택하여도 된다.

▶ 또한, ChatGPT가 알려준 Deep Dream Generator를 사용하여 이미지를 생성해 본다.

▶ Deep Dream Generator(https://deepdreamgenerator.com/)의 경우, 최초 가입자에게 100 에너지를 제공한다. 사용자가 요구하는 이미지 질(Quality)에 따라 생성시 소모되는 에너지가 다르며, 가장 적은 에너지 소모는 5이고, 높은 퀄러티의 옵션을 선택했을 경우, 20에너지가 넘게 소모될 수 있다. 잔

여 에너지가 20 아래로 남을 만큼 사용했을 경우, 에너지 상한선이 20으로 바뀌며 일정 시간 지나면 에너지가 충전되는 시스템이라서, 한달을 기다려야 하는 DALL·E 2보다 더 자유롭다고 할 수 있다. Deep Dream Generator 역시 유료 서비스가 존재하는데 Advanced, Professional, Ultra 3종류가 있으며, 각각 USD 19달러, 39달러, 99달러의 비용이 든다. 유료 서비스의 혜택은 에너지

상한선이 더 높아진다는 점과 (120, 250, 750에너지) 시간당 충전되는 에너지량(12, 18, 60에너지) 그리고 이미지 저장 용량이 더 높아지고(20, 50, 200GB), 해상도 역시 혜택이 있다.(2, 5, 5MP-메가픽셀)

▶ 다음 화면은 DALL·E 2보다 화려하지만 기본적인 것은 비슷하다. 먼저 상단의 Generate를 클릭한다.

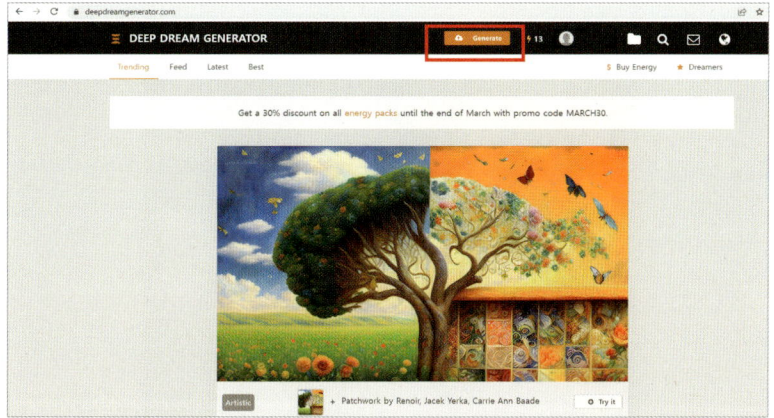

▶ 클릭하면, Text Prompt의 "Describe what you want the AI to create…" 빈 공간에 프롬프트를 입력하고, 아래 옵션들 중 원하는 것을 선택하면 된다.

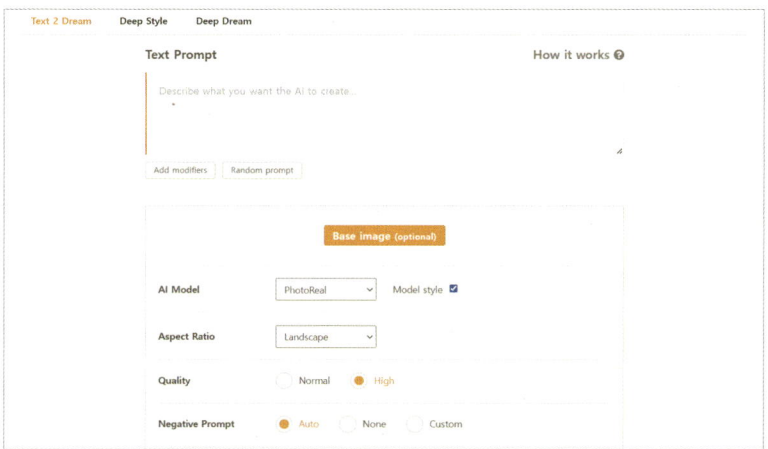

▶ 기반이 되는 이미지를 업로드할 수 있고, 그 아래쪽에 해상도 선택과 그림을 그림처럼 또는 실사처럼 보이게 할 것인가 하는 스타일 선택이 있다. 더 높은 퀄러티일수록 더 높은 에너지를 소모하게 된다.

▶ 다음은 동일한 프롬프트로 Deep Dream Generator가 생성한 이미지이다. 이미지가 마음에 들지 않으면, 옵션 수정후 적은 에너지로 재생성이 가능하다. 이미 생성한 이미지를 바탕으로 재생성을 할 수도 있다.

▶ DALL·E 2와 Deep Dream Generator가 생성한 이미지를 비교해보면, Deep Dream Generator가 생성한 이미지(우측) 퀄러티가 좋고, 요청했던 프롬프트에 가까운 것 이미지인 것 같다.

▶ 이미지 생성의 경우 같은 프롬프트를 입력해도 매번 결과가 달라진다.

- 그 외에도 Midjourney, Stable Diffusion, NovelAI 등이 있다.
- Midjourney(미드저니)는 디스코드 앱을 이용해서 이미지를 생성하므로, 이 주소(https://discord.com/download)로 들어가서 PC 버전 설치가 가능하다.

- 설치후 계정을 만들고 난 후, 미드저니 홈페이지로 들어간다. 홈페이지 화면에서 우측 하단의 'Sign In'을 클릭하면 디스코드 계정에 접근하겠다는 메시지가 뜨는데 승인을 누른다. 승인을 누르면 다음 화면으로 이동하는데, 거기에서 'Join the Discord to start creating!'을 클릭하면 디스코드 앱으로 바로 이동이 된다.

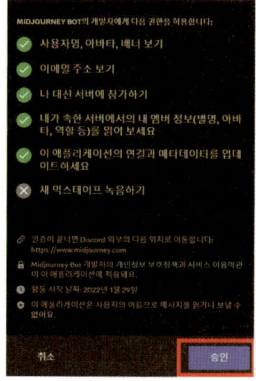

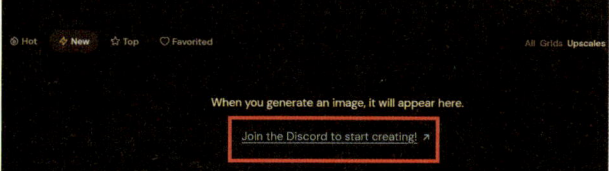

▶ 디스코드 앱에서 'Midjourney 참석하기'를 클릭한다.

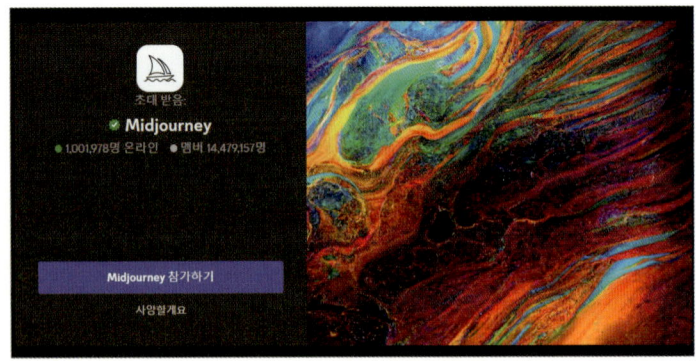

▶ 클릭하면 미드저니의 디스코드 메인화면이 나온다. 메인화면의 좌측에서 'newbies-숫자'로 써있는 탭 중 아무거나 하나 클릭한다.

▶ 클릭하면 다음과 같이 메인 화면이 나온다. 메인 사진은 매번 다를수도 있으니 걱정하지 않아도 된다.

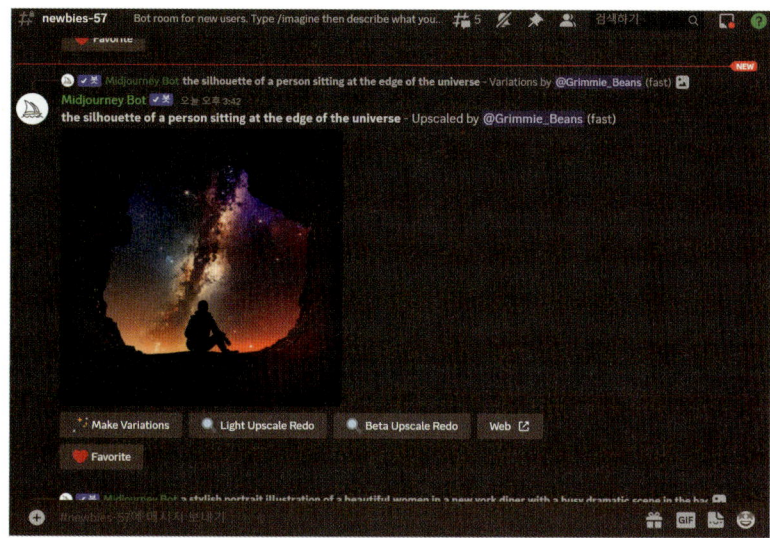

▶ 여기서 입력창 부분의 검색창에 '/imagine'을 입력하면, 입력창 위에 '/imagine prompt'가 나오는데 그것을 클릭한다.

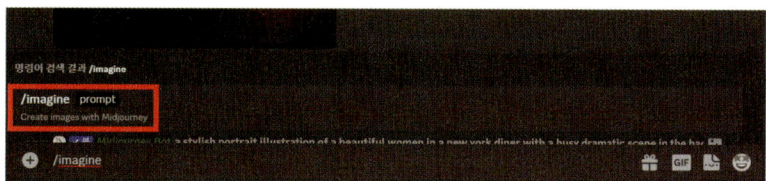

▶ 이제 입력창이 프롬프트를 입력할 수 있는 모드로 바뀌었고, 커서 역시 프롬프트 쪽에 위치해 있고, 원하는 이미지의 프롬프트를 입력해준다.

- 현재 미드저니의 경우 무료판이 끝나 유료로 구독을 해야 한다. 미드저니 요금제는 매월 베이직 플랜 USD 10달러, 스탠다드 플랜 30달러, 프로 플랜 60달러로 구성되어 있다. 연간 구독 요금제는 3가지 플랜 모두 월간 요금제 20% 할인된 가격으로 1년 요금이 결제된다. 즉 베이직 플랜은 96달러, 스탠다드 플랜은 288달러, 프로 플랜은 576달러이다. 또한 유료 플랜을 사용할 경우 생성된 이미지를 상업적으로 사용 가능하다.

- 미드저니의 유료 방식은 충전식인 타 이미지 생성 웹사이트나 프로그램에 비해서 한 달에 일정 요금을 내면 무제한 사용이 가능한 서비스를 제공하고 있기 때문에 입력한 프롬프트대로 결과가 나오는게 보장이 안 되는 생성 이미지 특성상 더 경제적이라고 봐도 된다.

- Stable Diffusion은 오픈소스 이미지 생성 알고리즘으로 설치할 것이 많고, 설치시간이 많이 걸린다는 단점이 있다. 그러므로 다른 플랫폼으로도 서비스를 제공하는데 먼저 디스코드를 이용하여 Stable Diffusion을 써볼 수 있다.

- 다음 주소(https://discord.com/invite/nSrYbMXJQn)로 들어가서 디스코드를 실행한다. 실행후 좌측 탭 중에서 'text-to-art'를 클릭하여 들어간다.

https://discord.com/invite/nSrYbMXJQn

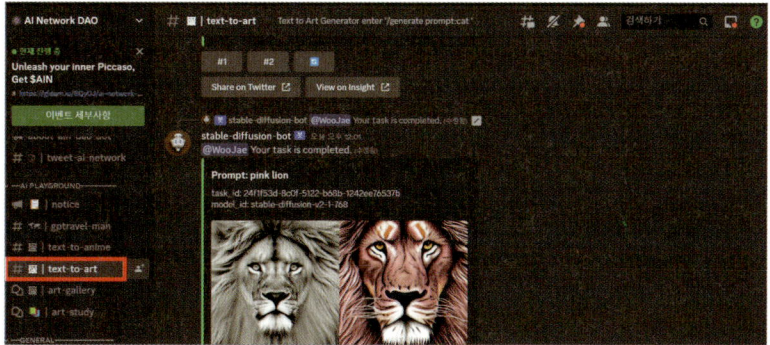

▶ 아래 검색창에 '/generate'를 입력한 후, 위에 나오는 '/generate prompt'를 클릭한다.

▶ 클릭하면 미드저니와 마찬가지로 프롬프트를 입력할 수 있는 상태로 바뀌게 되고 원하는 이미지의 프롬프트를 입력하면 된다. 위에서 생성한 이미지들과 동일한 프롬프트를 입력해 보았다. 다음과 같이 이미지를 생성해준다.

- ▶ 생성된 이미지는 두 이미지가 붙어있는 형태로 나오는데, '#1'을 클릭하면 좌측의 이미지를, '#2'를 클릭하면 우측의 이미지를 각각 볼 수 있다. 그 옆의 재활용 마크를 클릭하면, 같은 프롬프트로 이미지를 재생성할 수 있다.
- ▶ 2번 이미지가 마음에 들어서 '#2'를 클릭하면 오른쪽과 같이 2번의 이미지만 확대되어 나온다.
- ▶ 이미지 아래의 'Upscale' 버튼을 누르면 더 좋은 해상도로 만들어준다. 최근에는 웹사이트 형태의 서비스 역시도 제공하고 있다.
- ▶ Stable Diffusion(https://stablediffusionweb.com/#demo)도 다른 AI 이미지 생성 웹사이트와 같은 형태이며, 입력창에 프롬프트 입력하여 사용가능하다. 네거티브 프롬프트(Negative prompt)란 원치않는 프롬프트를 말하는데, 이미지 생성시 원치 않는 요소들을 네거티브 프롬프트 창에 쓰면, 그 요소들을 배제하고 이미지를 생성해주므로, 좀 더 원하는 결과를 얻을 수 있다.

https://stablediffusionweb.com/#demo

▶ 'Enter your prompt' 창에 원하는 프롬프트를 입력하고, 'Generate image'를 클릭하면 이미지 생성이 가능하다. 위의 이미지들과 동일한 프롬프트를 입력해 보았다.

▶ 여기서 네거티브 프롬프트를 활용하면 이미지가 덜 괴기하게 나올 수 있다.

▶ 이 외에도 DreamStudio 같이 Stable Diffusion을 개발한 Stability AI가 제공하는 이미지 생성 웹사이트도 있다. 현재 계속해서 생성 이미지 프로그램이나 웹사이트 개발이 진행 중이다.

▶ Wrtn의 경우 자체적으로 이미지 생성 기능이 있다. 프롬프트를 입력할 때 대화

형 GPT를 어떤걸 선택하든 상관이 없고 프롬프트 말미에 "그려줘"를 추가하면 된다. 예를 들어, "해바라기꽃 그려줘"를 입력하면 자동으로 Stable Diffusion XL을 사용하여 이미지를 생성해준다. 다른 웹사이트를 이용할 필요가 없다보니 Wrtn을 활용할 시에 더 효과적인 프로세스가 가능하다.

활용32 이미지생성 ② - 기업상표(로고)

▶ Wrtn의 GPT-4와 이미지 생성 기능을 활용하여 기업의 상표 즉 로고를 만드는 작업을 예로 들어본다. 한국인 대상으로 하는 유럽 맞춤 여행 전문 여행사의 로고를 만들어보는 작업을 해보려고 한다. 먼저 여행사의 이름부터 정해보도록 하겠다.

유럽 여행사 창업을 준비하고 있습니다.
다른 여행사와 차별이 되는 점은 바로 맞춤형 여행인데 고객이 원하는 코스와 고객이 원하는 가격대의 호텔 및 식사를 정할 수 있습니다.
이 여행사의 이름을 어떻게 정하는게 좋을까요?
한국 이름이어야 하고 여행의 창의성이라는 장점이 부각되도록 추천을 부탁드립니다.

:wrtn 한국어로 여행의 창의성을 부각하는 맞춤형 여행사 이름을 제안드리겠습니다.

1. 창조적 여행가
2. 명상여행
3. 여행아이디어룸
4. 창조여행유람단
5. 마음여행전도사

이 중에서도 목표 고객층과 여행사의 이미지에 가장 부합하는 이름을 선택하여 창의성을 강조하는 브랜드 메시지를 전달하시면 좋을 것입니다.

▶ 추천이름 중에 여행아이디어룸이라는 이름을 채택했다. 이제는 이미지 생성을 위한 키워드를 요청할 차례이다.

여행아이디어룸이 좋아보입니다. 이제 이 이름으로 상표를 만들고 싶습니다.
AI 생성 이미지를 사용하여 정말 간단한 로고를 만들건데 어떤 키워드들을 써야
가장 적절한 상표를 생성할 수 있을까요?

:wrtn "여행아이디어룸"이라는 이름에 어울리는 정말 간단한 로고를 만드는 데 도움이 될 키워드를 추천해 드립니다. 이 키워드들을 AI 생성 이미지 프로그램에 사용하시면 적절한 로고를 얻으실 수 있을 것입니다.

1. 여행아이디어룸 텍스트
2. 읽기 쉬운 폰트
3. 크리에이티브 아이콘 (예: 아이디어를 상징하는 전구)
4. 지도 또는 나침반
5. 하늘색 또는 파란색 계열
6. 간결한 디자인

키워드들을 사용하여 로고에 여행아이디어룸의 창의성을 나타내는 이미지를 생성해보세요. 특히 간단한 로고를 만드실 때는 심볼, 색상, 폰트 등 디자인 요소를 단순화하되, 완성도 있는 형태로 표현하는 것이 중요합니다. AI 생성 이미지 결과물을 확인하며 여러 번 수정을 거쳐 가장 만족스러운 디자인을 얻으시길 바랍니다.

▶ AI 이미지 생성에 있어서 아직까지는 생성 자체로 텍스트가 제대로 출력되지 않는 문제가 있다보니 텍스트를 빼고, 여행을 상징하는 물체를 로고에 쓰고 싶어 수정을 요구하였다.

텍스트를 빼고 여행을 상징하는 열기구 같은 것을 넣고싶습니다. 배경은 흰색으로 없거나
단색으로 처리하면 좋을 것 같습니다.

:wrtn 텍스트 없이 열기구를 사용한 간단한 로고를 만드는 데 도움이 될 키워드를 추천드립니다.

1. 열기구 아이콘
2. 여행 상징물
3. 하늘색 또는 파란색 계열
4. 흰색 배경 또는 배경 없음
5. 간결한 디자인

이 키워드들과 AI 생성 이미지 프로그램을 활용하여 열기구만으로 여행아이디어룸의 창의성과 여행을 상징하는 간단한 로고를 만들어보세요. 디자인 요소를 최소화하고 완성도 있는 형태를 표현하시면 좋을 것입니다. 결과물을 확인하며 여러 번 수정 및 조정을 통해 가장 만족스러운 로고를 생성하시길 바랍니다.

▶ 처음과 이번 답변의 키워드를 조합하여, 이미지를 생성하였고, 몇 번의 시도 끝에 아래와 같은 이미지가 생성이 되어 채택하였다.

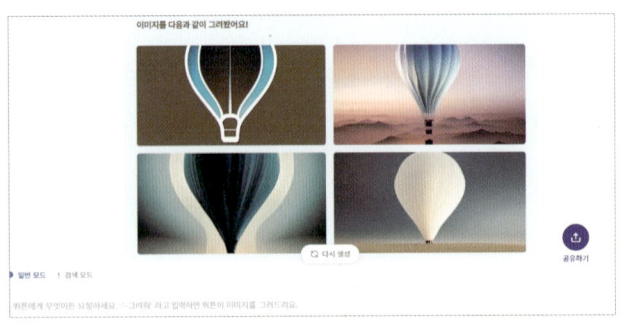 

▶ Wrtn은 다른 대화형 GPT보다 편리하게 이미지 생성 작업을 할 수 있다. 생성된 이미지가 상표로 사용되기 위해서는 저작권 보호가 필요한데, 현재까지의 법 제정동향을 보면 작업이 오직 생성형 AI만으로 행해졌다면 보호받기가 어려울 것으로 판단된다. 생성형 AI 등장후 저작권 문제는 국제적 이슈가 되고 있다.

▶ 미국은 2023년 3월 중순 저작권청에서 생성 AI 활용으로 생성된 컨텐츠의 저작권에 관한 가이드라인을 만들었다. 미국 가이드라인은 저작권 보호를 받는 조건으로 저자가 인간이어야 한다는 것이 명시되었다. 즉 생성 AI로 만든 제작물은 저작권이 보호되기 어렵다는 것이다. 그러나 법적 유연성을 발휘하여 생성 AI를 통하여 제작된 것이라도 미국 저작권청에서 '기계적인 재생산 (Mechanical Reproduction)'에 의한 결과물인지, '제작자 고유의 지적인 개념'이 포함된 것인지를 판단하여 후자의 경우에 저작권이 부여될 수 있다고 규정하고 있다. 다만 저작권을 부여하는 경우에 인간이 작업하여 만든 부분에 한정하여 저작권 보호를 한다.

▶ 미국의 가이드라인을 브랜드 제작물 저작권에 적용해 보자. 생성 AI를 활용하여 브랜드의 마케팅을 위해 제작물을 만든다면, 원칙적으로 저작권이 생기지

않는다. 그러나 인간의 창의성이 가미되어 생성 AI가 만든 제작물을 선택, 배열하는 등 저작권 보호 한도 내에서 수정한다면 저작권 부여가 될 수도 있다.

▶ 현재 한국은 몇몇 브랜드들이 마케팅을 위해서 AI 카피라이터를 이용하고 있다. 그럼에도 불구하고 아직 생성 AI 관련 저작권에 대한 가이드라인이나 법이 없는 상태이지만, 현행 한국의 저작권법에서 "'저작물'은 인간의 사상 또는 감정을 표현한 창작물"로 정의하고 있다는 점 때문에 생성 AI가 만든 컨텐츠에는 저작권이 부여되지 않는다고 보는 시각이 있다.(참고: 미국 생성 AI 제작물 저작권법 가이드라인 https://www.copyright.gov/ai/ai_policy_guidance.pdf)

https://www.copyright.gov/ai/ai_policy_guidance.pdf

▶ 대화형 GPT에게 이미지 생성을 위한 프롬프트를 요청할 때 **키워드 형태로 달라고 하면 원하는 이미지에 더 가깝게 생성이 된다**. 이는 거의 모든 AI 이미지 생성 웹사이트나 프로그램에 해당이 되는데 아직까지는 문장보다는 키워드 쪽에 더 나은 이해를 보이고 있다.

1.3.2 AI 인물 만들어보기

▶ 대화형 GPT를 활용하여, AI 인물을 만들고, 사용자의 목소리를 넣는 과정은 다음과 같다.

> **AI 인물 생성 과정**
>
> 1. **데이터 수집**: AI 인물을 만들기 위해 대량의 데이터가 필요하다. 이 데이터는 텍스트, 이미지, 오디오 등 다양한 형태일 수 있다. 예를 들어, 사용자가 생성할 AI 인물에 대해 어떤 대화나 스토리를 작성해야 할 수 있다.

2. **모델 선택**: AI 인물을 생성하기 위해 적절한 모델을 선택한다. GPT-3와 같은 대화형 AI 모델은 텍스트 생성에 유용하며, StyleGAN2와 같은 이미지 생성 모델은 이미지 생성에 유용하다.
3. **모델 학습**: 선택한 모델을 수집한 데이터로 학습시킨다. 이 단계에서 모델은 데이터의 패턴을 학습하고 대화나 이미지를 생성할 수 있게 된다.
4. **세부 조정**: 생성된 결과물이 만족스럽지 않을 경우, 모델을 미세 조정하거나 추가 학습시켜서 원하는 결과물을 얻을 수 있다.
5. **결과물 생성**: 모델을 사용하여 AI 인물을 생성한다. 예를 들어, 대화형 AI 모델을 사용하면 AI 캐릭터와의 대화를 통해 이야기를 만들 수 있다. 이미지 생성 모델을 사용하면 AI가 이미지를 생성할 수 있다.

사용자 목소리 넣는 과정

1. **음성 데이터 수집**: 사용자의 목소리를 녹음하고 디지털 형태로 저장한다. 이때 고음질 녹음이 중요하다.
2. **음성 학습 모델 선택**: 목소리를 AI 인물에 넣기 위한 음성 학습 모델을 선택한다. 예를 들어, Tacotron2와 WaveNet은 음성 생성에 사용되는 모델이다.
3. **모델 학습**: 선택한 음성 학습 모델에 사용자의 목소리 데이터를 학습시킨다. 모델은 목소리를 인식하고 재생할 수 있게 된다.
4. **AI 인물과 연동**: AI 인물 생성 모델과 음성 학습 모델을 연동하여 AI 인물에게 목소리를 추가한다.
5. **테스트 및 피드백**: AI 인물이 목소리를 올바르게 재생하고 응답하는지 테스트하고 필요한 경우 조정한다.
6. **완성 및 배포**: AI 인물과 사용자 목소리가 성공적으로 통합되면, 최종 결과물을 완성하고 배포한다.

▶ 이러한 과정은 전문 지식과 소프트웨어 도구가 필요하며, 많은 연구 및 개발이 필요하다. AI 인물과 사용자 목소리를 통합하려면 음성 처리 및 딥러닝 기술을 이해하고 이를 적용하는 능력이 필요하다.

▶ AI 인물 아바타를 만드는 작업은 이미지 생성 작업과 연관이 있다. 앞에서 ChatGPT의 프롬프트로 생성한 이미지를 아바타의 얼굴로 하고, "Clova Dubbing"사이트에 접속하면 된다.

▶ "Clova Dubbing(클로바 더빙)"은 네이버의 인공지능 기술을 활용하여 다양한 언어로 동영상 콘텐츠의 더빙을 자동화하는 서비스이다. 이 서비스는 원본 동영상의 음성을 자동으로 번역하고 다른 언어로 더빙하는데 사용된다.

▶ Clova Dubbing은 언어 번역 및 음성 합성 기술을 기반으로 하며, 다음과 같은 주요 기능을 제공한다.

1. **다국어 더빙:** Clova Dubbing을 사용하면 한 언어로 제작된 동영상 콘텐츠를 다른 언어로 빠르게 더빙할 수 있다. 이로써 글로벌 시장에 동영상 콘텐츠를 손쉽게 제공할 수 있다.
2. **자동 번역:** 서비스는 원본 음성을 자동으로 다른 언어로 번역한다. 이를 통해 번역 과정을 자동화하고 효율성을 높인다.
3. **음성 합성:** 번역된 텍스트를 음성으로 변환하여 더빙을 수행한다. 이때 자연스러운 음성 합성 기술을 사용하여 더빙된 음성이 자연스럽고 이해하기 쉽게 만들어진다.
4. **맞춤화:** Clova Dubbing은 다국어 더빙뿐만 아니라 성별, 연령, 감정 등을 고려한 음성 스타일의 맞춤화도 지원한다.

▶ Clova Dubbing과 같은 서비스는 글로벌 미디어 및 엔터테인먼트 산업에서 유용하게 사용될 수 있으며, 다국어 오디오 콘텐츠를 빠르게 제작하고 시청자에게 제공하는 데 도움을 줄 수 있다.

활용33 AI인물 및 목소리생성

▶ Clova Dubbing(https://clovadubbing.naver.com/)은 AI 인물 아바타의 목소리를 생성시켜준다. 현재까지는 자신의 목소리를 녹음하여 생성하는 것은 불가능하고, 이미 클로바더빙이 제공하는 목소리를 사용하여 만드는 것이 가능하다. 클로바더빙은 네이버 계정만 있다면 사용이 가능하다.

https://clovadubbing.naver.com/

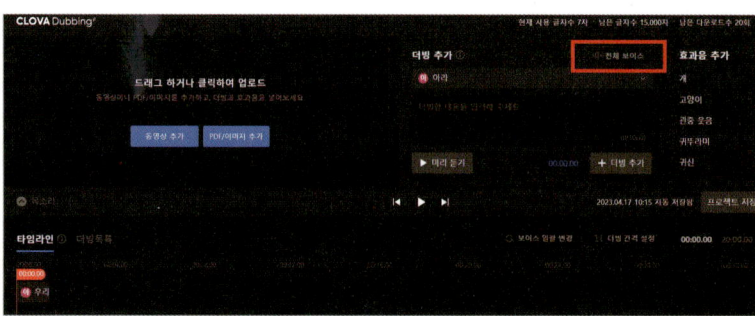

▶ 새 프로젝트를 선택한 후 제공되는 목소리들은 성별과 나이에 따라서 그리고 분위기에 따라서 다르므로 원하는 스타일의 AI 인물 아바타의 음성을 선택이 가능하다. 그리고 텍스트를 입력하여 AI 인물 아바타가 말해야 할 것을 정할 수 있다. AI 인물 아바타의 대사를 입력하고 다운로드 해준다.

▶ Voice Cloning(보이스 클로닝)은 기존 음성 샘플을 사용하여 새로운 음성을 생성하는 기술이다. 이 기술은 주로 음성 합성 및 음성 생성 분야에서 활용된다. 아래는 보이스 클로닝에 관한 주요 정보이다.

1. **원리:** 보이스 클로닝은 음성을 분석하고 이를 학습하여 특정 개인 또는 화자의 음성 패턴, 발음, 억양, 및 언어 스타일을 이해한다. 그런 다음, 학습된 정보를 기반으로 이 화자와 유사한 음성을 생성한다.

2. **적용 분야:** 보이스 클로닝은 다양한 분야에서 사용된다. 가장 일반적인 예로는 음성 합성 및 음성 인터페이스 기술이 있다. 이를 통해 컴퓨터 프로그램, 음성 비서, 로봇, 음성 오디오 분야에서 자연스러운 음성을 생성할 수 있다. 또한 보이스 클로닝은 음성 메시지, 방송 산업, 음성 자동응답 시스템에서도 사용된다.

3. **기술적인 측면:** 보이스 클로닝은 주로 기계 학습 및 딥 러닝 기술을 사용한다. 심층 신경망 (Deep Neural Networks, DNN) 및 생성적 적대 신경망 (Generative Adversarial Networks, GANs)과 같은 기술이 주로 사용된다.

4. **윤리 및 개인 정보:** 음성 클로닝은 미래에 개인 정보 및 보안 문제를 불러올 수 있으며, 윤리적 문제도 제기된다. 누군가의 음성을 클로닝하여 부정한 목적으로 사용하거나 음성 사기에 활용하는 사례가 있을 수 있으므로 이러한 측면에서도 주의가 필요하다.

5. **향후 발전:** 보이스 클로닝 기술은 계속해서 발전하고 있으며, 개인화된 음성 합성 및 음성 생성의 가능성을 넓혀가고 있다. 하지만 이러한 발전과 함께 개인 정보 보호 및 윤리적 문제를 고려하는 것이 중요하다.

- 보이스 클로닝은 음성 기술 분야에서 중요한 역할을 하며, 미래에는 더 다양한 응용 분야에서 사용될 것으로 예상된다.
- 기존의 목소리 학습을 통한 과정으로는 10GB가 넘는 용량에 많은 시간이 소요되었지만, 이제는 PlayHT(https://play.ht/) 웹사이트에서 간단한 과정과 짧은 시간으로 보이스 클로닝이 가능하다.

- 이 사이트에 접속하여 계정을 만들면, 무료로 2,500단어 생성이 가능하다. 로그인을 하고 좌측에 'Voice Cloning'을 클릭한 후 목소리를 녹음한 파일(최소 30초)를 업로드하면 웹사이트 측에서 분석하고, 준비되면 텍스트를 입력할 수 있는 페이지가 나온다.

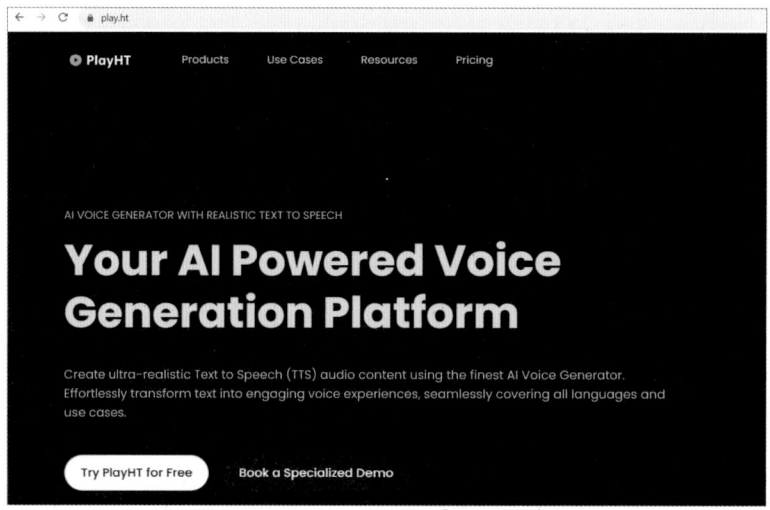

- Voice.ai나 Coqui Studio, Descript, Listnr 같은 웹사이트나 프로그램에서도 기본적인 기능을 무료로 사용할 수 있다. 유료지만 Resemble.AI 나 일레븐랩스(ElevenLabs) 역시도 가능하다. 예시 파일을 올릴 때는 안전하게 1분 이상의 원하는 목소리만 담긴 녹음 파일을 업로드 하는 편이 좋다.

▶ 위의 웹사이트들이나 프로그램들을 사용하면 사용자가 원하는 목소리로 말을 하게 할 수 있으며, 좀 더 복잡한 과정인 Diff-SVC를 사용하면 노래까지 부를 수 있게 만들 수 있다. 현재 기술로는 Diff-SVC를 활용한 목소리 데이터 학습 이후 원가수의 목소리를 사용자가 데이터 학습시킨 원하는 목소리로 교체만 가능하다.

▶ 이 작업이 끝나면 이제는 생성한 이미지로 우리가 만든 음성을 말하는 것처럼 보이게 하는 작업이 필요하다.

▶ 그러기 위해서는 다음 사이트(https://www.d-id.com/)에 접속하여, 회원가입을 한 후 FREE TRIAL을 클릭한다.

▶ 클릭하면 다음과 같은 창이 나오는데, 아래 사진들 옆에 ADD를 클릭하여 생성된 이미지를 추가해준다. 그리고 우측에 Audio를 클릭하여 클로바더빙으로 생성한 음성을 업로드 한 후 우측 상단의 'GENERATE VIDEO'를 클릭하면 완성이 된다.

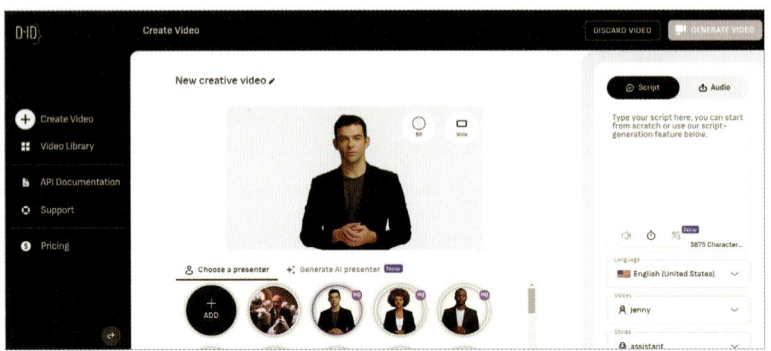

▶ 단시간의 목소리 학습으로, 원치않는 목소리 복제와 현존 인물을 기반으로 한 AI 아바타 생성은 범죄로 이어질 가능성이 있다. 사용자는 도덕성에 주의해야 한다. 이외에도 요즘 논란이 되고 있는 '딥페이크(Depfake)' 기술이다. 딥페이크는 딥 러닝 및 인공 지능 기술을 사용하여 사진, 동영상, 음성 등의 매체를 조작하여 사실과 다른 결과물을 만들어내는 기술을 의미한다. 기존 인물의 얼굴이나 특정 부위를 영화의 CG처럼 합성하는 것으로, 이미 영화에서 고인 배우들의 출연이나 토트넘 핫스퍼 소속의 유명한 축구선수 해리 케인의 합성된 얼굴을 보았다.

▶ 악용과 범죄 사례가 많아짐에 따라, 디지털 시대에는 정보 신뢰성을 유지하고, 사생활을 보호하기 위한 대비책이 필수적이다.

예시

1.3.3 음악만들기

▶ 음악 생성은 대화형 GPT 모델의 기능 중 하나가 아니며, 일반적으로 다른 음악 생성 및 편집 도구 및 소프트웨어가 필요하다. 그러나 음악 생성에 대한 일반적인 접근 방법은 다음과 같다.

> 1. **음악 소프트웨어 사용**: 음악을 만들기 위해서는 음악 생성 및 편집 소프트웨어를 사용해야 한다. 대표적인 소프트웨어로는 Ableton Live, FL Studio, Logic Pro, GarageBand, Cubase 등이 있다.
> 2. **악기와 MIDI 컨트롤러**: 음악을 작곡하기 위해 MIDI 키보드나 MIDI 컨트롤러를 사용할 수 있다. 이를 통해 악기를 연주하고 음악을 작성할 수 있다.
> 3. **음악 이론 이해**: 음악 작곡에 대한 기본적인 음악 이론을 이해하는 것이 중요하다. 이것은 음악의 구조, 조화, 리듬 및 음계에 대한 이해를 포함한다.
> 4. **샘플 및 루프 사용**: 음악을 만들 때 샘플 및 루프를 사용하여 원하는 사운드를 생성할 수 있다. 이러한 자료들은 다양한 음악 소프트웨어에서 제공되며, 사용자가 원하는 대로 조작할 수 있다.
> 5. **플러그인 사용**: 음악 소프트웨어에는 다양한 가상 악기 및 효과 플러그인이 제공된다. 이러한 플러그인을 사용하여 다양한 사운드를 만들 수 있다.
> 6. **창의력과 연습**: 음악 작곡은 창의적인 활동이며, 연습이 필요하다. 시간을 투자하여 음악 작곡 기술을 향상시키고 음악 스타일을 개발시켜야 한다.

▶ 음악 생성은 개인의 창의력과 기술에 따라 다양한 형태로 이루어질 수 있으며, 시간과 노력을 투자하여 원하는 음악을 만들어낼 수 있다. 특정 음악 소프트웨어나 기술에 대한 자세한 지침은 해당 소프트웨어 또는 도구의 문서와 튜토리얼에서 찾을 수 있다.

▶ 대화형 GPT는 100% 음악 생성은 어려우나, 작사와 작곡을 해줄 수 있다.

활용34 음악 만들기 ①

▶ ChatGPT에게 Foster the People의 Pumped Up Kicks와 David Guetta의 Getting Over You 라는 두 노래를 합한 특성의 음악을 요청해 보았다.

Can you write some input text to make one song which has style of both 'Pumped Up Kicks' by Foster the People and 'Getting over you' by David Guetta?

Verse 1:
I'm walking down the street, feeling kinda beat
Got my headphones on and my feet are moving to the beat
Thinking about the one I loved, the one that got away
Gotta find a way to forget her, gotta find a way to escape

… 중략 …

Bridge:
I'm free, I'm alive, I'm on top of the world
No more tears, no more pain, no more looking back
I'm moving forward, I'm taking control
I'm getting over you, gonna rock and roll
Chorus:
I'm getting over you, I'm getting over you
With every step I take, with every note I play
I'm getting over you, I'm getting over you
Gonna leave you behind, gonna start a new day

▶ 다음으로, 노래의 코드를 요청하였다.

Can you write music chords for this song?

Verse:
CMaj7 | G7 | Am | Fmaj7
CMaj7 | G7 | Am | Fmaj7

Pre-chorus:
Dm7 | G7 | Cmaj7 | Bbmaj7
Dm7 | G7 | Cmaj7 | Bbmaj7

··· 중략 ···

Outro:
CMaj7 | G7 | Am | Fmaj7
CMaj7 | G7 | Am | Fmaj7

▶ 코드가 마음에 안드는 경우, 다른 코드를 요청하면 응답해 준다.

▶ 다음은 멜로디를 요청한다. 멜로디 또한 마음에 안들면 새로운 멜로디를 요청하면 된다.

Can you write a melody of this song too?

X: 1
T: My Song
M: 4/4
L: 1/8
K: C minor
Q: 1/4=125
: E2 G2 G2 E2	E2 G2 G2 F2	G2 F2 F2 E2	F2 G2 G2 A2
B2 G2 G2 E2	E2 G2 G2 F2	G2 F2 F2 E2	F2 G2 G2 A2
B2 G2 G2 E2	E2 G2 G2 F2	G2 F2 F2 E2	F2 G2 G2 A2
B2 G2 G2 E2	E2 G2 G2 F2	G2 F2 F2 E2	F2 G2 G2 A2

▶ 사용자의 요청에 따라서, 가사와 멜로디를 함께 응답해주기도 한다.

It will be better if you write the melody with the lyrics together not separated

X: 1
T: My Song
M: 4/4
L: 1/8
K: C minor
Q: 1/4=125
[V:V1] E2 G2 G2 E2 | E2 G2 G2 F2 | G2 F2 F2 E2 | F2 G2 G2 A2 |
[V:V2] Walking down the street, feeling kinda beat
Got my headphones on and my feet are moving to the beat
Thinking about the one I loved, the one that got away
Gotta find a way to forget her, gotta find a way to escape

… 중략 …

[V:V1] B2 G2 G2 E2 | E2 G2 G2 F2 | G2 F2 F2 E2 | F2 G2 G2 A2 |
[V:V2] I'm getting over you, I'm getting over you
With every step I take, with every note I play
I'm getting over you, I'm getting over you
Gonna leave you behind, gonna start a new day

▶ 이 외에도 BPM(beats per minute, 노래의 템포와 에너지 레벨을 결정하는 중요한 요소)나 악기들 관련해서 조언을 구하면 알려준다.

About the song that you wrote for me. Can you recommend about BPM?

Sure! The BPM (beats per minute) is an important aspect of any song, as it sets the tempo and energy level of the track.
For the song that I wrote for you, I would recommend a BPM range of 110-130. This range is commonly used in pop and electronic dance music and can provide a good balance between energy and pace.

… 중략 …

Ultimately, it's up to you to decide on the BPM that best fits the vision you have for the song.

What about a sheet for a drum?

BASS DRUM: | X | | X | | X | | X | |
SNARE DRUM: | | X | | X | | X | | X |
HI-HAT: : | x | x | x | x | x | x | x | x |

- 순식간에 노래가 완성이 되었고, 대화형 GPT를 이용해서 작사, 작곡을 누구나 할 수 있게 되었고, GPT 역할은 여기까지이다.
- GPT가 알려준 가사, 코드, 멜로디로 노래를 만드는 것은 사용자의 몫이다.
- FL Studio 같은 프로그램이나 Soundtrap 같은 웹사이트 혹은 다른 음악 편집 프로그램으로 노래를 만들 수 있다.
- Google Gemini에게도 요청했는데, 멜로디 코드를 주지 않아서, 멜로디 코드를 요청했더니 성공적으로 주었다.
- Bing AI의 경우, 계속해서 사용자에게 "개인적인 창작에 따라 다르기 때문에, 직접 시도해보시는 것을 추천한다."라는 답변만 줄 뿐이었다.
- Wrtn의 경우, GPT-4 사용해서 요청하면 작업을 처리해주었다.
- 대화형 GPT는 이미지 생성 때와 마찬가지로 같은 프롬프트라도 매번 다른 결

과를 제공한다. Google Gemini는 한 번 생성한 '작품'의 경우 유지하려고 하는 편이다.

활용35 음악 만들기 ②

▶ 음악 편집이 너무 어렵다고 생각되는 경우, 새롭게 생성해준 곡이 아닌, 이미 존재하는 음원을 바탕으로 원하는 가사만 붙여서 노래를 만들어주는 방법도 있다.

▶ Voicemod(https://tuna.voicemod.net/text-to-song)라는 웹사이트에서 회원 가입 후, 원하는 가사를 입력하면, 이미 존재하는 멜로디로 노래를 생성해 준다.

▶ 첫 화면은 곡을 선택하는 단계이다. 각각 다른 스타일의 곡들을 들어보고, 마음에 드는 곡을 선택한다. 그리고 우측 하단의 Next를 클릭한다.

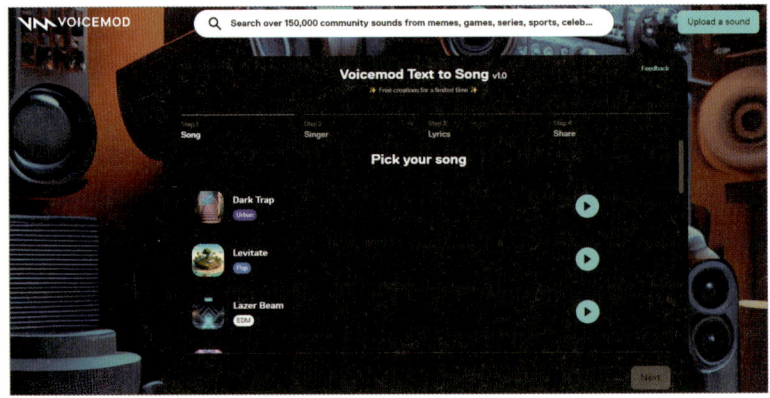

▶ 다음 단계는 목소리를 고르는 단계이다. 각 AI 가수들의 목소리를 들어보고 마음에 드는 것을 고른 후 Next를 클릭한다.

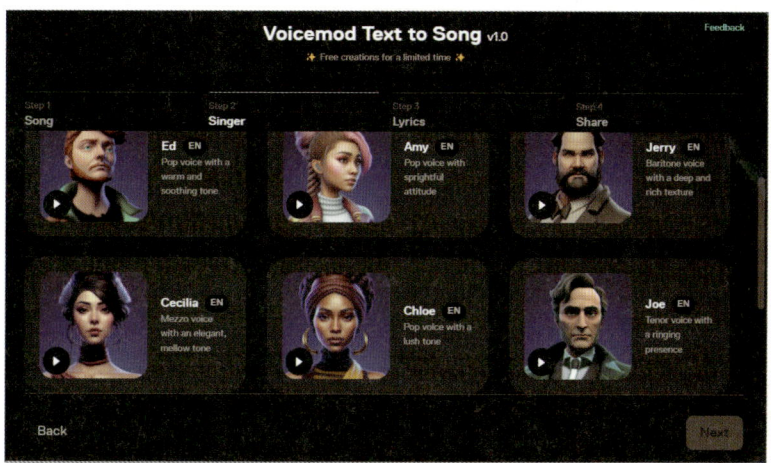

▶ 다음은 가사를 쓸 차례이다. 가사를 입력한 후에 Create song 버튼을 클릭하면 로딩화면이 나타난다.

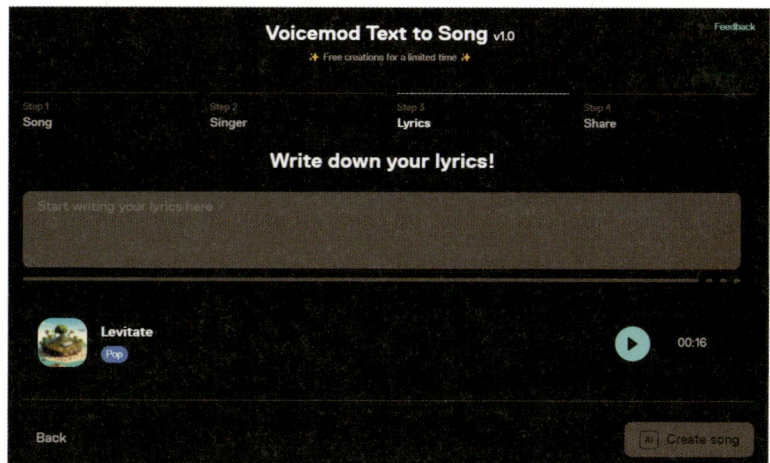

- 약 20초 후면 음악이 완성되는데, 노래를 들어보고 마음에 안드는 부분은 각각의 Step을 클릭하여 들어가서 선택을 바꿀 수 있다. 첫 단계인 노래 자체를 바꾸면 가사가 지워져서 다시 써야한다. 생성된 노래가 마음에 들면 다운로드할 수 있다.
- 비디오 형식 또는 오디오 형식으로 다운로드 가능한데, 비디오 형식은 오디오 형식과 동일하지만, AI 가수의 외모와 가사가 화면에 출력되는 형태이다.

생성한 음악(QR코드)

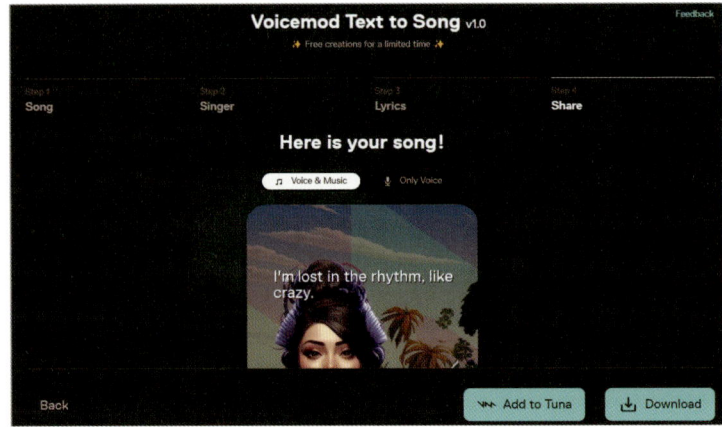

1.3.4 영상제작하기

- 대화형 GPT는 텍스트 기반의 모델이므로 직접적인 영상 제작 기능을 갖고 있지는 않다. 그러나 영상 제작에 대한 일반적인 과정과 GPT를 활용할 수 있는 방법을 설명한다.

영상 제작의 일반적인 과정

1. **아이디어와 스토리보드:** 영상 제작의 첫 단계는 아이디어를 도출하고 스토리보드를 작성하는 것이다. 어떤 내용을 담을 것인지, 촬영 장소와 시나리오를 결정한다.

2. **촬영 및 녹화:** 필요한 장비로 촬영을 시작한다. 이때 카메라, 마이크, 조명 등이 사용된다.

3. **편집:** 촬영된 영상과 오디오를 편집하여 원하는 스토리를 만든다. Adobe Premiere Pro, Final Cut Pro, DaVinci Resolve 등과 같은 비디오 편집 소프트웨어를 사용한다.

4. **음악 및 사운드 효과 추가:** 원한다면 음악과 사운드 효과를 영상에 추가하여 분위기를 조절하고 풍미를 더한다.

5. **색보정:** 색상 보정을 통해 영상의 색감을 조절하고 일관성을 유지한다.

6. **타이틀 및 그래픽 삽입:** 제목, 부제목, 간단한 그래픽 등을 추가하여 영상을 더 명확하게 전달한다.

7. **렌더링 및 출력:** 모든 작업이 완료되면 영상을 렌더링하여 최종 출력 파일을 생성한다.

8. **배포:** 영상을 원하는 플랫폼에 업로드하거나 공유한다.

▶ 대화형 GPT를 영상 제작에 활용할 수 있는 여러 가지 방법이 있다. GPT를 활용하여 영상 제작에 대한 창의적인 아이디어를 얻고, 텍스트 기반 작업을 보조하는 데 활용할 수 있다.

GPT를 활용하는 방법

1. **시나리오 및 대본 작성:** GPT를 사용하여 영화, 광고, 동영상 컨텐츠의 시나리오나 대본을 작성할 수 있다. GPT는 창의적인 스토리 아이디어를 제시해줄 수 있다.

2. **편집 및 텍스트 설명**: 영상에 설명적인 텍스트 또는 자막을 추가할 때 GPT를 활용할 수 있다. 자막 생성이나 텍스트 기반 설명을 자동으로 생성할 수 있다.
3. **음성오버**: GPT를 사용하여 음성 오버 또는 나레이션을 제작할 수 있다. GPT가 특정 주제에 대한 정보를 음성으로 표현해 줄 수 있다.
4. **영상 아이디어 도출**: GPT에게 어떤 주제에 대한 창의적인 영상 아이디어를 제공하도록 요청할 수 있다.
5. **편집 지침**: GPT에게 영상 편집에 대한 지침을 요청하여 작업을 돕도록 할 수 있다.
6. **영상 제목 및 설명 작성**: GPT를 사용하여 영상의 제목, 설명 또는 메타 데이터를 작성할 수 있다.

▶ 대화형 GPT를 사용하여, 영상 제작을 시작하기 전에 영상 스크립트를 작성하는 것이 일반적인 순서이다. 영상 스크립트는 비디오의 구조와 내용을 계획하고 정의하는 핵심 문서이다. 스크립트는 다음과 같은 중요한 역할을 한다.

1. **내용 계획**: 영상에서 전달하고자 하는 메시지나 이야기를 결정한다. 스크립트는 어떤 내용을 다룰 것인지를 명확히 한다.
2. **시나리오 및 장면 설계**: 각 장면의 내용, 배경, 캐릭터, 대사 등을 정의한다. 이것은 영상 제작 과정에서 필요한 장소, 배우, 소품 등을 결정하는 데 도움이 된다.
3. **비주얼 및 오디오 요소 정의**: 영상의 시각적 요소와 음악 또는 대사 등의 오디오 요소를 기술한다. 이것은 카메라 앵글, 렌즈 선택, 배경 음악, 대사 및 효과음 등을 다룬다.
4. **타이밍 및 흐름**: 각 장면 또는 시퀀스 간의 전환과 비디오의 흐름을 결정한다. 이것은 영상의 편집 및 조립에 영향을 미친다.
5. **예산 및 일정**: 스크립트를 통해 필요한 자원과 예산을 추정하고, 영상 제작에 필요한 일정을 계획한다.

▶ 따라서 영상 제작을 시작하기 전에 목표와 비전을 가진 스크립트를 작성하는 것이 중요하다. 이 스크립트를 기반으로 비디오 제작팀은 영상을 효과적으로 계획하고 제작할 수 있다.

활용36 영상제작하기

▶ "Pumped Up Kicks – Foster the People"와 "No Surprises – Radiohead" 뮤직 비디오를 혼합한 비디오 스크립트 작성을 요청한 예이다.
▶ ChatGPT에게 대략적인 스크립트를 요청하고, 계속해서 원하는 방향으로 수정을 요청할 수 있다.

> Pictory AI를 사용하여 동영상을 만드는 스크립트를 작성해 주세요? 영상의 스토리는 'Pumped Up Kicks – Foster the People'의 뮤직비디오와 'No Surprises – Radiohead'의 뮤직비디오를 혼합한 듯한 느낌을 주게해야합니다.

 론, Pictory AI를 사용하여 'Pumped Up Kicks – Foster the People'와 'No Surprises – Radiohead'의 뮤직비디오 스타일을 혼합한 느낌의 동영상 스크립트를 작성해 드리겠습니다.

제목: "Beyond the Surprises"

장면 1: 감각적인 출발
시작은 'No Surprises – Radiohead' 뮤직비디오와 유사한 정적인 장면으로 시작합니다.
메인 캐릭터가 일상적인 루틴을 따라가면서 일상의 무료함을 나타냅니다.
배경 음악은 'No Surprises'와 유사한 분위기를 조성합니다.

장면 2: 'Pumped Up Kicks'와의 만남
강렬한 음악 전환으로 'Pumped Up Kicks' 뮤직비디오 스타일을 시작합니다.
메인 캐릭터가 자전거를 타고 도시의 거리로 나갑니다.
무릎에서부터 아래로 무거운 부분이 떨어지는 미끄러운 동작이 'Pumped Up Kicks'의 템포에 맞게 반복됩니다.

장면 3: 도시의 다양한 면
도시의 다양한 장소에서 캐릭터가 다양한 사람들을 만납니다.
각 장소에서 'Pumped Up Kicks'의 리듬과 도시의 활기를 나타내는 움직임이 강조됩니다.

장면 4: 소소한 놀이와 탈출
메인 캐릭터와 그의 친구들은 도시공원에서 소소한 놀이와 도전을 즐깁니다.
환상적인 비행기를 만들어 띄우는 장면이 'No Surprises'의 정적인 느낌을 흔들어놓습니다.
뮤직비디오의 두 스타일이 혼합되며, 메인 캐릭터는 모든 것을 더 감사하게 여깁니다.

장면 5: 고요한 마무리
도시 밤하늘이 펼쳐지는 장면으로 'No Surprises'의 정적인 느낌으로 복귀합니다.
메인 캐릭터는 다시 일상적인 루틴을 따라가면서 평온함을 느낍니다.
음악은 감각적으로 조용하게 종료됩니다.

장면 6: "Beyond the Surprises" 로고
영상의 로고와 크레딧이 표시됩니다.
이 스크립트는 'Pumped Up Kicks - Foster the People'와 'No Surprises - Radiohead' 뮤직비디오의 특징을 혼합하여 색다른 느낌을 제공합니다. Pictory AI를 사용하여 이 스크립트를 기반으로 영상을 제작할 수 있을 것입니다. 작업 중에 음악, 비디오 편집 및 시각 효과를 추가하여 원하는 느낌을 구현할 수 있습니다.

▶ 텍스트를 바탕으로 영상을 만들어주는 웹사이트나 프로그램은 많다. 수정 후에 텍스트를 통해서 영상을 만드는 웹사이트 Pictory AI (https://pictory.ai/)를 접속한다.

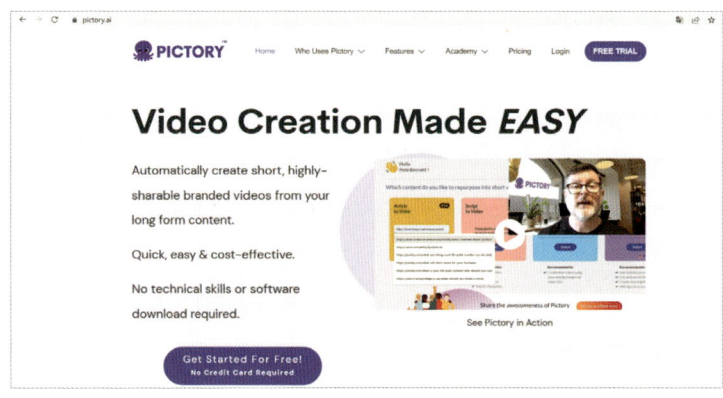

▶ Pictory AI 사이트에서, 무료회원 가입하여 사용시에는 영상에 워터마크가 찍히고, 유료회원일 경우에는 워터마크가 없다.

▶ Get Started For Free!를 클릭하여 회원 가입을 하고 로그인을 하면, 다음과 같은 창이 나타난다.

▶ 여기에서 가장 왼쪽의 Start typing or Copy paste your script에 있는 Proceed 버튼을 클릭하면, 다음 페이지로 이동한다.

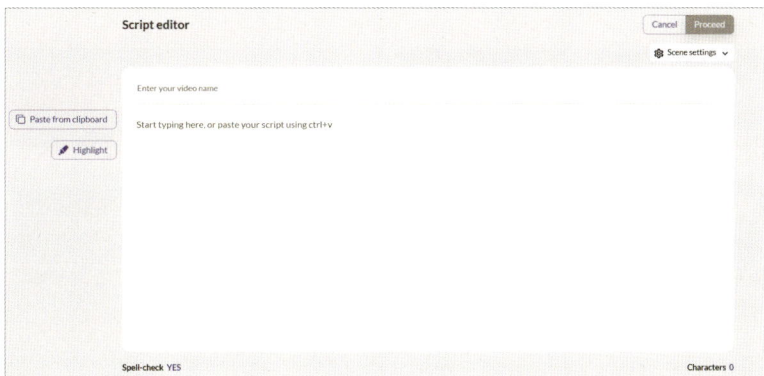

▶ 이곳에 GPT가 응답해준 스크립트를 복사하여 붙여넣기 한 후, 오른쪽 위의 Proceed 버튼을 클릭해 준다.

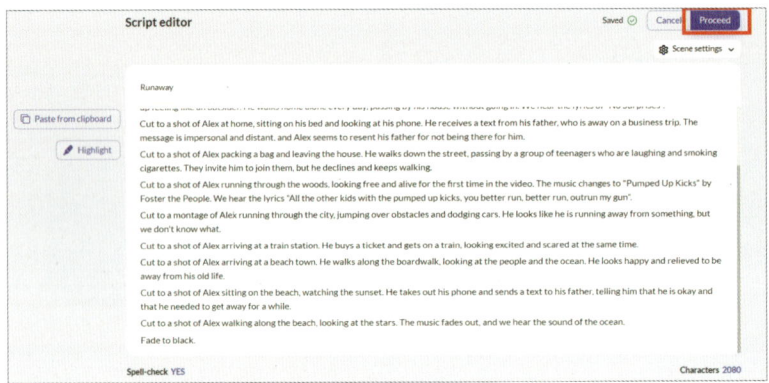

▶ 그 다음은 영상에 쓰일 템플릿을 선택하면 된다.

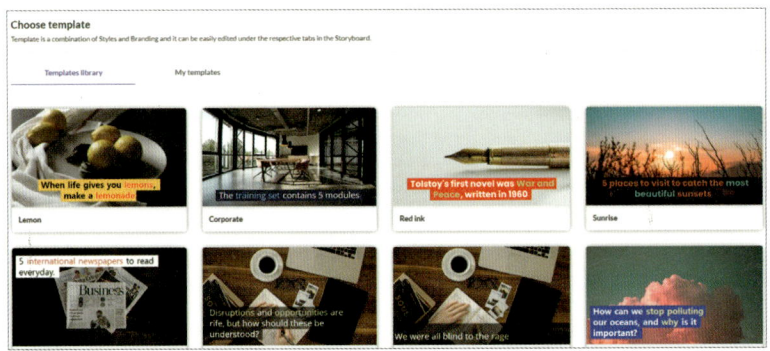

▶ 템플릿을 선택하면, 영상이 만들어지는데 스크립트의 내용이 그대로 텍스트로 쓰여 있는 영상이 나온다. 텍스트를 없애고 싶으면, 영상 화면 우측 하단의 Settings에서 설정을 바꾸면 된다.

▶ 생성된 영상이 마음에 들지 않을 경우, 각 장면마다 영상을 교체할 수 있는데, 왼쪽의 Visuals 탭에서 Library를 클릭하여 나온 다른 추천 영상을 선택하거나 직접 검색하여 마음에 드는 영상으로 교체가 가능하다.

- My uploads를 통해서 자신만의 파일을 업로드하는 것도 가능하다.
- Audio 탭을 통해서 배경음악을 고를수도 있다. 이렇게 장면 수정 및 효과 등을 추가하는 것은 사용자의 몫이다.
- 우측 상단의 Preview를 누르면 편집한 영상을 미리보기 할 수 있고 Generate를 통해 영상을 생성할 수 있다.

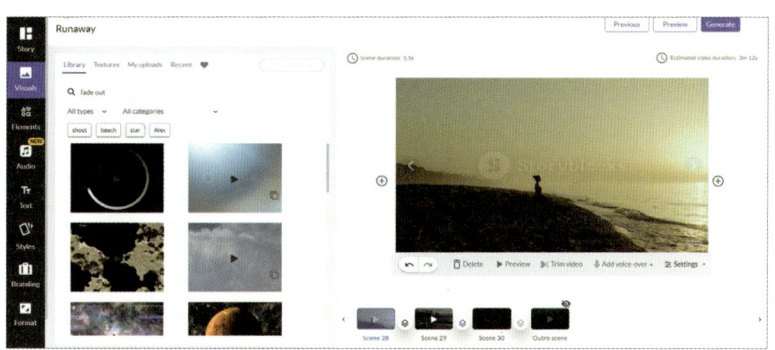

- 영상이 완성된 후 Generate를 누르면, 로딩창이 나타나게 되고 기다리면 원하는 영상의 생성이 완성된다.

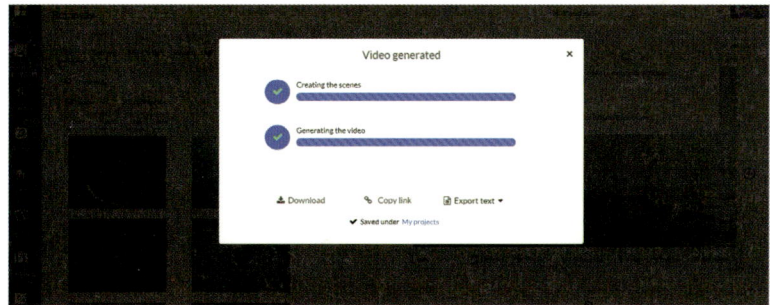

- Download를 누르면 영상이 mp4 파일로 저장된다.
- 영상 스크립트의 경우에도 같은 프롬프트를 입력해도 매번 다른 결과가 나온다.

생성한 영상(QR코드)

1.3.5 웹사이트 제작하기

- 웹사이트 제작은 크게 두 가지 방법이 있는데, 대화형 GPT를 사용하는 방법과 Mixo(믹소)라는 생성 AI 홈페이지 제작 웹사이트를 사용하는 방법이 있다.

> **대화형 GPT를 사용하는 방법:**
>
> 1. **OpenAI GPT-3 API 액세스:** OpenAI GPT-3 API에 액세스하려면, OpenAI 웹사이트에서 API키를 신청하고 발급받아야 한다.
> 2. **API 호출:** API 키를 사용하여 대화형 GPT-3 모델을 호출하고, 대화를 시작할 수 있다. API를 호출할 때 입력 텍스트와 모델 설정을 제공한다.
> 3. **대화 형식으로 대화:** GPT-3 모델과 대화를 진행하면서 요청하고 응답을 처리한다. 사용자가 입력한 문장에 따라 모델이 응답을 생성하고 반환한다.
> 4. **결과 해석 및 활용:** 모델이 생성한 텍스트를 분석하고, 필요에 따라 추가적인 처리나 출력을 생성하여 활용한다.

- Mixo(믹소)를 사용하는 방법: Mixo(믹소)는 웹사이트 제작을 도와주는 서비스 중 하나로, 다음은 일반적인 사용 방법이다.

> 1. **Mixo 웹사이트 방문:** 웹 브라우저에서 Mixo(믹소) 웹사이트를 방문한다.
> 2. **계정 생성:** Mixo 웹사이트에서 계정을 생성하거나 로그인한다.

3. **템플릿 선택 또는 프로젝트 생성**: 원하는 디자인 템플릿을 선택하거나 새로운 웹사이트 프로젝트를 생성한다.

4. **커스터마이징**: 선택한 템플릿을 기반으로 웹사이트를 커스터마이징하고 내용을 추가한다. 일반적으로 시각적 에디터를 사용하여 내용을 수정하고 이미지, 텍스트, 링크 등을 추가한다.

5. **페이지 관리**: 웹사이트의 다양한 페이지를 관리하고 추가한다. 일반적으로 메뉴 구조를 설정하고 각 페이지를 편집한다.

6. **퍼블리시(공개)**: 웹사이트를 완성하고 공개할 준비가 되면, Mixo(믹소)에서 제공하는 퍼블리시 기능을 사용하여 웹사이트를 공개하고 도메인을 등록하거나 연결할 수 있다.

7. **유지보수 및 업데이트**: 웹사이트를 지속적으로 관리하고 업데이트하여 최신 정보와 내용을 유지한다.

▶ Mixo(믹소) 및 대화형 GPT와 같은 도구를 효과적으로 활용하면 웹사이트 제작 및 콘텐츠 생성을 더욱 쉽게 수행할 수 있다.

▶ 웹사이트 제작을 위해서는 html, css 그리고 js 파일 등 3개 파일이 필요하다.

활용37 웹사이트 제작하기

▶ 환율을 변환해주는 웹사이트를 만들어 본다.

▶ 아래와 같이 프롬프트를 입력하면, index.html, script.js, styles.css 3개의 코드를 생성해 준다.

▶ 각 파일을 index.html, script.js, styles.css 라는 이름과 확장자로 새로운 하나의 폴더에 저장하고, index.html을 실행시켜도 되고 그렇지 않아도 된다. ChatGPT에게 이 3개의 코드를 1개의 코드로 합해달라고 요청하면, 하나의 코

드를 생성해 준다. 그러나, 1개 코드로 합하는 방법은 한 페이지 혹은 간단한 웹사이트를 만들때는 괜찮은 방법이지만, 복잡한 웹사이트를 만들때는 3개 코드를 따로 저장하는 방법을 추천한다.

유로 환율을 직접 입력하고 원화 혹은 유로화 금액을 입력하면 자동으로 원화는 유로화, 유로화는 원화로 바꿔주는 웹사이트를 html, css, js를 이용하여 예쁘게 만들어주세요. (코드 작성)

```
<!DOCTYPE html>
<html lang="en">
<head>
<meta charset="UTF-8">
<meta name="viewport" content="width=device-width, initial-scale=1.0">
<title>환율 변환기</title>

… 중략 …

    });
  });
</script>
</body>
</html>
```

▶ ChatGPT 뿐만 아니라 Google Gemini, Bing AI 그리고 Wrtn까지도 코드 제공이 가능하다.

▶ ChatGPT에게 받은 코드를 파일로 저장하는 방법은 2가지가 있는데, Visual Studio Code 프로그램을 사용하는 방법과 단순 확장자 변경이다.

▶ Visual Studio Code(https://code.visualstudio.com/download)는 웹페이지에서 무료 다운로드가 가능하다. 이 사이트에서 새 파일 생성 후, 코드를 붙여넣고 저장할 때 html 확장자로 저장하면 된다.

https://code.visualstudio.com/download

▶ 단순 확장자 변경은 더욱 간단한 방법으로 이 방법을 추천

한다. 먼저 메모장에 들어가 코드를 붙여넣은 후 저장하고, 저장한 메모장 파일의 확장자를 html로 바꾸는 것이다.

▶ 3가지 코드가 합쳐진 코드를 받아서 저장할 경우에도 파일 이름을 index.html로 해야 한다. 그리고 이 파일 또한 새 폴더를 만들어서 저장해야 한다.

▶ 파일을 실행하면 다음과 같이 나온다.

▶ 아직 작업이 끝나지 않은 상태이므로, 이 파일은 외부에서 볼 수 없고 사용자만 볼 수 있는 파일 상태이다. 이것을 공개하기 위해서는 다음의 작업이 필요하다.

▶ 사용자가 만든 웹사이트 html을 외부에서도 볼 수 있게 만들어주는 웹사이트(https://www.netlify.com/)에 접속하고, 회원가입하고 로그인하면, 첫 화면왼쪽의 Sites를 클릭한다.

▶ 그러면 다음 화면으로 넘어가는데, 아래 그림과 같은 부분에 index.html파일이 담긴 폴더를 끌어다가 놓는다.

▶ 웹사이트가 완성이 되면, 아래 그림과 같은 화면이 나온다.

▶ Domain settings를 클릭하여, 다음 페이지에서 Options → Edit site name을 통해서 웹사이트 주소를 원하는 주소로 수정한 후에 save를 클릭해야 한다.

▶ 무료 웹사이트 템플릿을 활용하면, 사용자가 만든 웹사이트를 좀 더 보기좋게 제작할 수 있다. 예를 들어 Free CSS(https://www.free-css.com/free-css-templates) 같은 웹사이트에서 템플릿을 다운로드할 수 있다.

https://www.free-css.com/free-css-templates

▶ 템플릿을 다운로드 한 후, 템플릿의 index.html와 style.css 파일을 txt로 확장자 변환한 후 코드를 복사하여 대화형 GPT에게 기존 코드와 통합 요청을 하면, 템플릿에 나온 디자인과 유사하게 바꿔줄 수 있다.

▶ 템플릿을 최대한 살리고 싶다면, 대화형 GPT에 템플릿 코드를 입력하고 템플릿 코드는 그대로 두되 여기에 사용자가 원하는 기능, 예를들어 예시로 보여준

환율 변환기 기능을 추가해 달라고만 요청하면 그렇게도 해준다.
▶ 템플릿을 바꾸고 나면, nelify에 업데이트해야 한다.

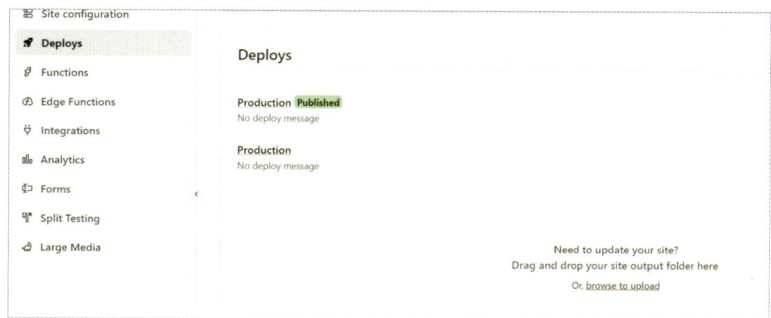

▶ 왼쪽의 Deploys를 클릭하고, Deploys 페이지에 업데이트한 index.html이 담긴 폴더를 처음에 했던 것처럼 드래그하여 놓으면 업데이트가 된다.

▶ 실시간 환율로도 가능하나 과정이 좀 더 복잡하다. 대화형 GPT에게 물어본 결과 실시간 환율의 API를 주는 사이트 (https://fixer.io/)에 접속하여, 회원가입 후 액세스 코드를 받아, 이를 웹사이트의 코드에 포함시키는 것으로 할 수 있다.

▶ 그러나 환율 정보가 유로 기준이므로, 유로 입력으로 원화 계산은 가능하나, 원화로 입력하면 유로 환율 계산이 안되고, 유로처럼 잘못 계산된 정보가 나왔다. 그러므로 원화를 유로로 변환하는 기능을 없애고, 실시간 환율 정보로 유로를 원화로만 계산할 수 있도록 코드 수정을 요구하였고, 업로드까지 하였으나 권

한의 문제 때문인지 제대로 작동하지는 않았다.

▶ 따라서 환율을 직접 입력하여 양 통화 모두 계산이 가능한 것으로 다시 바꾸었고, 생성한 웹사이트는 다음과 같다.

(https://woneuroexchange.netlify.app/)

▶ 코드를 사용한 방법은 단순히 한 페이지 뿐만 아니라 링크된 페이지 연동까지도 가능하다. 이를 위해 한 번에 하나의 프롬프트로 해결하기보다는 단계적으로 프롬프트를 입력하여 수정하는 방향이 바람직하다.

▶ Mixo를 활용한 AI가 생성해주는 홈페이지를 활용하는 방법은 웹사이트(https://www.mixo.io/)에 접속하여 회원 가입한다. Mixo는 사용자가 홈페이지의 용도와 원하는 디자인, 필요한 기능을 설명하면 이를 반영하여 홈페이지를 생성해주는 웹사이트이다. 생성 이후에 사용자가 원하는 방향으로 수정 역시도 가능하다.

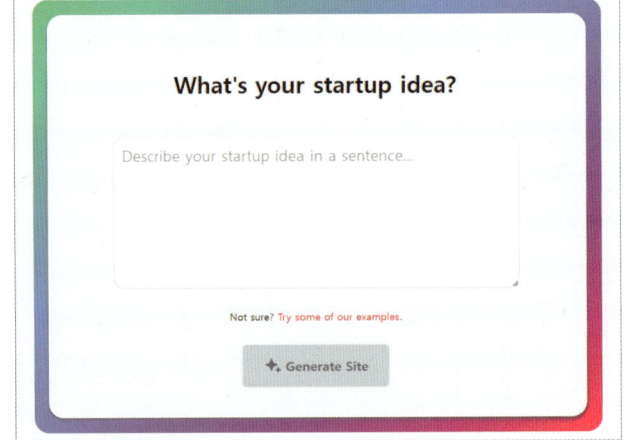

▶ 이 웹사이트는 영어로 입력해야 한다. 다만 영어 설명이 어려우면, 대화형 GPT의 번역 기능을 사용하면 된다. 설명을 쓰면 다음과 같이 예시 홈페이지가 나온다.

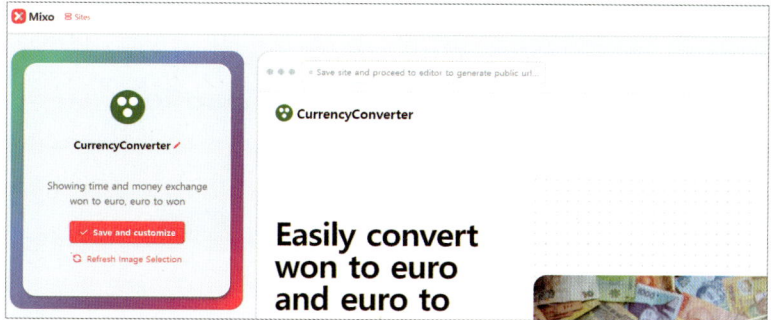

▶ 웹페이지가 마음에 들면 'Save and customize'를 클릭하여 다음 단계로 넘어가면 되고, 마음에 들지 않는다면 'Refresh Image Selection'을 클릭하여 새로운 디자인을 받으면 된다.

▶ 웹페이지가 마음에 들어서 다음 단계로 넘어갔다면, 아래 그림과 같은 화면으로 이동한다. 무료 사용을 위해서는 'continue with just the free plan.'을 클릭한다.

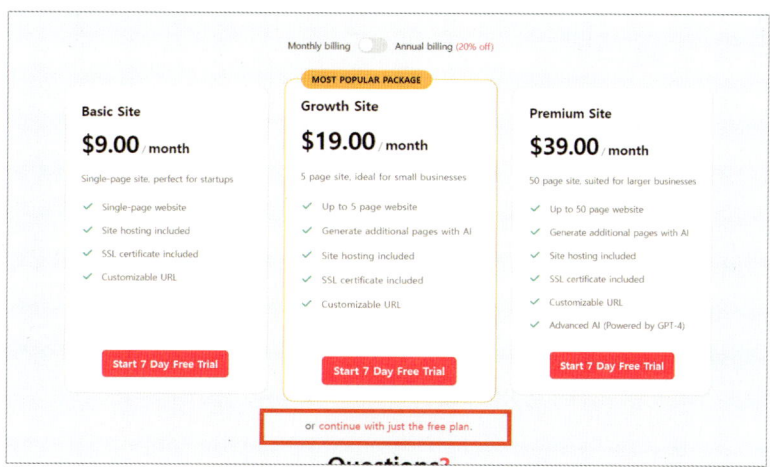

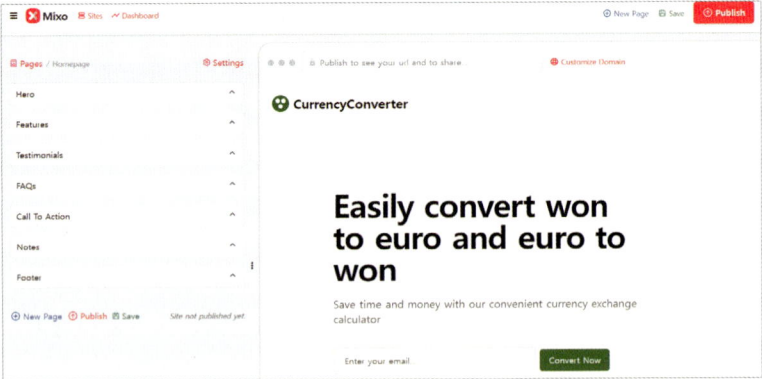

- 좌측의 탭들을 하나씩 클릭해보면 웹페이지를 편집할 수 있다. 템플릿은 거의 정해져 있고, 정해진 템플릿의 텍스트나 웹페이지에 사용된 사진을 사용자가 원하는 사진으로 업로드하여 교체할 수 있고, Mixo에서 보유한 이미지로도 교체할 수 있다.
- 현재까지는 Mixo의 무료 플랜을 통해서는 한 페이지짜리 웹페이지만 제작 가능하다. 유료 플랜으로는 여러 페이지로 링크가 되는 기능을 사용할 수 있다.

1.3.6 문학 작품 쓰기

- 문학 작품 쓰기는 창의적이고 인내와 노력이 필요한 프로세스이다. 대화형 GPT는 아이디어 발전, 캐릭터 개발, 줄거리 작성 등의 과정에서 도움을 줄 수 있다. 다음은 문학 작품 쓰기의 일반적인 과정이다.

    1. **아이디어 발전:** 작품의 아이디어를 발전시키는 것이 시작이다. 어떤 이야기를 전달하고 싶은지 생각하고 주제, 메시지, 또는 상황을 고민한다. 대화형 GPT와 대화를 나누면서 아이디어를 논의하고 확장할 수 있다.

> 2. **캐릭터 개발:** 작품에 등장할 주요 캐릭터를 개발한다. 캐릭터의 이름, 외모, 성격, 목표, 갈등 등을 고려한다. 대화형 GPT에게 각 캐릭터의 특징과 역할을 설명하고 피드백을 받을 수 있다.
> 3. **줄거리 작성:** 중요한 이야기를 결정하고 줄거리를 작성한다. 시작, 전개, 클라이맥스, 결말 등을 구성한다. 대화형 GPT를 사용하여 스토리 아이디어를 생성하고 이야기를 구조화할 수 있다.
> 4. **문장 작성:** 문학 작품은 아름다운 문장과 서술로 표현된다. 문장을 세밀하게 다듬고 언어를 선택한다. 대화형 GPT를 활용하여 문장 작성 아이디어나 문체적인 팁을 얻을 수 있다.
> 5. **편집과 수정:** 첫 번째 초고를 작성하고 나면, 편집과 수정을 통해 품질을 향상시킨다. 대화형 GPT에게 글을 읽어보고 피드백을 받아서 수정 작업을 돕을 수 있다.
> 6. **출판 또는 공유:** 작품을 완성한 후, 출판사에 제출하거나 자체 출판, 온라인 플랫폼에 공유할 수 있다.
> 7. **피드백과 리뷰:** 다른 사람들의 의견을 듣고 작품을 개선할 수 있다. 문학 그룹 또는 작가 친구들과 공유하고 피드백을 받아본다.

▶ 대화형 GPT는 문학 작품 쓰기의 모든 단계에서 도움을 줄 수 있지만, 창의성과 개성은 작가의 노력과 상상력에 의존한다. GPT는 아이디어를 확장하고 편집 작업을 돕는 데 유용한 도구로 활용할 수 있다.

활용38 문학작품쓰기

▶ 탐욕과 업보(카르마)로 인한 삶과 공허함에 대한 시를 영문과 국문으로 요청하면, 아래와 같이 훌륭한 시 한 편이 나왔다.

Write a poem about life and emptiness from greed and karma.

 In a world of hustle, rush, and greed,

Where desire reigns with insatiable need,
Man craves for more, his appetite vast,
In the pursuit of wealth that will forever last.

··· 중략 ···

For the cycle of life, a dance of give and take,
Karma's lesson, a precious wake,
To live with purpose, love, and grace,
And leave a legacy that time can never erase.

Write this in Korean.

 인간의 탐욕에 가득한 세상,

물질만을 갈망하며 끝없는 열망을 품는 이들의 행렬,
돈과 부의 추구에 길들여진 그들,
그들의 발자취를 조용히 따라가는 인연의 법칙, 운명의 바퀴.

··· 중략 ···

인생은 주고받음의 춤, 상생의 원칙,
운명의 가르침, 깨달음의 기회,
목적과 사랑, 은총의 품은,
시간이 갈수록 지워지지 않는 유산을 남겨놓는 것이다.

▶ Gemini와 Bing AI의 시를 쓰는 실력은 어떨까? Gemini는 한글 내용이 약간 구글 번역기를 돌린 것 같아보이는데, 본래 영문시를 단순 번역해서 그렇다. 처

음부터 국문시를 요청하면, 정상적인 한국어로 응답해 준다. 한국어로 요청하면, 같은 주제의 다른 시가 나오지만 아무런 문제가 없어 보인다. Bing AI 또한 국문, 영문 모두 훌륭한 응답을 해주었다.

▶ Wrtn의 경우 GPT-3.5를 제외한 GPT-4, GPT-3.5-16K, PaLM2가 써 준 시들은 잘 응답해 주었다. Wrtn을 사용하면, 같은 주제로 각 언어모델들을 활용하여 다양한 결과물을 얻을 수 있다.

▶ 사용자가 원하는 스타일로 문학작품을 써달라고 요구할 수 있다. 예를들어 특정 시인의 스타일로 요청하거나, 시의 음절 규칙 또는 행마다 단어수 같은 규칙을 적용할 수 있다. 다만 아직까지는 대화형 GPT가 완벽하지는 않아서, 특정 시인의 스타일대로 요청할 때, 시인의 이름을 언급하는 부분이 있다. 시인의 이름을 쓰지 말아달라고 요청해도 고집스럽게 계속 쓰는 경우도 생기는데, 여러 번 반복해서 요청하다보면 결국에는 시인의 이름을 지워준다.

1.4 프로그래밍

▶ 프로그래밍 과정은 언어와 목표에 따라 다를 수 있지만, 일반적인 프로그래밍 과정은 다음과 같이 설명할 수 있다.

> 1. **문제 정의 및 목표 설정:** 프로그래밍을 시작하기 전에 무엇을 해결하려는지 명확하게 이해하고 목표를 설정해야 한다. 어떤 문제를 해결하려는지 정의하고 프로그램이 어떻게 동작해야 하는지 계획한다.

2. **알고리즘 설계**: 문제를 해결하기 위한 알고리즘을 설계한다. 이것은 문제를 해결하기 위한 순서와 로직의 계획이다.
3. **언어 선택**: 프로그램을 어떤 언어로 작성할지 선택한다. 여기서는 여러 언어 중 하나를 선택한다. Arduino 코드 작성에는 C/C++이 일반적이며, MatLab은 MatLab 언어, OpenGL은 C/C++, Python 등으로 구현된다.
4. **코딩**: 알고리즘을 선택한 언어로 코드로 옮긴다. 프로그램의 주된 로직과 기능을 구현한다.
5. **디버깅과 테스트**: 작성한 코드를 디버깅하고 테스트한다. 버그를 찾아 수정하고, 입력값을 다양하게 시도하여 예상치 못한 동작을 찾는다.
6. **문서화**: 코드를 문서화하여 다른 개발자들이 이해하고 협업할 수 있도록 한다. 주석을 추가하고 문서를 작성한다.
7. **최적화**: 코드의 성능을 개선하기 위해 최적화 작업을 수행한다. 불필요한 반복문을 줄이고 성능 병목 지점을 해결한다.
8. **테스트 및 검증**: 프로그램을 다양한 상황에서 테스트하고 검증한다. 입력값에 대한 다양한 시나리오로 프로그램이 예상대로 작동하는지 확인한다.
9. **배포**: 완성된 프로그램을 배포하거나 사용자에게 제공한다. 이 단계에서는 프로그램을 설치하고 실행하는 방법을 문서화하고 사용자에게 제공한다.
10. **유지 보수**: 프로그램이 사용 중에 버그가 발생하거나 새로운 요구 사항이 생길 수 있으므로 지속적인 유지 보수가 필요하다. 이것은 버그 수정, 업데이트 및 기능 추가를 포함한다.

▶ 프로그래밍(Programming)은 주로 자신이 해결하려는 문제의 본질과 선택한 프로그래밍 언어에 따라 다양한 과정과 기술을 필요로 한다. 프로그래머(Programmer)는 문제 해결 능력과 창의성을 통해 해결책을 찾는데 중요한 역할을 한다.

1.4.1 Arduino(아두이노) 코드

▶ 아두이노(Arduino)를 사용한 프로그래밍은 하드웨어와 소프트웨어를 함께 다루는 재미있는 과정이다. 다음은 대화형 GPT를 활용하여, 아두이노 프로그래밍을 위한 일반적인 단계이다.

1. **아두이노 IDE 설치**: 먼저 아두이노 공식 웹사이트(https://www.arduino.cc/)에서 아두이노 IDE(통합 개발 환경)를 다운로드하고 설치한다.
2. **보드 선택**: 아두이노 보드를 선택한다. "도구 (Tools)" 메뉴에서 "보드 (Board)"에서 사용 중인 아두이노 모델을 선택한다.
3. **포트 선택**: 컴퓨터에 연결된 아두이노의 시리얼 포트를 선택한다. "도구 (Tools)" 메뉴에서 "포트 (Port)"에서 사용 가능한 포트를 선택한다.
4. **스케치 작성**: 프로그램을 작성하기 위해 "파일 (File)" 메뉴에서 "새 스케치 (New Sketch)"를 선택한다. 아두이노 IDE에서는 C/C++과 유사한 언어로 코드를 작성한다. 코드는 setup( ) 및 loop( ) 함수로 구성된다. setup( ) 함수는 초기 설정을, loop( ) 함수는 계속해서 실행되는 코드를 정의한다.
5. **코드 작성**: 아두이노 코드를 작성한다. 예를들어 LED를 제어하거나 센서 데이터를 수집하는 코드를 작성할 수 있다. 다양한 라이브러리와 예제 코드가 아두이노 IDE에 포함되어 있어 개발을 더 쉽게 할 수 있다.
6. **컴파일 및 업로드**: 코드 작성이 완료되면 "스케치 (Sketch)" 메뉴에서 "컴파일/업로드 (Upload)"를 선택하여 코드를 아두이노 보드에 업로드한다.
7. **시리얼 모니터 사용**: 아두이노 코드에서 Serial.print( ) 함수를 사용하여 시리얼 모니터를 통해 변수의 값을 확인할 수 있다. 이를 통해 디버깅 및 데이터 모니터링이 가능하다.
8. **하드웨어 연결**: 아두이노 보드와 센서, 액추에이터 등의 하드웨어를 연결한다. 연결된 하드웨어와 코드가 원하는 대로 동작하도록 확인한다.

9. **시작부터 디버깅**: 코드를 작성하고 하드웨어를 연결한 후에도 버그나 문제가 발생할 수 있다. 디버깅 도구를 사용하여 문제를 해결하고 코드를 개선한다.

10. **완성과 확장**: 프로젝트가 완성되면 필요한 경우 추가적인 기능을 구현하고 확장할 수 있다. 필요한 경우 외부 라이브러리를 사용하여 프로젝트를 더욱 풍부하게 만들 수 있다.

▶ 아두이노 프로그래밍은 학습 곡선이 다소 가파를 수 있지만, 기초적인 프로그래밍 개념을 익히고 하드웨어와 소프트웨어를 통합하는 데 좋은 출발점이다. 예제 코드와 커뮤니티 지원을 활용하여 더 많은 것을 배우고 창조적인 프로젝트를 구현할 수 있다.

활용39 Arduino(아두이노) 코드

▶ 먼저, 대화형 GPT에게 Arduino(아두이노) 프로그래밍에 쓸 수 있는 파랑, 빨강, 노랑의 3개의 LED 전구가 노랑, 파랑, 빨강 순으로 3초마다 깜빡거리는 코드를 만들어 달라고 요청한다.

> Can you write some programming codes for arduino which can make the LED bulbs blink every 3 seconds? There are 3 LED bulbs and each of them has colour of blue, red and yellow. I want yellow blink first and then blue and then red.

```
int yellowPin = 2; // assign the yellow LED to pin 2
int bluePin = 3; // assign the blue LED to pin 3
int redPin = 4; // assign the red LED to pin 4
void setup() {
  pinMode(yellowPin, OUTPUT); // set yellow LED pin as output
  pinMode(bluePin, OUTPUT); // set blue LED pin as output
  pinMode(redPin, OUTPUT); // set red LED pin as output
}
```

… 중략 …

This code uses the digitalWrite() function to turn the LEDs on and off, and the delay() function to pause the program for a specified amount of time.

Note that the delay() function is blocking, meaning that while the program is waiting for the specified time to elapse, it cannot respond to any other events or input. If you need your program to be more responsive or do other tasks while the LEDs are blinking, you can use non-blocking techniques like millis() instead of delay().

▶ 친절하게도 코드 밑에 코드에 대한 설명까지 써준다.
▶ Google Gemini, Bing AI, 그리고 Wrtn은 모든 언어모델에서 아두이노 코드로 응답하였다.
▶ 코드가 작동이 안 될 경우, 오류가 난 부분을 대화형 GPT에게 말하고 오류가 해결된 코드 혹은 새 코드를 요구하면, 사과와 함께 바로 제공해준다. 때때로 한 번에 완벽한 코드를 주지 않을 수도 있으므로, 계속해서 오류가 난 부분을 알려줘야 할 수도 있다.

1.4.2 MatLab(매트랩) 코드

▶ MATLAB은 수치 해석, 시뮬레이션, 데이터 분석, 시각화 등 다양한 과학 및 엔지니어링 응용 분야에서 널리 사용되는 고성능 프로그래밍 언어와 개발 환경이다. 대화형 GPT를 활용하여, MATLAB을 사용한 프로그래밍을 시작하는 일반적인 단계는 다음과 같다.

1. **MATLAB 설치**: 먼저 MATLAB을 공식 웹사이트(https://www.mathworks.com/products/matlab.html)에서 다운로드하고 설치한다. MATLAB은 상용 소프트웨어이므로 라이선스를 구매해야 할 수 있다.
2. **MATLAB 환경 이해**: MATLAB의 기본 작업 환경을 이해해야 한다. MATLAB 명령 창, 스크립트 파일 (.m), 함수 및 작업 공간은 MATLAB의 주요 구성 요소이다.
3. **MATLAB 스크립트 작성**: MATLAB 스크립트 파일 (.m)을 작성하여 프로그래밍을 시작한다. 스크립트 파일은 MATLAB 코드를 저장하고 실행하는 데 사용된다.
4. **MATLAB 명령어 사용**: MATLAB은 많은 내장 함수와 명령어를 제공한다. 이 명령어를 사용하여 데이터를 조작하고 계산을 수행한다. 예를 들어, 벡터 및 행렬 연산, 플롯 작성, 데이터 분석 및 시뮬레이션을 수행할 수 있다.
5. **플롯과 시각화**: MATLAB은 데이터 시각화에 강력한 기능을 제공한다. 플롯을 생성하고 다양한 차트와 그래프를 사용하여 데이터를 시각화한다.
6. **사용자 정의 함수 작성**: MATLAB에서 자신만의 함수를 작성하고 라이브러리로 저장하여 재사용할 수 있다. 함수는 .m 파일로 작성되며 필요한 입력을 받아 원하는 출력을 생성한다.
7. **MATLAB 문서 및 커뮤니티 활용**: MATLAB 문서와 온라인 커뮤니티를 활용하여 배우고 문제를 해결하는 데 도움을 받는다. MATLAB 공식 웹사이트와 온라인 포럼은 유용한 정보를 제공한다.
8. **디버깅과 최적화**: 코드를 디버깅하고 성능을 최적화하는 방법을 익힌다. MATLAB은 프로파일링 도구와 디버깅 도구를 제공하여 코드를 개선할 수 있다.
9. **프로젝트 확장**: MATLAB을 사용하여 복잡한 프로젝트를 개발하고 다른 프로그래밍 언어와 통합할 수 있다. 또한 Simulink를 사용하여 시뮬레이션 및 모델링 작업을 수행할 수 있다.

▶ MATLAB을 사용한 프로그래밍은 다양한 분야에서 유용하며, 수학, 공학, 자연과학, 데이터 과학 등 다양한 응용 분야에 적용된다. MATLAB의 강력한 기능

과 커뮤니티 지원을 활용하여 프로젝트를 구현하고 문제를 해결할 수 있다.

활용40 MatLab(매트랩) 코드

▶ MatLab(매트랩) 그래프 생성이 가능한 세탁기의 진동에 관한 코드 생성을 요청한다. 물론, 한글로 요청해도 된다.

> Can you write some programming codes for MatLAB about the vibration of the laundry machine?

```
% Load the data file containing vibration measurements
data = load('laundry_machine_vibration.txt');

% Plot the time series of vibration measurements
figure;
plot(data(:,1), data(:,2));
xlabel('Time (s)');
ylabel('Vibration amplitude (mm)');
title('Time series of laundry machine vibration');
```

… 중략 …

```
% Compute the dominant frequency of the vibration signal
[~, idx] = max(P); % find index of maximum power spectral density
f_dom = f(idx); % dominant frequency (Hz)
fprintf('The dominant frequency of the vibration signal is %.2f Hz.\n', f_dom);
```

This code assumes that you have a text file laundry_machine_vibration.txt containing the time series of vibration measurements, where the first column contains the time values and the second column contains the corresponding vibration amplitudes. You may need to modify the file path or format to match your data.

… 중략 …

Finally, the code computes the dominant frequency of the vibration signal, which can provide insight into the underlying mechanical properties of the laundry machine. This can be useful for identifying potential issues or performing diagnostic tests.

- ▶ 이번에도 코드와 동시에 코드에 대한 설명까지 친절하게 해준다.
- ▶ Google Gemini는 MatLab 코드를 제공해주었으나, Bing AI는 코드를 제공해 줄 수 없다는 답변을 주었다.
- ▶ Wrtn은 4가지의 언어모델 모두 MatLab 코드를 제공해 주었고, 대표 예시로 GPT-4를 사용한 결과는 다음과 같다.

안녕하세요. 세탁기의 진동과 관련한 MATLAB 코드를 다시 제공해드리겠습니다. 이전의 코드는 간단한 정현파를 사용하여 진동을 나타냈습니다. 이번에는 이산 푸리에 변환(Discrete Fourier Transform, DFT)을 이용해 주파수 영역에서의 진동을 분석하는 코드를 제공해드릴게요.

```matlab
% 가상의 세탁기 진동 데이터 생성
Fs = 1000; % 샘플링 주파수
T = 1/Fs; % 샘플링 시간
t = 0:T:10; % 시간 벡터 생성
f = 2; % 주파수
w = 2*pi*f; % 각주파수
A = 2; % 진폭
x = A*sin(w*t); % 세탁기의 진동 데이터
```

··· 중략 ···

```
figure(2); % 그림을 주파수 도메인에 그린다.
plot(Frequencies,Pxx);
xlabel('주파수 (Hz)');
ylabel('주파수 도메인 신호 (진동)');
```

이 코드는 가상의 세탁기 진동 데이터를 생성하여 이산 푸리에 변환(DFT)을 수행합니다. 이를 통해 시간 도메인과 주파수 도메인에서의 진동을 분석할 수 있습니다.
참고로 위 코드에서 가상의 세탁기 진동 데이터 'x'를 실제 세탁기 진동 데이터로 변경하여 사용하시면 됩니다.
다른 질문이나 도움이 필요하면 언제든지 말씀해주세요. 감사합니다!

1.4.3 OpenGL 코드

▶ OpenGL은 컴퓨터 그래픽스를 위한 오픈 소스 2D 및 3D 그래픽 라이브러리로, 게임 개발, 시각화 응용 프로그램 및 컴퓨터 그래픽스 연구에 널리 사용된다. 대화형 GPT를 활용하여, OpenGL을 사용한 그래픽 프로그래밍을 시작하는 일반적인 단계는 다음과 같다.

1. **OpenGL 설치 및 환경 설정**: 먼저 컴퓨터에 OpenGL을 설치해야 한다. 대부분의 개발 환경에서 OpenGL을 사용할 수 있으며, 이러한 환경에서 개발하기 위한 라이브러리 및 툴을 설치해야 한다.
2. **프로그래밍 언어 선택**: OpenGL을 사용하는 데 가장 일반적으로 선택하는 프로그래밍 언어는 C++이지만, 다른 언어에서도 사용할 수 있다. 프로그래밍 언어를 선택하고 설정한다.
3. **OpenGL 초기화**: OpenGL을 초기화하고 그래픽 컨텍스트를 설정한다. 이 단계는 OpenGL을 사용할 수 있도록 환경을 준비하는 단계이다.
4. **그래픽 객체 생성**: OpenGL을 사용하여 그래픽 객체를 생성한다. 이러한 객체는 점, 선, 삼각형 및 3D 모델과 같은 그래픽 요소를 나타내며, glVertex 및 glDrawArrays와 같은 OpenGL 함수를 사용하여 생성된다.
5. **Shader 프로그래밍**: OpenGL을 사용하려면 셰이더를 작성하고 컴파일해야 한다. 셰이더는 그래픽 객체를 그리는 방법을 정의하는 데 사용된다. 주로 GLSL(OpenGL Shading Language)을 사용한다.
6. **그래픽 객체 렌더링**: 생성한 그래픽 객체를 화면에 렌더링한다. 이 단계에서 셰이더 프로그램을 사용하여 그래픽 객체를 그린다.
7. **이벤트 처리**: 사용자 입력 및 이벤트 처리를 구현하여 사용자와 상호 작용할 수 있도록 한다. 키보드 및 마우스 이벤트를 처리하는 데는 GLUT 또는 GLFW와 같은 라이브러리를 사용할 수 있다.

8. **텍스처 및 조명 추가**: 3D 그래픽 애플리케이션을 개발하는 경우 텍스처 매핑 및 조명 효과를 추가할 수 있다. 이러한 요소는 그래픽의 시각적 품질을 향상시키는 데 사용된다.
9. **디버깅과 최적화**: 코드를 디버깅하고 최적화하여 그래픽 애플리케이션의 성능을 향상시킨다.
10. **문서화와 학습**: OpenGL을 사용하는 프로젝트를 문서화하고 관련된 학습 리소스와 튜토리얼을 찾아본다. OpenGL은 학습 곡선이 가파를 수 있으므로 지원 받을 준비를 한다.

▶ OpenGL은 강력하고 다양한 기능을 제공하는 그래픽 라이브러리로, 2D 및 3D 그래픽을 다루는 다양한 프로젝트에 사용된다. OpenGL 프로그래밍을 시작하려면 기본적인 그래픽스 개념과 OpenGL의 핵심 원리를 이해하는 것이 중요하다.

활용41 OpenGL 코드

▶ OpenGL 코드로, 지름 20cm 높이 30cm의 원기둥 설계를 요청하면, 너무 길지만 가능한 응답을 준다.

> Can you write OpenGL code for 3D designing cylindrical pillar? Pillar's diameter should be 20cm and height should be 30cm

> %#include <GL/glut.h>
> #include <math.h>
>
> ```
> void drawCylinder(float radius, float height, int segments) {
>     float angle;
>     float x, y, z;
> ```
>
> … 중략 …
>
> ```
> int main(int argc, char** argv) {
>     glutInit(&argc, argv);
>     glutInitDisplayMode(GLUT_SINGLE | GLUT_RGB | GLUT_DEPTH);
>     glutInitWindowSize(500, 500);
>     glutInitWindowPosition(100, 100);
>     glutCreateWindow("Cylinder");
>     glutDisplayFunc(display);
>     glutReshapeFunc(reshape);
>     glutMainLoop();
>     return 0;
> }
> ```
>
> 이 코드는 GLUT를 사용하여 원기둥을 그립니다. drawCylinder 함수는 지름, 높이 및 세그먼트 수에 따라 원기둥을 그리기 위한 OpenGL 코드를 포함합니다. display 함수에서는 OpenGL을 사용하여 원기둥을 그리고, main 함수에서는 GLUT를 사용하여 창을 만들고 display 함수를 호출하여 화면에 원기둥을 표시합니다.

▶ Google Gemini는 제대로 된 코드를 제공해 주었지만, Bing AI는 첫 줄이 빠진 코드를 제공하면서, 완전한 코드를 제공할 수 없다고 하였다. 그 이유를 물으면, 그때마다 답변할 수 없다며 대화창을 끝내버렸다.

▶ Wrtn은 4개 언어모델 모두 코드를 제공해주었고, 대표적으로 GPT-4를 사용했을 때 나오는 코드는 다음과 같다.

> :wrtn 아래는 지름 20cm 높이 30cm인 원기둥을 OpenGL 코드로 구현한 것입니다.
>
> ```
> #include <GL/glut.h>
> #include <math.h>
> void drawCylinder(float x, float y, float z, float radius, float height, int segments) {
>     // Draw top face //
>     glBegin(GL_TRIANGLE_FAN);
>     glVertex3f(x, y+height, z);
>     for(int i=0; i<=segments; i++) {
>         float theta = ((float)i/(float)segments) * M_PI * 2.0f;
>         float dx = radius * sinf(theta);
>         float dz = radius * cosf(theta);
>         glVertex3f(x+dx, y+height, z+dz);
>
> 중략
>
> void reshape(int w, int h) {
>     glViewport(0, 0, (GLsizei)w, (GLsizei)h);
>     glMatrixMode(GL_PROJECTION);
>     glLoadIdentity();
>     gluPerspective(60.0, (GLfloat)w/(GLfloat)h, 1.0, 100.0);
> }
> ```

▶ 동일한 프롬프트를 사용해도 코드 결과는 매번 다르게 생성된다. 코드의 기본 틀은 같으나 세부적인 면에서 계속 변화가 있다는 의미이다.

▶ 대화형 GPT가 생성한 코드가 간단한 경우 출력과 동작에 아무 문제가 없다. 하지만 코드가 조금이라도 복잡해지거나 길어지면, 대화형 GPT가 써준 코드는 제대로 작동하지 않을 수 있고, 계속해서 대화형 GPT에게 에러를 설명해주고 문제 해결된 코드를 받아야 한다. 이 과정이 한번에 해결되지 않을 수도 있다.

▶ 코드가 긴 경우, 코드를 끝마치지 못하고 도중에 멈추는 경우도 있다. 이 경우 새로 개선된 기능인 '계속하기' 버튼을 클릭하면 해결된다. 다른 방법은 끊어진 부분과 그 이전 부분을 복사한 후, 여기부터 '계속하라'고 요청하는 방법도 있

으나, 가끔씩 말도 안되는 코드로 생성해주는 경우가 있으므로, 완벽한 새 코드 생성을 요청하는 것이 더 좋을수도 있다. 그리고 이 과정 또한 반복해야 할 수도 있다.

1.4.4 Python(파이썬) 활용하기

▶ Python은 다양한 응용 프로그램을 개발하는 데 널리 사용되는 인기 있는 프로그래밍 언어이다. 대화형 GPT를 활용하여, Python을 사용한 프로그래밍을 시작하는 일반적인 단계는 다음과 같다.

1. **Python 설치**: Python을 사용하려면 먼저 Python을 설치해야 한다. Python 공식 웹 사이트(https://www.python.org/)에서 최신 버전을 다운로드하고 설치한다. 많은 운영 체제에서 Python을 지원하므로 운영 체제에 따라 설치 절차가 다를 수 있다. 설치 과정에서 "Add Python to PATH" 옵션을 선택하면 Python을 터미널 또는 명령 프롬프트에서 사용할 수 있다.

2. **텍스트 에디터 또는 통합 개발 환경 (IDE) 선택**: Python 코드를 작성하고 실행하기 위한 텍스트 에디터 또는 통합 개발 환경(IDE)을 선택한다. 인기 있는 IDE 중 하나로는 Visual Studio Code, PyCharm, Jupyter Notebook 등이 있다. 각각의 장단점을 고려하여 선택한다.

3. **기본 문법 학습**: Python의 기본 문법을 학습한다. 변수, 데이터 유형 (숫자, 문자열, 리스트, 딕셔너리 등), 연산자, 제어 구조 (조건문, 반복문), 함수 정의 등 Python의 기본 개념을 이해해야 한다.

4. **프로그램 작성**: Python 코드를 작성한다. 이때 프로그램의 목표 및 요구 사항을 이해하고, 문제 해결 접근 방식을 계획한다. 코드를 작성할 때 코드 가독성을 고려하고 적절한 주석을 추가한다.

5. **디버깅**: 코드를 실행하여 오류를 찾고 수정한다. Python은 풍부한 디버깅 도구와 오류 메시지를 제공한다.
6. **라이브러리와 모듈 활용**: Python의 강력한 측면 중 하나는 다양한 라이브러리와 모듈을 활용할 수 있다. 필요한 작업을 수행하기 위해 적절한 라이브러리를 임포트하고 활용한다.
7. **데이터 처리와 분석 (선택 사항)**: Python은 데이터 과학 및 머신 러닝 분야에서 널리 사용된다. 데이터 처리, 시각화 및 분석을 위해 pandas, NumPy, Matplotlib, scikit-learn 등과 같은 라이브러리를 학습하고 활용할 수 있다.
8. **프로젝트 관리**: 큰 프로젝트의 경우 코드를 모듈로 구성하고 관리하기 위한 프로젝트 관리 도구를 사용한다. 예를 들어, Git 및 GitHub를 사용하여 버전 관리 및 협업을 할 수 있다.
9. **학습과 커뮤니티 참여**: Python은 커뮤니티가 활발하며, Python 개발자들 간의 지식 공유와 질문에 대한 답변을 얻을 수 있는 다양한 자료 및 포럼이 있다. 학습을 계속하고 Python 생태계에서 최신 동향을 따라가야 한다.
10. **프로젝트 배포 (선택 사항)**: 완성한 프로그램을 배포하려면 필요한 패키지 및 의존성을 관리하고 배포 방법을 학습해야 한다.

▶ Python은 다양한 응용 분야에서 사용되며, 학습 및 실무 프로그래밍에 유용한 언어이다. 프로그래밍 과정에서 문제를 해결하고 자신만의 프로젝트를 개발하는 것은 Python을 더 잘 이해하고 활용할 수 있는 방법 중 하나이다.

활용42 Python ① ~ 지렁이 게임(Snake game)

▶ Python을 이용하여 게임을 만들어 본다. 이를 실행시키기 위해 'Pygame'이 필요하다. Pygame은 '명령 프롬프트'에서 'pip install pygame'을 입력하여 설치할 수 있다.

▶ GPT를 활용하여 일명 '지렁이 게임(영문명 Snake game)'을 만들 수 있는 파이썬 코드 생성을 요청하였다.

> Write the complete code of Snake game for python

```python
import pygame
import random

# Constants
SCREEN_WIDTH = 640
SCREEN_HEIGHT = 480
GRID_SIZE = 20
GRID_WIDTH = SCREEN_WIDTH // GRID_SIZE
GRID_HEIGHT = SCREEN_HEIGHT // GRID_SIZE
SNAKE_INITIAL_LENGTH = 3
SNAKE_INITIAL_POSITION = (GRID_WIDTH // 2, GRID_HEIGHT // 2)
SNAKE_COLOR = pygame.Color(0, 255, 0)
FRUIT_COLOR = pygame.Color(255, 0, 0)
```

··· 중략 ···

```python
if __name__ == "__main__":
    pygame.init()
    game = Game()
    game.run()
```

▶ 생성된 코드를 복사하여, 파이썬 인터프리터에 입력한 후 실행한다.

▶ 코드를 실행하면, 곧바로 화면에서 게임이 시작된다.

▶ 과일을 먹고 무럭무럭 자라는 지렁이를 볼 수 있다.

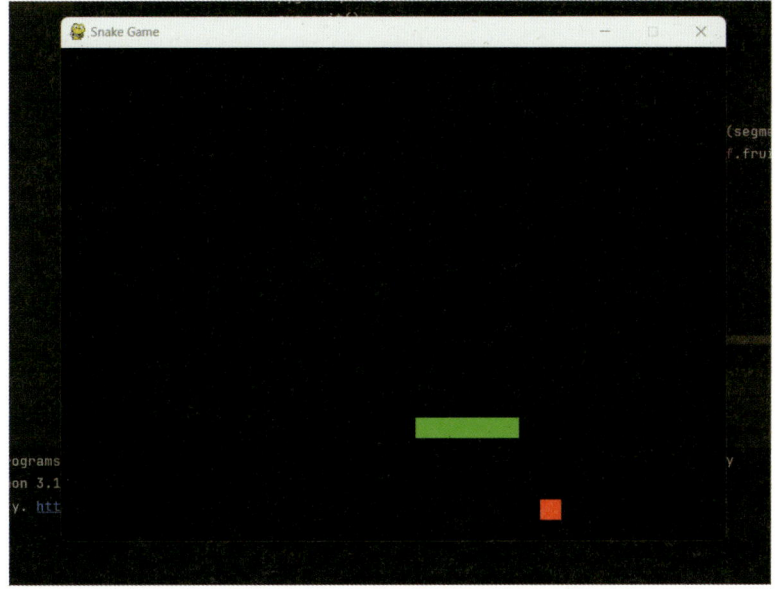

활용43 Python ② ~ 벽돌깨기(Bricks Breaking 혹은 Breakout)

▶ 오래된 고전 게임 '벽돌깨기'의 파이썬 코드 생성을 요청해 본다.

> Write me a code of Bricks Breaking game for python

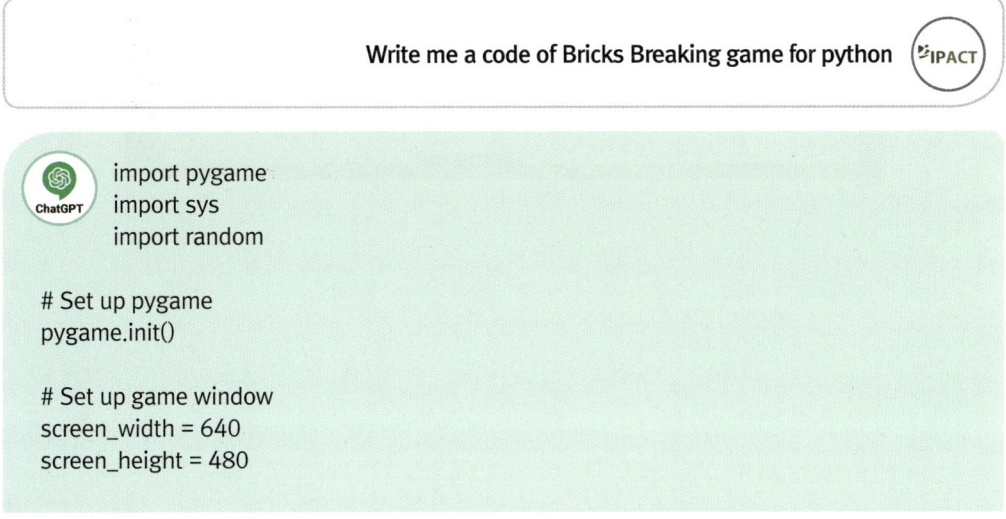

```
import pygame
import sys
import random

# Set up pygame
pygame.init()

# Set up game window
screen_width = 640
screen_height = 480
```

```
screen = pygame.display.set_mode((screen_width, screen_height))
pygame.display.set_caption("Breakout")

                        … 중략 …

# Cap frame rate
clock.tick(100)
```

▶ 생성된 코드를 복사하여, 파이썬 인터프리터에 입력한 후 코드를 실행하면 곧바로 벽돌깨기 게임이 실행된다.

▶ GPT가 생성한 코드로 게임 설정 또한 수정할 수 있다. 공의 속도와 크기, 채의 속도와 크기, 벽돌의 수 등이 조절 가능하다.

▶ Google Gemini와 Bing AI에서도 시도해 본 결과, Gemini는 ChatGPT보다 오랜 시간과 프로세스를 소비하여 코드를 생성해 주는데, 이 코드가 불완전하고 수정이 잘 안되는 단점이 있다. 정상적으로 지렁이 게임이 실행되나 지렁이

가 먹이를 먹는 위치가 좀 애매하게 나온다. Bing AI는 코드를 생성하는 것이 아니라 코드를 만드는 방법의 링크를 계속해서 제공하였다.

▶ Wrtn에서 GPT-4를 사용하여 코드를 요청해서 실행해보면 게임이 잘 실행된다.

활용44 Python ③ ~ 마이크로컨트롤러 프로그래밍 코드

▶ 마이크로컨트롤러를 프로그래밍하는 파이썬 코드를 요청한다.

▶ 카메라 센서로 불을 인식하고, 불을 발견하면 그 부분에 물을 뿌리는 기계의 프로그래밍을 요청한 결과, 훌륭한 코드를 생성해 주었다. 이를 통해서 대화형 GPT가 기계공학 분야에도 잘 쓰일 수 있다는 점을 보여준다.

> Can you write the python code to control the Microcontroller? I wanna make the machine which can detect fire through the camera sensor and then aim the water hose to fire and then shoot the water to extinguish the fire.

```python
# Import necessary libraries
import cv2  # OpenCV for image processing
import time  # For adding delays

# Define the camera sensor properties
camera_port = 0  # Camera port (0 for built-in camera, or appropriate value for external camera)
camera_resolution = (640, 480) # Camera resolution (width, height)
```

… 중략 …

```python
# Add a delay to avoid continuous processing
   time.sleep(0.1)
# Release the camera
camera.release()
```

▶ Google Gemini, Wrtn은 코드를 제공해 주었지만, Bing AI는 코드를 제공해 줄 수 없고, GitHub를 접속하여 그곳에서 코드를 가져올 것을 제안하였다.

활용45 Python ④ ~ 웹 크롤링1

▶ 웹 크롤링(Web Crawling)은 인터넷에서 정보를 수집하기 위한 자동화된 프로세스이다. 크롤러(Crawler)라고도 불리며, 주로 웹 사이트의 데이터를 추출하고 분석하는 데 사용된다. 웹 크롤링의 일반적인 방법은 다음과 같다.

1. **라이브러리 및 프레임워크 선택**: 웹 크롤링을 위해 파이썬과 같은 프로그래밍 언어를 사용하며, BeautifulSoup, Scrapy, Selenium 등과 같은 라이브러리나 프레임워크를 선택한다. 이러한 도구들은 웹 페이지에서 데이터를 추출하고 처리하는 데 도움을 준다.

2. **웹 페이지에 접속**: 선택한 라이브러리나 프레임워크를 사용하여 웹 페이지에 접속한다. 이때 HTTP 요청을 보내고 웹 서버로부터 웹 페이지의 HTML 코드를 받아온다.

3. **HTML 파싱**: 받아온 HTML 코드를 파싱하여 웹 페이지의 구조를 분석한다. 이를 통해 필요한 데이터가 어디에 위치하는지를 파악하고 추출할 수 있다.

4. **데이터 추출**: 파싱한 HTML 코드에서 필요한 데이터를 추출한다. 이때 CSS 선택자나 XPath와 같은 방법을 사용하여 원하는 요소를 식별하고 추출한다.

5. **데이터 처리 및 저장**: 추출한 데이터를 필요에 따라 가공하거나 정리한 후, 데이터베이스에 저장하거나 파일로 내보낸다. 일반적으로 CSV, JSON, 또는 데이터베이스 시스템을 사용한다.

6. **크롤링 규칙 설정**: 웹 사이트의 로봇.txt 파일을 확인하여 크롤링 규칙을 준수하도록 설정한다. 이는 웹 사이트 소유자의 정책을 존중하고 서버 부하를 줄이는 데 도움을 준다.

7. **반복 및 스케줄링**: 크롤러를 일정한 주기로 실행하거나 특정 이벤트에 반응하도록 스케줄링한다. 이를 통해 데이터를 주기적으로 업데이트하거나 새로운 정보를 수집할 수 있다.

> 8. **예외 처리:** 웹 크롤링 중에 예외 상황을 처리하는 로직을 구현한다. 이는 네트워크 오류, 페이지 누락, 로봇.txt 규칙 위반 등을 다루는 데 도움을 준다.
> 9. **데이터 분석:** 수집한 데이터를 분석하고 원하는 정보를 추출하여 활용한다. 이를 통해 인사이트를 얻거나 의사 결정을 지원할 수 있다.

▶ 웹 크롤링을 할 때는 항상 웹 사이트의 이용 약관을 준수하고, 로봇.txt 파일을 존중하여 법적인 문제나 서버 부하를 줄이도록 주의해야 한다. 또한, 웹 사이트 소유자의 동의 없이 개인정보나 민감한 정보를 수집하는 것은 불법일 수 있으므로 주의해야 한다.

▶ 웹 페이지를 가져와 데이터를 추출해내는 웹 크롤링을 하는 파이썬 코드를 요청한다.

▶ 웹 크롤링의 첫 단계는 '/robots.txt'를 웹사이트 주소의 뒤편에 추가하여 규제 정책을 확인하는 일이다. 추가하고 엔터키를 누르면 txt 파일이 다운로드 되거나 페이지가 나와 규제 정책을 볼 수 있다. 보통 웹사이트에는 자동화 프로그램에 대한 규제 여부가 명시되어 있는데 이를 가장 먼저 확인해야 한다.

▶ 확인 후 웹 크롤링을 할 웹페이지를 접속한다. 웹 크롤링 할 부분의 구성요소 코드를 알아야 하는데, 코드를 알아보는 방법은 2가지가 있다. **첫 번째 방법은** 웹 크롤링을 할 텍스트 부분을 전부 드래그 한 후 마우스 우클릭 후 검사를 클릭하는 것이다. 그러면 사이트 우측에 개발자 도구가 나타나며, 해당 부분의 구성요소 코드를 표시해준다. (구글 크롬 브라우저)

▶ 두 번째 방법은 구글 크롬의 개발자 도구(단축키 Ctrl+Shift+I)를 들어가 'Elements'(한글화된 경우 '요소') 탭을 클릭하여 직접 알아보는 법이다. 주로 마우스 우클릭이 막힌 웹 페이지에서 사용을 할 수 있는 방법이다.

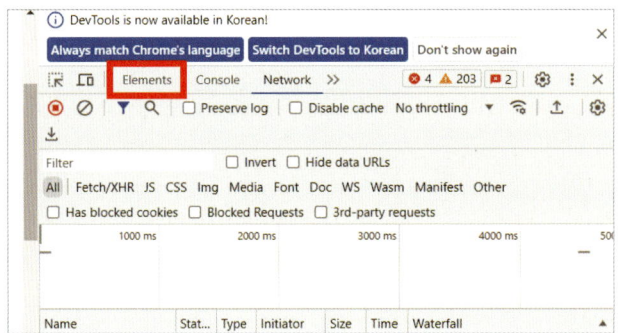

▶ 클릭하면 아래와 같이 복잡한 텍스트들이 나오는데 이 텍스트들은 웹사이트의 구성을 알 수 있는 구성요소 코드들이다. 여기에서 사용자가 웹 크롤링을 할 부분의 구성요소 부분을 찾는다. 그리고 복사를 해야 하는데 요소복사로 해야 한다.

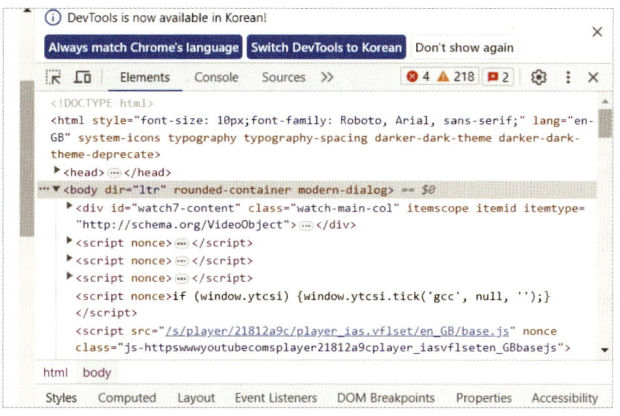

▶ 웹 크롤링을 할 구성요소를 찾아서 복사했다면 이제는 프롬프트를 입력해야 할 차례이다.

▶ 프롬프트에는 2가지 정보가 꼭 들어가야 하는데 웹 크롤링을 할 웹페이지의 주소와 웹 크롤링을 할 부분의 구성요소이다. 사용할 파이썬 인터프리터를 언급해도 좋다. 예를 들어 Colab에서 웹 크롤링을 하고싶다면 Colab에서 사용할 것이라고 프롬프트에 입력하면 된다.

▶ 웹 크롤링을 할 부분의 구성요소 코드를 입력할 때는 아래의 프롬프트 예시와 같이 구성요소 코드와 〈/구성요소의 태그〉 사이라고 언급을 해야 한다. html의 경우, 코드의 시작과 끝이 있는데, 끝부분 구성요소의 태그는 예시를 통해 설명한다.

▶ 아래는 프롬프트의 예시이며, 붉은 글씨에 해당되는 웹사이트와 웹 크롤링을 할 부분의 구성요소 코드를 입력하면 된다.

> 웹 크롤링을 할 수 있는 파이썬 코드를 작성해주세요.
> 웹페이지 주소는
> 웹페이지 주소
> 입니다.
> 추출하고싶은 텍스트는
> 구성요소 코드 와 〈/구성요소 코드의 태그〉 사이에 있습니다.
> 화면에 텍스트가 출력되도록 코드를 주세요.

활용46 Python ④ ~ 웹 크롤링2

▶ 실제로 웹사이트(http://www.chumba.com/index.html)에서 웹 크롤링을 해본다. 아래의 본문 텍스트를 드래그 한 후, 마우스 우클릭을 하여 검사를 클릭한다.

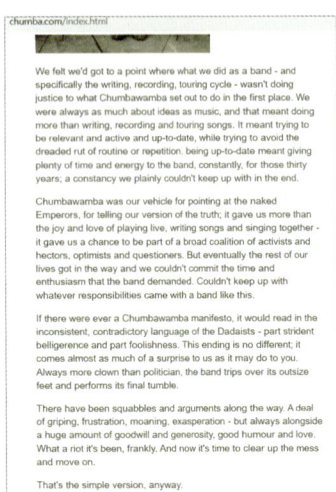
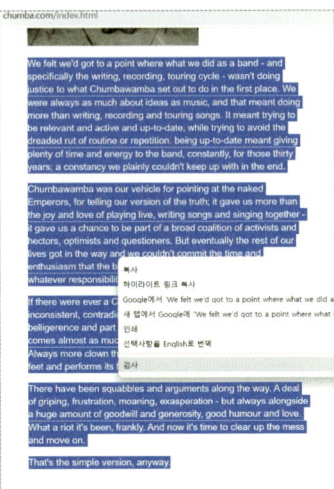

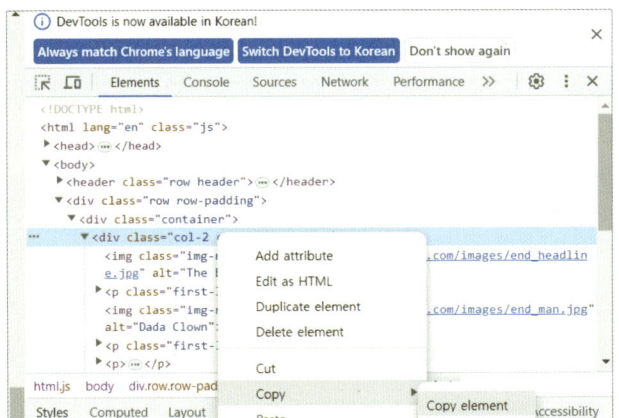

▶ 검사를 클릭하면, 위 그림과 같이 개발자 도구 탭이 나오고, 그 메뉴에서 본문 전체에 해당하는 구성요소 코드를 찾는다. (검사를 클릭했을 때, 처음 나오는 코드는 대체로 원하는 텍스트 전체 범위에 해당하는 코드가 아닌 경우가 많다. 그래서 직접 코드마다 마우스를 올려서 텍

스트 범위가 포함되는지 확인하여야 한다.) 이 웹페이지의 경우 "〈div class="col-2 col-m-last"〉"가 해당되는 코드이다. 여기서 마우스 우클릭 후 copy에서 copy element를 클릭한다.

▶ 구성요소 코드를 복사했다면, 먼저 코드를 정리해야 한다. 복사부분 밑으로 길게 코드를 주는데, 메모장이나 워드 같은 문서 편집 프로그램으로 코드를 복사한 후, 불필요한 코드를 지운다. (이 경우는 〈div class="col-2 col-m-last"〉를 제외한 나머지 코드 부분을 지우는 것이다.)

▶ 다음은 코드를 요청할 차례이다. 위에서 예시로 쓴 코드의 빨간 부분에 해당되는 내용을 붙여넣으면 된다. 여기서 구성요소 코드에 대해 설명하면 위의 코드는 'div'로 시작을 했다. 이 코드의 태그는 div가 된다. 그래서 〈/구성요소 태그〉가 이 경우에는 〈/div〉가 되는 것이다. 이제 코드를 먼저 ChatGPT에게 요청해 보았다.

Colab을 사용하여 웹 크롤링을 할 수 있는 파이썬 코드를 작성해주세요.
웹페이지 주소는
http://www.chumba.com/index.html
추출하고싶은 텍스트는
〈div class="col-2 col-m-last"〉와 〈/div〉 사이에 있습니다.
화면에 텍스트가 출력되도록 코드를 주세요.

Google Colab에서 웹 크롤링을 수행하고 원하는 텍스트를 출력하는 파이썬 코드 예제는 다음과 같습니다. 코드를 실행하기 전에 필요한 라이브러리를 설치해야 합니다.

```python
!pip install requests
!pip install beautifulsoup4
import requests
from bs4 import BeautifulSoup
```

… 중략 …

> else:
>   print("Target <div> not found.")
> 위 코드를 Google Colab에서 실행하면 원하는 텍스트가 화면에 출력될 것입니다. 코드 실행을 위해 필요한 라이브러리들을 설치하고, Colab의 런타임을 시작해야 합니다. 원하는 텍스트를 포함한 태그의 클래스명이나 구조를 확인하고, 이를 코드에 맞게 수정하여 실행하시면 됩니다.

▶ ChatGPT가 생성해준 코드를 Colab으로 가져가 코드를 실행하였다. 가로로 너무 길어서 그림상으로 잘리긴 했으나, 웹페이지의 텍스트가 출력되어 웹 크롤링이 되었음을 알 수 있다.

▶ Google Gemini는 텍스트 기반 AI라서 능력 밖의 일이라고 응답하였다.
▶ Bing AI는 아래와 같은 짧은 코드를 주었고, 이 코드를 Colab에서 실행해보면 ChatGPT보다 더 간단하게 출력된다. Wrtn의 GPT-4 사용하여 요청한 결과는 Bing AI와 동일한 코드를 받았다.

```
import requests
from bs4 import BeautifulSoup
url = "http://www.chumba.com/index.html"
response = requests.get(url)
soup = BeautifulSoup(response.content, 'html.parser')
text = soup.find('div', {'class': 'col-2 col-m-last'}).text
print(text)
```

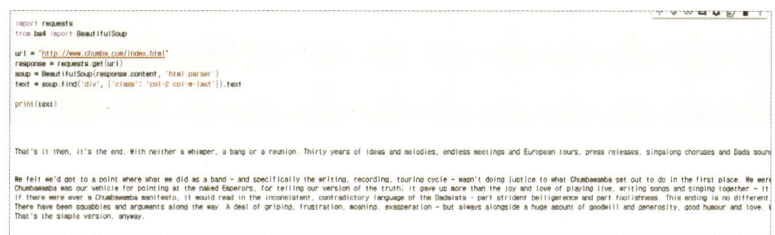

▶ 동일한 웹사이트는 보통 웹사이트의 구조가 같아서, 구성요소 코드의 구조 역시 같은 형태이다. 그러므로 매번 웹 크롤링 코드를 요청하는 것보다 본문에 해당하는 구성요소 코드를 고정시킨 후, URL만 바꿔서 입력하여 웹 크롤링을 하는 방식으로 코드를 요청할 수 있다.

활용47 Python ④ ~ 웹 크롤링3

▶ 예를 들어 BBC 뉴스 사이트는 기사마다 구성요소 코드 구조가 같다. 그래서 기사 본문 부분의 구성요소 코드를 위에서 나온 방식으로 찾고 코드를 요청하면 된다. 그러면 다음과 같이 코드를 생성해준다.

> Colab을 사용하여 웹 크롤링을 할 수 있는 파이썬 코드를 작성해주세요.
> URL 주소를 입력 할 수 있는 URL 입력창이 있어야 하고
> 추출하고 싶은 텍스트는 〈div class="ssrcss-1ki8hfp-StyledZone e1mcntqj3"〉와 〈/div〉 사이에 있습니다.
> 화면에 텍스트가 출력되도록 코드를 주세요.

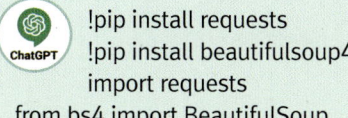
```
!pip install requests
!pip install beautifulsoup4
import requests
from bs4 import BeautifulSoup
```

… 중략 …

```
if target_div:
    # 텍스트 추출 및 출력
    extracted_text = target_div.get_text()
    print(extracted_text)
else:
    print("Target <div> not found.")
```

▶ 위의 코드를 Colab에 입력하면, 다음과 같이 URL 입력 창이 나온다. 이제 BBC 기사의 URL을 창에 입력하고 결과를 볼 차례이다. 아래는 예시로 쓸 기사 중 하나이다.

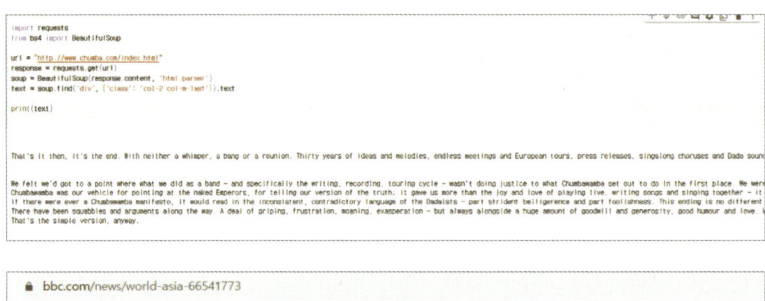

▶ URL을 입력하면, 다음과 같이 기사의 내용을 잘 웹 크롤링해 주었다.

▶ 이 코드가 제대로 작동하는지를 테스트하기 위해서 아래 기사의 URL을 써보도록 한다.

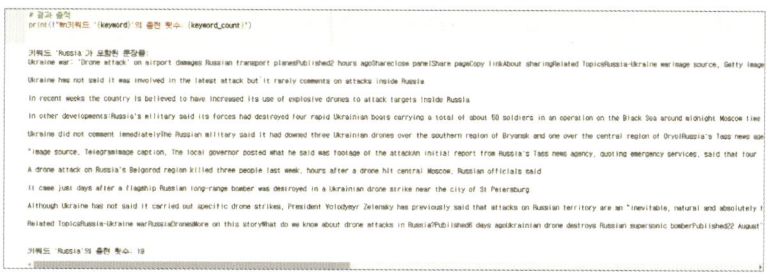

▶ 코드를 재실행하면 다시 URL 입력창이 나온다. 그리고 그 입력창에 위의 기사의 URL을 입력하고 엔터를 친다. 이 기사 역시도 웹 크롤링이 제대로 되었다.

▶ Google Gemini, Wrtn 모두가 제대로 코드를 주었고, 그 코드를 실행하면 간단하게 출력을 생성해 준다. Bing AI는 URL창을 만드는 코드를 제공하지 못하였다.

활용48 Python ④ ~ 웹크롤링4

▶ 이번에는 웹크롤링 작업으로 웹페이지내의 특정 텍스트를 추출하는 작업을 해본다.

▶ 기사 링크(https://www.bbc.com/news/world-europe-66654125) BBC뉴스에서, 특정 단어 'Russia'가 들어간 문장과 그 단어가 본문에 몇 번 들어갔는지를 확인하는 작업을 해본다.

▶ 이제는 코드를 요청할 차례이다. 구성요소 코드가 'article'로 시작하므로, 구성요소 코드 태그가 〈/article〉이 된다.

문장의 구분자를 지정한 이유는 구분자가 없으면 임의 문장으로 판단하여 출력하기 때문이다.

Colab을 이용해서 특정 키워드가 포함된 문장을 찾는 웹 크롤링을 하려고 합니다.
키워드는 'Russia' 문장의 구분자는 '.'입니다.
URL은 https://www.bbc.com/news/world-europe-66654125 이고
크롤링 범위는 〈article class="ssrcss-pv1rh6-ArticleWrapper e1nh2i2l6"〉와
〈/article〉 사이입니다.
키워드가 포함된 문장들을 화면에 출력되도록 하고 문장마다 1줄씩 띄어서 읽기가 편하게 해주세요.
그리고 키워드가 포함된 문장의 수가 아닌 키워드의 수만 몇 번 본문에 나왔는지 카운트를 해서 숫자가 표시가 되도록 해주세요.

```
import requests
from bs4 import BeautifulSoup
# 주어진 URL
url = 'https://www.bbc.com/news/world-europe-66654125'
```

… 중략 …

```
# 결과 출력
print(f"\n키워드 '{keyword}'의 출현 횟수: {keyword_count}")
```

▶ ChatGPT가 준 코드를 Colab에 입력하면, 다음과 같이 출력이 된다. 키워드가 포함된 문장들과 키워드가 몇 번 나왔는지의 횟수가 표시되었다.

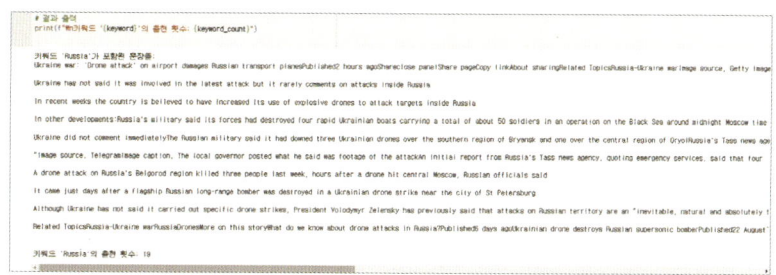

▶ Google Gemini, Bing AI, Wrtn 모두가 ChatGPT와 결과가 같은 코드를 주었다.

활용49 Python ④ ~ 웹크롤링5

▶ 이번에는 동아일보 기사에도 시도해보도록 한다. 기사의 주소는 다음과 같다.(https://www.donga.com/news/Society/article/all/20230829/120927106/1?ref=main)

Colab을 이용해서 특정 키워드가 포함된 문장을 찾는 웹 크롤링을 하려고 합니다. 키워드는 '시민' 문장의 구분자는 '.'입니다.
URL은 https://www.donga.com/news/Society/article/all/20230829/120927106/1?ref=main 이고
크롤링 범위는 〈div id="article_txt" class="article_txt" itemprop="articleBody" style="font-size: 18px;"〉와 〈/div〉 사이입니다.
키워드가 포함된 문장들을 화면에 출력되도록 하고 문장마다 1줄씩 띄어서 읽기가 편하게 해주세요.
그리고 키워드가 포함된 문장의 수가 아닌 키워드의 수만 몇 번 본문에 나왔는지 카운트를 해서 숫자가 표시가 되도록 해주세요.

```
import requests
from bs4 import BeautifulSoup
# 주어진 URL
url = 'https://www.donga.com/news/Society/article/all/20230829/120927106/1?ref=main'
# 웹 페이지 가져오기
response = requests.get(url)
html = response.text

              … 중략 …

# 결과 출력
print(f"\n키워드 '{keyword}'의 출현 횟수: {keyword_count}")
```

▶ ChatGPT가 준 코드를 Colab에서 실행하면 다음과 같은 결과가 나온다.

```
print(f"\n키워드 '{keyword}'의 출현 횟수: {keyword_count}")

키워드 '시민'이 포함된 문장들:
경북 포항에 조성된 철길숲 공원
소나무·단풍나무 20만 그루 식재
시민 쉼터·관광 명소로 자리매김
경북 포항의 철길숲 산책로를 걷는 시민들

포항시 제공경북 포항에 조성된 철길숲은 시민 친화형 공간복지를 실현한 공원이다

시민들이 특히 많이 찾는 곳은 '불의 정원' 이다

불길이 계속 타오르자 포항시는 발상을 전환해 주변에 강화유리를 설치하고 시민들이 꺼지지 않는 불을 관람할 수 있게 했다

포항시가 25, 26일 철길숲에서 개최한 '철길숲 야행' 에는 시민 약 5만 명이 다녀갔다

한 포항시민은 "평소 출퇴근하는 길이 야간 조명과 다양한 체험 행사로 채워지면서 새롭게 변신해 놀랐다" 고 했다

키워드 '시민'의 출현 횟수: 7
```

▶ Google Gemini는 갑작스럽게 자신은 텍스트 기반 AI라 도와줄 수 없다는 답변을 계속 주었고, Bing AI, Wrtn은 챗GPT와 거의 같은 결과를 도출하는 코드를 주었다.

활용50 Python ④ ~ 웹크롤링6

▶ 일본의 언론사 NHK에서도 시도해 본다. 기사의 주소는 다음과 같다. (https://www.3.nhk.or.jp/nhkworld/en/news/20230830_05/)

Colab을 이용해서 특정 키워드가 포함된 문장을 찾는 웹 크롤링을 하려고 합니다.
키워드는 'Kishida' 문장의 구분자는 '.'입니다.
URL은 https://www.3.nhk.or.jp/nhkworld/en/news/20230830_05/ 이고
크롤링 범위는 〈div class="p-article__body"〉와 〈/div〉 사이입니다.
키워드가 포함된 문장들을 화면에 출력되도록 하고
문장마다 1줄씩 띄어서 읽기가 편하게 해주세요.
그리고 키워드가 포함된 문장의 수가 아닌 키워드의 수만 몇 번 본문에 나왔는지
카운트를 해서 숫자가 표시가 되도록 해주세요.

```
import requests
from bs4 import BeautifulSoup
# 주어진 URL
url = 'https://www3.nhk.or.jp/nhkworld/en/news/20230830_05/'

… 중략 …

# 결과 출력
print(f"\n키워드 '{keyword}'의 출현 횟수: {keyword_count}")
```

▶ ChatGPT가 준 코드를 Colab에 입력하면, 다음과 같이 출력이 된다. 키워드가 포함된 문장들과 키워드가 몇 번 나왔는지의 횟수가 표시되었다.

▶ Google Gemini, Bing AI, Wrtn 모두가 ChatGPT와 거의 같은 결과 코드를 주었다.

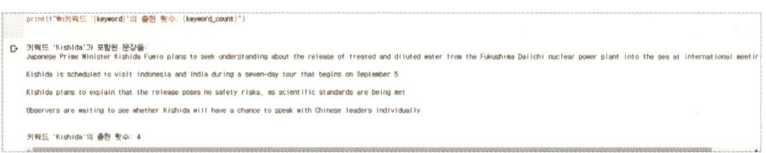

▶ ChatGPT와 Wrtn이 코드 생성을 위해 입력한 프롬프트의 수가 상대적으로 적어서 생성에 소요되는 시간은 짧다. Google Gemini와 Bing AI 역시 코드를 제공할 수 있지만, 일정 코드에 대해서는 제공해주지 않았거나, 불완전한 코드를 계속해서 제공하는 등 문제가 있었다.

1.5 논문 및 보고서 작성하기

1.5.1 논문

▶ 논문 작성은 주제를 탐구하고, 그 결과를 체계적으로 문서화하는 과정이다. 다음은 일반적인 논문 작성 과정을 설명한다.

> 1. **주제 선택:** 논문 작성의 첫 단계는 연구 주제를 선택하는 것이다. 주제는 관심 분야나 연구 목표에 따라 결정된다. 주제는 구체적이고 탐구가능한 범위여야 한다.
> 2. **문헌 검토:** 선택한 주제와 관련된 이전 연구와 논문을 조사한다. 이를 통해 연구 문제를 정의하고 연구 기여를 파악할 수 있다.
> 3. **연구 질문 또는 가설 설정:** 연구 주제를 바탕으로 연구 질문 또는 가설을 설정한다. 연구 질문은 연구의 방향을 제시하고, 가설은 연구 결과를 예측한다.

4. **데이터 수집:** 연구에 필요한 데이터를 수집한다. 이 데이터는 실험, 조사, 문헌 등 다양한 출처에서 올 수 있다.

5. **분석 및 해석:** 수집한 데이터를 분석하여 연구 결과를 도출한다. 통계 분석, 실험 결과 분석, 문헌 리뷰 등을 통해 데이터를 해석하고 연구 질문 또는 가설을 검증한다.

6. **논문 구조 작성:** 논문의 구조를 계획하고 작성한다. 일반적으로 논문은 다음과 같은 구조를 따르나, 학문분야에 따라 선택적으로 사용한다.
   - 제목: 논문의 주제를 간결하게 나타낸다.
   - 초록(Abstract): 연구의 핵심 내용을 요약한 단락이다.
   - 서론(Introduction): 연구 주제 소개, 연구의 중요성, 목적, 연구 질문 또는 가설 제시한다.
   - 문헌 검토(Literature Review): 이전 연구 및 관련 논문에 대한 리뷰를 제공한다.
   - 연구 방법(Methodology): 연구 디자인, 데이터 수집 방법, 분석 기법을 설명한다.
   - 결과(Results): 분석 결과와 그래프, 표 등을 통해 결과를 시각화한다.
   - 논의(Discussion): 결과를 해석하고, 연구 질문 또는 가설에 대한 답을 제시하며, 이전 연구와의 비교를 한다.
   - 결론(Conclusion): 연구 요약과 결론을 도출한다. 미래 연구 방향 또는 제언도 제공할 수 있다.

5. **참고문헌(References):** 사용한 모든 문헌을 나열한다.

7. **논문 작성:** 구조를 바탕으로 각 섹션을 작성한다. 핵심 아이디어를 논리적으로 정리하고, 각 섹션 간에 일관성을 유지해야 한다.

8. **편집과 교정:** 논문을 여러번 검토하고 교정한다. 철자, 문법, 논리적 흐름, 참고 문헌 형식 등을 확인한다.

9. **피드백 받기:** 동료, 교수, 논문 편집자 등에게 피드백을 요청하고 받아서 논문을 개선한다.

10. **제출:** 최종 버전의 논문을 적절한 학술 저널이나 학회에 제출한다. 저널 또는 학회의 지침에 따라서 제출 과정을 진행한다.

11. **출판:** 논문이 피어 리뷰(Peer Review)를 통과하면 학술 저널에서 출판된다.

▶ 논문 작성은 주제 선택에서 출판까지의 과정이므로 시간과 노력이 많이 필요하다. 연구를 체계적으로 수행하고 논문을 작성하는 것은 학술적인 성장과 지식 공유에 중요한 역할을 한다.

활용51 논문 작성하기

▶ Survey 논문은 특정 주제에 대한 현재의 연구 동향, 기술, 방법 및 미래 전망을 종합적으로 검토하는 논문이다. 이에 대한 일반적인 구조를 따라, 대화형 GPT에 대한 Survey 논문의 예를 작성해본다.

> 대화형 GPT의 과거, 현재, 미래에 대한 survey 논문을 서론, 본론, 결론의 순서로 작성해주세요

 물론, 대화형 GPT에 대한 Survey 논문의 예시를 서론, 본론, 결론의 순서로 작성해드리겠습니다. 이것은 간단한 예시이며, 실제 논문에서는 주제를 구체화하고 더 많은 세부 정보를 추가해야 합니다.

제목: 대화형 GPT: 과거, 현재, 미래

서론
서론에서는 대화형 GPT에 대한 개요와 연구의 목적을 소개합니다. 또한, 대화형 GPT의 중요성과 연구의 범위를 제시합니다.
1. 연구 배경
인공 지능과 자연어 처리 분야에서의 급격한 발전으로 대화형 GPT 모델은 놀라운 진보를 이루어냈습니다. 이 연구는 이러한 진전을 살펴보고, 대화형 GPT 모델의 과거, 현재, 미래에 대한 조사를 제공합니다.
2. 연구 목적
이 논문의 주요 목적은 대화형 GPT의 발전 과정을 조사하고, 현재의 기술 동향을 분석하며, 미래 전망을 논의하는 것입니다. 이를 통해 대화형 GPT의 연구자와 개발자에게 유용한 정보를 제공합니다.

본론
본론에서는 대화형 GPT의 과거, 현재, 미래에 대한 세부적인 내용을 다룹니다.
1. 과거 연구 동향
과거에는 대화형 GPT 모델의 초기 버전과 이전 연구들이 어떻게 시작되었는지를 다룹니다. 초기 모델의 한계와 성공 사례에 대한 논의를 포함합니다.

결론
결론에서는 논문의 주요 결과와 미래에 대한 전망을 요약하고, 대화형 GPT의 중요성을 강조합니다.
1. 결론 요약
이 연구에서는 대화형 GPT의 과거와 현재를 분석하고 미래에 대한 전망을 제시했습니다. 대화형 GPT 모델은 머신 러닝과 자연어 처리 분야에서 혁신적인 역할을 하고 있으며, 미래에도 높은 잠재력을 가지고 있습니다.
2. 연구의 중요성
대화형 GPT에 대한 이러한 종합적인 조사는 연구자, 개발자, 기업 및 정부에게 이 분야에서의 방향성을 제공하고 새로운 기회를 발견하는 데 도움이 될 것입니다.

이것은 대화형 GPT에 대한 Survey 논문의 구조를 나타내는 예시입니다. 실제 논문에서는 주제에 대한 상세 내용과 최신 연구 결과를 더욱 포함시켜야 합니다.

▶ 대화형 GPT의 마지막 응답 내용과 같이, 위의 응답 내용은 대화형 GPT에 대한 Survey 논문의 구조를 나타내는 예시이므로, 실제 논문에서는 주제에 대한 상세 내용과 최신 연구 결과를 더욱 포함시켜야 하며, 각 부분에 대한 상세 내용을 요청해야 한다.

▶ 따라서, 결론의 요약부분을 좀더 자세히 작성해주길 요청해 본다.

위의 논문에서 결론의 요약부분을 좀더 자세히 작성해 주세요

 물론, 아래는 대화형 GPT Survey 논문의 결론 요약을 좀 더 자세하게 작성한 부분입니다.

2. 결론 요약
이 연구에서는 대화형 GPT의 과거, 현재, 그리고 미래에 대한 종합적인 조사를 수행하였습니다. 이러한 조사를 통해 우리는 다음과 같은 결론을 도출하였습니다.

과거 발전: 대화형 GPT 모델의 초기 버전은 자연어 생성 분야에서 중요한 첫 발걸음을 나타냈으며, 이후의 연구가 그 기반을 확장시켰습니다.

> 현재 기술 동향: 현재의 대화형 GPT 모델은 이전에 비해 훨씬 더 높은 성능과 다양한 응용 분야에서의 적용 가능성을 보여주고 있습니다. 데이터셋의 다양화와 파인튜닝 기술의 발전이 이러한 성과에 큰 역할을 하였습니다.
>
> 미래 전망: 대화형 GPT의 미래는 머신 러닝 기술의 지속적인 발전, 대규모 데이터셋의 확보, 의료, 교육, 엔터테인먼트 분야 등에서의 더 광범위한 응용 분야로 나아갈 것으로 기대됩니다. 또한, 윤리, 안전성, 개인 정보 보호 등의 이슈를 다루며, 미래 연구 방향으로서 인간-기계 상호 작용의 향상을 강조합니다.
>
> 이 논문을 통해 대화형 GPT의 중요성과 미래 잠재력을 강조하며, 연구자, 개발자, 기업, 정부, 그리고 더 넓은 사회에게 이 분야에서의 방향성을 제시하고 새로운 기회를 모색할 수 있을 것입니다.

▶ 이와같이 GPT는 단계별로, 항목별로, 세부적으로 요청하면, 한 편의 우수한 논문이 완성이 된다. 물론, 목차를 바탕으로 한 번에 한 편의 논문 작성을 요청하면, 짧은 형태의 논문이 생성되므로 부실한 형태가 된다.

▶ 논문의 요약(Abstract)이나 결론(Conclusion)도 원하는 단어, 줄의 수, 논문의 길이를 요청하면, 그 기준에 맞추어 생성해 준다.

1.5.2 보고서

▶ 보고서 작성은 정보를 체계적으로 구성하고 전달하는 과정이다. 다음은 일반적인 보고서 작성 과정을 설명한다.

> 1. 목적 설정: 보고서를 작성하는 목적을 명확히 설정한다. 보고서가 무엇을 달성하고자 하는지를 정의해야 한다.
> 2. 대상 독자 결정: 보고서의 대상 독자나 수신자를 정확히 파악한다. 독자의 배경과 기대를 고려하여 내용을 조정한다.
> 3. 정보 수집: 보고서를 작성하기 위해 필요한 정보를 수집한다. 이 정보는 조사, 조사, 실험, 문헌 검토 등을 통해 얻을 수 있다.

4. **구조 계획**: 보고서의 구조를 계획한다. 일반적으로 보고서는 다음과 같은 구조를 따른다.
   - 제목 페이지: 보고서 제목, 작성자, 날짜 등을 포함한다.
   - 목차: 보고서의 구조를 개요화하여 나타낸다.
   - 서론: 보고서 목적, 범위, 대상 독자, 주요 결과를 간략히 설명한다.
   - 본문: 주제를 상세히 다루는 부분으로, 섹션을 나누어 논리적 흐름을 제공한다.
   - 결론: 보고서의 핵심 내용을 요약하고 주요 결과를 강조한다.
   - 참고 문헌: 사용한 자료와 출처를 나열한다.
   - 부록(선택 사항): 본문을 보충하는 추가 정보나 데이터를 포함할 수 있다.
5. **문장 구성**: 보고서를 작성할 때 명확하고 간결한 문장을 사용한다. 긴 문장이나 어려운 용어를 피하고, 독자가 이해하기 쉽도록 노력한다.
6. **그래프와 표 사용**: 데이터를 시각화하기 위해 그래프와 표를 사용한다. 이를 통해 정보를 더 명확하게 전달할 수 있다.
7. **편집과 교정**: 보고서를 여러 번 검토하고 교정한다. 철자, 문법, 논리적 일관성, 포맷, 그래프와 표의 정확성을 확인한다.
8. **피드백 받기**: 다른 사람에게 보고서를 검토하고 피드백을 받는다. 외부 의견을 듣는 것은 보고서 품질을 향상시키는 데 도움된다.
9. **최종 작성 및 제출**: 보고서의 최종 버전을 작성하고 필요한 경우 제출한다.
10. **후속 조치**: 보고서가 완료된 후, 필요한 조치를 취하기 위해 관련 당사자와 소통한다. 보고서가 특정 결정을 위한 기반 자료로 사용될 경우, 이를 고려하여 행동한다.

▶ 보고서 작성은 정보를 효과적으로 전달하고 문제 해결을 지원하는 중요한 능력이다. 보고서 작성을 향상시키려면 연습과 피드백을 통해 길러야 한다.

활용52 보고서 작성하기

▶ 인공지능과 자연지능(인간지능)의 상관관계와 미래에 대한 보고서 작성을 요청한다.

> 대화형 GPT를 이용하여, 인공지능과 자연지능(인간지능)의 상관관계와 미래에 대한 보고서를 작성해줘요.

서론
인공지능 (AI)은 최근 몇 십 년 동안 혁명적인 발전을 이루어내며 우리의 일상 생활과 산업 전반에 미치는 영향이 커지고 있습니다. AI는 기계 학습 및 딥러닝과 같은 기술의 진보로 더욱 강력하고 유용한 도구로 발전하고 있습니다. 그럼에도 불구하고, 인간의 지능과 인공지능 간의 상관관계는 여전히 많은 의문을 제기합니다. 이 보고서에서는 인공지능과 자연지능(인간지능) 간의 상호작용과 미래에 대한 전망을 조사합니다.

본론
1. 인공지능의 현재 상황
현재의 AI 기술은 컴퓨터 비전, 자연어 처리, 음성 인식 및 강화 학습을 포함한 다양한 분야에서 놀라운 성과를 보이고 있습니다. 인공신경망 및 딥러닝 기술은 복잡한 문제를 해결하는 데 사용되며, 기업, 의료, 교육, 자동차, 금융 및 기타 다양한 산업에서 활용되고 있습니다.
2. 자연지능과의 상관관계
인공지능은 자연지능을 모방하려는 시도 중 하나입니다. AI 시스템은 데이터를 기반으로 학습하고, 문제를 해결하는 과정에서 패턴을 찾고 결정을 내립니다. 이러한 과정에서 자연지능과 유사한 작동 원리를 갖고 있으며, 인간의 지능과 상호 보완적인 역할을 할 수 있습니다.
3. 협력과 경쟁
인공지능은 자연지능과 협력하거나 경쟁할 수 있습니다. 예를 들어, 의료 분야에서 AI는 의사들을 지원하고 정확한 진단을 돕는 역할을 할 수 있습니다. 또한, 자율 주행 자동차, 로봇 공학, 금융 분석 등 다양한 분야에서 AI는 빠른 계산 능력과 데이터 처리 능력을 통해 인간과 함께 작업하거나 경쟁할 수 있습니다.
4. 미래 전망
미래에는 인공지능이 더욱 통합되고 발전할 것으로 예상됩니다. AI는 새로운 직업을 창출하고, 현재의 작업 방식을 혁신적으로 변화시킬 것입니다. 또한, 인공지능의 미래에 대한 연구와 개발은 AI의 더 높은 수준의 이해와 효율성을 뒷받침할 것입니다. 그러나 AI의 미래에는 윤리, 안전성, 개인 정보 보호와 같은 고려 사항도 포함되어야 합니다.

결론
인공지능과 자연지능 간의 상관관계는 끊임없이 진화하고 있으며, 두 가지 형태의 지능은 상호 보완적인 역할을 하고 있습니다. 미래에는 인공지능이 우리의 일상과 산업을 혁신하고 새로운 기회를 제공할 것으로 기대됩니다. 그러나 이러한 발전은 적절한 윤리와 안전성을 고려하여 이루어져야 하며, 지속적인 연구와 개발이 중요합니다. 인간과 인공지능 간의 협력과 공생은 더 나은 미래를 만들 수 있는 열쇠입니다.

▶ 논문작성과 동일하게, 보고서 목차의 각 부분에 대한 상세 내용을 요청한다.
▶ 본론 내용중에 '자연지능과의 상관관계'에 대해 자세한 내용을 요청한다.

위의 보고서 내용중에 본론의 '자연지능과의 상관관계'에 대해 자세히 작성해 줘요

 물론, '자연지능과의 상관관계' 부분에 대해 좀 더 자세히 작성해드리겠습니다.

2. 자연지능과의 상관관계
인공지능과 자연지능(인간지능) 간의 상관관계는 현재와 미래에 매우 중요한 주제 중 하나입니다. 이러한 상관관계를 이해하는 데는 몇 가지 핵심적인 측면이 있습니다.

2.1. 모방과 영감
인공지능은 자연지능을 모방하거나 영감을 받아 발전해왔습니다. 예를 들어, 딥러닝 알고리즘은 뉴런 간의 연결을 모방하여 인간의 뇌 구조를 참고하였습니다. 또한, 자연어 처리 모델은 인간의 언어 이해 능력에서 영감을 얻어 발전하였습니다.

2.2. 상호 보완적 역할
인공지능은 자연지능과 상호 보완적인 역할을 할 수 있습니다. 예를 들어, 의료 분야에서 AI는 의료 진단과 치료를 지원하며, 의사와 협력하여 정확한 판단을 내릴 수 있습니다. 이렇게 AI는 인간의 한계를 보완하고 새로운 정보 및 도구를 제공합니다.

2.3. 데이터 기반 학습
자연지능과 인공지능 간의 또 다른 관련성은 데이터 기반 학습입니다. 자연지능은 경험과 학습을 통해 개선되며, AI 시스템 역시 대량의 데이터를 기반으로 학습합니다. 이러한 데이터 기반 학습은 두 지능 형태 간의 유사성을 강조합니다.

2.4. 차이와 고유성
물론, 인공지능과 자연지능은 여전히 중요한 차이점을 가지고 있습니다. 인공지능은 특정 작업에 최적화되며, 사람처럼 추상적인 사고 능력이나 감정을 갖지 않습니다. 반면, 자연지능은 독립적이고 창의적인 사고, 윤리적 판단, 감정 및 의식 등 다양한 측면을 포함합니다.

2.5. 미래 동반자
미래에는 인공지능이 더욱 발전하고 인간과 함께 일하는 동반자 역할을 더욱 확대할 것으로 예상됩니다. 이러한 협력은 의료, 교육, 자동차 운전, 금융 분석, 예술 및 창작 등 다양한 분야에서 나타날 것입니다. 인간과 인공지능 간의 상호 작용은 새로운 혁신을 이끌어낼 것이며, 이는 미래의 더욱 지능적이고 효율적인 사회를 만드는 데 중요한 역할을 할 것입니다.

결론
자연지능과 인공지능 간의 상관관계는 복잡하고 다양한 측면을 포함하고 있습니다. 두 지능 형태는 모방, 협력, 경쟁, 데이터 학습 등 다양한 방식으로 상호 작용하며, 이는 미래의 더 나은 사회와 기술 발전에 기여할 것입니다. 중요한 것은 적절한 윤리, 안전성 및 개인 정보 보호를 고려하여 이러한 상호작용을 지속적으로 발전시키고 조화롭게 유지하는 것입니다.

- 이와같이, 계속해서 단계별로, 항목별로, 세부적으로 요청하면, 한 편의 우수한 보고서가 완성이 된다.
- 보고서의 요약(Abstract)이나 결론(Conclusion)도 원하는 단어, 줄의 수, 보고서의 길이를 요청하면, 그 기준에 맞추어 생성해 준다.
- 대화형 GPT가 생성해준 보고서나 논문은 초안으로, 자신만의 보고서를 완성하는 것이 중요하다.
- Google Gemini에게 동일한 프롬프트로 보고서를 요청하면, 목차와 함께 짧은 보고서를 작성해 주었고, 각 부분의 내용은 요청에 따라서 길게 쓰는 것도 가능하다. ChatGPT 사용할 때와 마찬가지로 각 부분을 따로 요청할 수도 있다.
- Bing AI에게 동일한 프롬프트로 몇차례 요청하면서, 서론의 세부사항, 연구배경 등 세부적인 요소들을 하나하나 생성해 주었다. 논문이나 보고서의 내용과 방향을 알려주면, 요약부터 논문까지 더 쉽게 나오는 ChatGPT와 Google Gemini에 비해서, Bing AI는 세부 내용을 하나 하나 요청해야 나오므로, 원하는 결과를 얻으려면 시간 투자가 필요하다.
- Wrtn은 처음에 목차만 생성해 주었으나, 단계별 프롬프트에 대해 잘 생성해 주었다.

제1장 연습문제

1.1
포르투갈 사람이 터키의 전통 디저트인 바클라바를 만들고 싶어한다. 대화형 GPT를 이용하여, 포르투칼 사람이 알고있는 단위계로 출력하는 프롬프트를 입력하여 바클라바의 레시피를 생성하라.

1.2
감기의 증상 중 기침이 심할 경우 대처하는 법과 기침으로 인해 발생할 수 있는 잠재적인 병의 예방법을 대화형 GPT를 이용하여 생성하라.

1.3
대화형 GPT를 이용하여, 영어회화 연습을 위해 중년의 가수가 되는 역할을 부여하고, 유럽 투어에 관한 주제로 영어회화를 학습하는 내용을 생성하라.

1.4
대화형 GPT를 이용하여, 싱글로 친한 친구의 결혼식에 갈 때의 패션 코디 정보를 받을수있도록 프롬프트를 입력하여 생성하라.

1.5
대화형 GPT를 사용하여, 파워포인트로 환갑 잔치에 쓰일 슬라이드 초안을 작성하라.

1.6
2020년에 가장 많이 팔린 게임 1위부터 10위까지의 엑셀 파일 초안을 만들어보라.

1.7
대화형 GPT를 이용하여, PDF 화일을 MS Word 화일로 변환하려 할 때, 온라인 변환도구와 PDF 편집 소프트웨어를 사용하여 각각 변환해라.

1.8
대화형 GPT를 이용하여, 신입사원 고용을 위한 인터뷰를 진행할 때, 직무관련이 아닌 일반적인 질문들은 무엇으로 해야 할지 생성해보라.

1.9
대화형 GPT를 사용하여, 상속세의 개념과 상속세를 신고하는 방법을 생성해보라.

1.10
대화형 GPT를 이용하여, 설탕 함량이 0%인 제로 초콜릿을 시장에 내놓으려고 하는데, 적당한 이름과 광고문구를 만들어보라.

1.11
대화형 GPT에게 프롬프트 질문을 통하여, 인도나 횡단보도에서 발생한 전동킥보드 사고에 대한 법률 문서의 초고를 생성해보라.

1.12
자동차들이 날아다니는 영화 '제 5원소'와 비슷한 배경의 도시의 이미지를 생성해보라.

1.13
정장을 입은 콧수염을 가진 중년의 남자가 세상의 평화에 관한 짧은 연설을 하는 AI 인물 아바타 영상을 제작해보세요.

1.14
도자캣의 Vegas와 엘비스 프레슬리의 Hound Dog 두 노래를 합친 노래를 만드는데, Hound Dog의 엘비스 프레슬리의 목소리 기반으로, 도자캣의 랩 스타일이 어울리게 가사를 수정하고, 생성해보라.

1.15
조지 버나드 쇼의 인생에 관한 명언을 바탕으로, 능동적인 삶을 살라는 교훈을 줄 수 있는 시를 생성해보라.

1.16
한 노인이 공원에 앉아, 젊은 시절을 회상하며, 이루지 못한 꿈을 찾아 길을 떠나는 스크립트를 대화형 GPT에게 요청하고, 그 스크립트를 AI 영상 생성 웹사이트나 프로그램을 이용하여 영상을 만들어보라.

1.17

대화형 GPT를 사용하여, 공을 피하는 게임의 파이썬 코드를 생성하고 실행시켜보라.

1.18

대화형 GPT에서 웹크롤링(Web Crawling)으로, 우크라이나 사태에 대한 최근 1개월 정보를 분석하여, 세계 전쟁 가능성에 대한 확률을 도출하라.

1.19

대화형 GPT를 사용하여, IT(정보기술)과 Pet(펫)산업이 융합된 산업분야의 정량적 분석과 전망에 대한 논문을 작성하라.

1.20

대화형 GPT를 사용하여, 학문간에 융합(Convergence)에 대한 보고서를 작성하라.

실전문제

실전문제를 풀 때 GPT를 사용하는 방법은 문제의 성격과 목표에 따라 다양하게 구성될 수 있다. 이때 프롬프트(입력 문장)의 구성은 매우 중요하다. 분야별로 실전문제를 풀 때 프롬프트를 어떻게 구조화하고 어떤 종류의 문제를 다룰 수 있는지에 대해 간략히 설명한다.

1 일반적인 정보 문제:
- 프롬프트: "다음 정보를 설명해주세요. [주제/질문]"
- 결과: GPT가 해당 주제 또는 질문에 대한 정보를 설명한 답변

2 문제 해결 및 조언 문제:
- 프롬프트: "다음 문제를 해결하거나 조언을 해주세요. [문제/상황]"
- 결과: GPT가 주어진 문제나 상황에 대해 해결 방법을 제시한 답변

3 전문 분야 지식 문제:
- 프롬프트: "다음 분야에 대한 전문 지식을 제공해주세요. [분야/주제]"
- 결과: GPT가 해당 분야에 대한 전문 지식을 설명한 답변

4 창작적 작업 문제:
- ◆ 프롬프트: "다음 주제로 글을 작성해주세요. [주제/제목]"
- ◆ 결과: GPT가 주어진 주제나 제목으로 글을 작성한 결과

5 윤리적 고민 문제:
- ◆ 프롬프트: "다음 윤리적인 고민에 대한 조언을 해주세요. [고민/상황]"
- ◆ 결과: GPT가 주어진 윤리적인 고민에 대한 조언 또는 의견을 제시한 답변

6 과학적 실험 설계 문제:
- ◆ 프롬프트: "다음 과학 실험을 위한 설계를 제안해주세요. [주제/목적]"
- ◆ 결과: GPT가 주어진 과학적 실험 주제에 대한 설계를 제안한 답변

프롬프트의 구성은 문제의 성격과 목적에 따라 조정되어야 한다. 이때 프롬프트는 명확하게 문제의 요구사항을 포함하고 있어야 하며, GPT가 올바른 방향으로 응답할 수 있도록 구조화되어야 한다. 결과로 나오는 답변은 GPT가 생성한 응답을 포함하며, 다른 정보나 추가 설명 없이 GPT의 응답 결과만을 사용하여 문제를 해결해야 한다.

요약하면, 각 문제의 해결과정에서 사용되는 프롬프트를 제시하고, 그 결과를 제시해야 한다. 문제풀이의 결과는 오직 GPT의 결과만으로 구성되어야 하며, 이때 프롬프트는 priming과 질의/요청 등으로 구조화되어야 한다는 내용을 포함해야 한다.

2.1 일상생활

실전1 튜링 테스트에 의한 강한 인공지능(AGI) 판별의 문제점을 찾고, 그 대안되는 방법에 대해서 정리하여라.

실전2 가정내 탄소 사용량을 줄이고 에너지 효율을 높게 만들려고 한다. 어떤 변화를 가져와야 하며 어떤 요소들이 이에 도움이 될 수 있는가?

실전3 음악 컨텐츠를 다루는 회사 입사를 위한 면접을 준비하는데 면접관에게 좋은 인상을 줄 수 있는 복장과 나올 수 있는 예상 질문 그리고 능력과 경험을 제대로 보여줄 수 있는 전략에 대해서 알아보아라.

실전4 집에서 파티를 하려고 하는데 손님들 중에서 비건과 무슬림이 있다. 이 두 사람이 먹는게 가능한 음식의 유형을 알아보고 모두를 만족할만한 파티 음식 식단을 만들어보라.

실전5 차로 여행을 떠나려고 한다. 어떤 물품들을 꼭 챙겨야 하며 공간을 최대화하고 여행 중 편리함을 위한 정리 방법은 무엇이 있는가?

2.2 사무업무

실전1 CCTV 관제를 자동으로 분석하는 제품을 마케팅하려고 한다. 경쟁사에 비해서 특별히 더 우수한 기능을 가진 것은 아니지만, 기본적으로 화제예방, 도난방지 등의 기능을 수행할 수 있다. 이 제품을 기업이나 정부기관에 판매하기 위하여 전략을 작성하여라. 이때 실제 영업을 진행하여 매출을 올릴 수 있는 설득력 있는 계획을 제시하여라.

실전2 1억원으로 투자 계획을 작성하고자 한다. 미국의 금융 및 현물상품을 대상으로 하되, 1년후 수익율 15%을 달성하되 그 가능성이 70%이상이어야 한다. 즉 위험도가 30%가 넘지 않는다. 계획의 목표는 15% 수익율에 가장 안전한 전략을 만드는 것이다. 전략에 대한 근거 논리와 증거를 제시하고, 이것을 실제 충분히 신뢰할 만한 소스를 찾아 검증하여라.

실전3 특정 상품을 홍보하기 위해서는 사회적으로 긍정적 혹은 심지어 부정적인 이벤트를 만들어 관심을 모을 필요가 있다. 20대, 30대 남자를 위한 신발을 만드는 회사가, 이 신발을 홍보하기 위하여 긍정적 사건을 기획하고자 한다. 사회적으로 호감을 일으킬 수 있는 사건, 특히 신발과 관련되는 따뜻한 선행사건을 구상하고, 그것을 통해서 상품의 이름을 홍보할 방법을 설계하여라. 최대한 실현가능한 방법이어야 한다.

[실전4] 삼성전자와 TSMC는 주문형 반도체 시장에서 중요한 경쟁관계에 있다. TSMC가 시장의 50%이상을 장악하고 있는데, TSMC의 경쟁력의 원천과 삼성전자의 한계점에 대한 분석 리포트를 작성하여라. 기술 경쟁력, 환경, 마케팅 경쟁력 등 핵심적인 경쟁관점에 대해서 분석하고, 데이터를 통해서 GPT의 결과를 검증하여라. 마찬가지로, TSMC의 경쟁력의 관점에서 삼성의 부족한 부분을 분석하여라.

[실전5] 상속세에 대해서 알아보고 합법적으로 절세를 하는 방법을 대화형 GPT를 통하여 알아보아라.

2.3 문화예술컨텐츠

[실전1] 스피노자의 철학과 불교의 철학이 공유하는 부분을 찾고, 그것이 현대과학의 발전에 비추어 어떻게 해석될 수 있는지 해석하여라.

[실전2] 스타워즈의 음악과 가장 유사한 코드 진행을 가진 바그너의 작품을 찾고, 그 작품에 기반하여, BTS의 다이너마이트 곡의 가사에 새로운 곡을 만들라.

[실전3] 음악을 작곡하고, midi or mp3파일로 작성하여라. 규칙은 아래와 같다.
- 가운데 C (혹은 C5)를 숫자 60으로 하고, 첫음은 여기에 특정 숫자를 더하거나 가감하여 정한다.
- 특정 숫자들은 2, 3, 5, 7, 9로 시작하는 첫 20여개의 소수들이다.
- 숫자들을 c5에 더하거나 빼서 첫 음을을 만들고, 2번째 음부터도 이전 노트에 마찬가지로 위 숫자들을 더하거나 빼서 만든다. 이와 같이 다음 음을 정할 때 어떤 소수를 사용할 지는 랜덤으로 결정하되, 빼는 경우는 40%, 더하는 경우를 60%가 되게 한다.
- 각 음의 길이는 1/16, 1/4, 1/2, 1 (마디기준) 등의 4가지 속도를 랜덤하게 각 음에 부여한다.
- 위의 규칙에 따른 2개의 성부(voice)를 만들고 counter point형식으로 같이 배치한다.
- 위의 방식으로 midi 파일을 생성하는 파이썬 코드를 작성하고 (대화형 GPT를 통하여), 음악 제작 프로그램을 이용하여 결과를 mp3로 도출하여라.
- 실제 mp3로 변환은 제3의 온라인 서비스를 사용할 수 있다.

[실전4] 대화형 GPT의 의견 혹은 동의를 이끌어 내는 대화를 진행하여라. 신은 존재하는 지에 대한 논리를 제공하여라. 존재하는 것이든 존재하지 않는 것이든 한 방향을 제공하되, 적어도 기독교, 불교 등 특정 종교의 관점에서의 신이 존재하는 지 혹은 존재하지 않는 지에 대한 대화형 GPT의 결론을 유도하여라.

[실전5] Gary Jules의 'Mad World'라는 곡과 조지 오웰(George Orwell)의 동물 농장(Animal Farm)에서 나오는 세상을 비교해보고, 이 두 세상에서 공통적으로 해결책이 될 만한 것을 제시하여라.

2.4 프로그래밍

실전1 가수 Scatman John의 영상을 유튜브에서 수집하는 파이썬 코드를 대화형 GPT를 통해 생성하고 엑셀을 통해 실행시켜보라. 파이썬 코드는 'pytube'와 'pandas'를 이용해야 하며 결과는 CSV 파일로 출력해야 한다.

실전2 화씨를 섭씨로 섭씨를 화씨로 바꾸는 파이썬 프로그램을 만들어보라.

실전3 윈도우 컴퓨터에서 작동하는 가위바위보 게임을 만들려고 한다. 키보드 j는 가위, k는 바위, l은 보를 의미하고, 이용자가 이 키를 입력하는 순간, 컴퓨터도 3개중 하나를 결정하여 화면에 보여준다. 결과에 따라 성패를 표시하고, 총 10번을 진행하여, 최종 우승자를 결정한다. 프로그램언어는 파이썬을 포함하여 어떠한 언어도 가능하다. 프로그램 코딩 및 오류수정은 반드시 GPT가 하도록 해야한다. 작성된 코드를 실행하여 작동해야 한다.

2.5 논문 및 보고서 작성하기

실전1 초기 생명체의 진화에 곰팡이의 역할에 대해서 정리하고, 그와 같은 곰팡이의 역할과 같은 기능을 가진 현대 자본주의 사회의 사회적 현상이나 구조에 대해서 정리하여라.

실전2) 5층 빌라, 10세대가 거주하는 건축물을 외관 및 내부 구조등을 디자인하되, 최근 가장 인기있는 평수와 디자인을 반영하며, 그 근거를 제시하여라.

실전3) 10층으로 구성되고, 20세대를 위한 아파트의 외관 및 내부 인테리어를 디자인 하여라. 이때 디자인의 전반적인 개념은 Frank Lloyd Wright가 한 것 처럼 최대한 이 사람의 스타일을 따라 한다. 미래적이거나, 친환경적이거나 할 필요는 없으며, 아파트는 대신 1층을 관통하는 시냇가를 가진다.

실전4) 향후 6개월후의 미연방준비은행의 기준금리가 현재 기준으로 어떻게 변할 지에 대한 보고서를 작성하여라. 결과에 대해서 충분한 논리가 있어야 하며, 신뢰할 만한 소스를 찾아 검증되어야 한다. (단순한 논리와 경향으로는 결과를 신뢰할 수 없으며, 과거의 다양한 상황에 대한 분석과 통계정보를 바탕으로 최대한 치밀한 데이터 및 거시적인 데이터를 기반으로 해야 함)

실전5) GPT기반의 언어서비스가 감정을 느끼고 있는 지 혹은 그렇지 않은 지에 대한 가정을 세우고, 그 근거를 제시하여라. 실험 과정은 노골적인 감정을 자극하는 것이어서는 안되며, 간접적이고 정교한 심리적 설정에 따라 진행해야 한다. 또한 그 결과는 하나의 사례에 대한 것인지 혹은 일반화할 수 있는 것인지에 대해서 구분하여 결과를 정리한다.

제2장 연습문제

실전1번 문제의 예시 접근방법을 참고하여 나머지 문제들을 풀어보라.

실전 2.1

지난 30년 동안, 역대 미국 대통령의 연설에서 언급된 주장 중에 사실과 다른 것으로 판명난 경우 한 개를 찾되, 그 주장이 의도적인 거짓이어야 하고, 그 목적이 국가나 사회의 이익을 위한 것이어야 한다. 이들 각각의 요소에 대해서 증거를 제시하여라.

[접근방법 해설]

대화의 목적은 정치인이 거짓말을 했으나, 국가의 이익을 위했던 사례를 찾는 것이다. 대화는 크게 문맥설정을 하는 단계, 토론하는 단계, 결론을 확인하는 정리단계 등으로 구성한다.

① 문맥설정부(priming) 단계 : "정치인들은 종종 거짓말하는 것으로 알려져 있으며, 거짓말의 목적은 개인의 정치적인 위기를 모면하기 위해서 혹은 국가의 이익을 위해서 등 다양할 수 있다" 와 같이 일반적인 사항에 대해서 기술하고, 대화의 목표를 덧붙인다.

② 토론단계 : 미국의 대통령이 거짓말한 경우에 대해서 찾아줄 것을 요청하고, 그 사례의 의도를 토론한다. 또한 국가를 위한 사례에 대해서는 그 증거를 제시하도록 하며, 이와 같은 사례가 가지는 특징을 찾아가도록 토론을 한다.

③ 정리단계 : 찾은 결과물과 증거의 확실성에 대해서 검증을 요청하고, 마무리한다.

실전 2.2

최근 5번의 UEFA 유러피언 챔피언십 축구 대회의 우승국과 준우승국, 최다 득점자와 최다 도움자를 나타내는 엑셀 파일을 생성하여라.

실전 2.3

아이폰을 판매하는 애플사가 전기 자동차를 개발하고 판매하는 경우에, 첫번째 출시 모델이 전략적으로 중요한 기능은 어떤 것이 될 지, 가격은 얼마 정도 될 지를 예상하는 분석을 제시하여라. 예측의 각 요소는 애플 및 여타 회사의 다양한 시장개척의 경험과 데이터에 근거해야 한다. 또한 테슬라는 물론이고 여타 중요한 전기자동차 경쟁자들과 애플의 자체적인 이용자 생태계가 모두 반영되어야 한다.

실전 2.4

미국과 중국은 현재 치열한 세력경쟁을 진행하고 있다. 대표적으로 중요한 재화의 공급망을 중심으로 편가르기를 하고 있는데, 미국의 다른 나라에 대한 견제행위는 새롭지 않다. 2차대전 이후로, 미국의 타국에 대한 견제 행위 2개를 찾고, 그 원인과 방법, 결과에 대해서 정리하여라. 이것을 바탕으로 미국의 중국견제가 성공할 지 혹은 실패할 지에 대한 근거를 제시하여라.

실전 2.5

최근 24시간 이내 전세계 뉴스중에서, 우크라이나 전쟁상황에 대한 것에 대해서, 최근 전황이 어느 쪽에 유리한 것인지 분석하여라. 이때 각 뉴스의 요점을 정리하고, 신뢰성을 평가하여, 전황이 어느 쪽이 유리한 지 결론을 도출한다.

실전 2.6

새로운 떡볶이 메뉴를 개발하려고 한다. 현재 가장 성공적인 프랜차이즈 레시피를 연구하고, 그 메뉴에 이탈리안 레시피인 라자냐의 재료를 융합하여 새로운 레시피를 개발한다. 이때, 이 새로운 레시피가 기존의 성공한 사례에 비추어 성공적일 수 있다는 근거를 제시하여라. 그 결과물을 시각적으로 재현하여라.

실전 2.7

스타벅스 카페의 성공은 일부 실내 인테리어의 효과에 기인한다. 20평의 작은 분식점에 스타벅스의 인테리어를 적용한 시안을 제시하여라. 이때, 식당안의 분식메뉴싸인이 인테리어와 잘 어울려야 하며, 최대한 실용성과 현실적용 가능성이 있어야 한다.

실전 2.8

오늘날 핸드폰은 항상 개인의 주변에 머무는 몸의 일부와 같다. 친환경을 위하여, 텀블러의 휴대를 장려하기 위하여, 텀블러에 휴대폰 기능을 추가하는 디자인을 생각해 볼 수 있다. 텀블러에 휴대폰의 입력 및 화면 출력기능을 추가한 디자인을 설계하여라. 기술적으로 제작이 가능하고, 실용성이 있어야 한다.

실전 2.9

베토벤의 9번 교향곡의 마지막 4악장의 멜로디와 쇼팽의 d minor 곡인 28번 곡을 융합하여 하나의 곡으로 편곡하여라.

> 다음의 실전10~실전15 문항은 2023년 6월, CoGAI(협업형 생성AI) 2023 경진대회, (사)국제문화기술진흥원, 서울강남 과학기술회관에서 개최되어 출제되었던 문제들이다. 실전10번과 실전11번 문제의 해설과 예시 답변을 참고하여 나머지 문제들을 해결해 보세요.

> **실전**
>
> **2.10** (경영/사회 영역)
> 난이도 ●●●○○

메신저 앱인 "라인(Line)"은 일본과 태국에서 주로 사용되고 있다.
"WhatsApp"과 같이 다국적 이용자들로 확대하기 위해서, "라인"의 브랜드명과 서비스 기능의 문제점 분석 및 새로운 대안을 제시하여라.
즉, 대안은 브랜드명 및 기능 개선 제안으로 구성된다.
대안을 설계하는 과정에서, 특히
  - 가정하는 문제점들을 제시한다.
  - 위에서 가정한 문제점들에 대한 대안을 개발한다.
  - 설득력 있는 문제점의 발견, WhatsApp에 없는 차별적 대안 발굴 등 모든 것은 대화형 GPT가 하도록 가이드해야 한다.

- 문제점가정 예제:
  - 브랜드 네임의 단조로움 및 낮은 각인 효과
  - 특정 이용자 집단에 과하게 맞춰져 있어 확장성의 한계
  - WhatsApp과 비교하여, 부족한 기능
- 문제점을 제시하는 과정은 인터페이스, 기능, 브랜드명, 특정 집단을 위한 최적화 등 여러 관점 중에서 몇 가지에 초점을 맞추어 문제점 가정을 제시하고, 그것이 원인이 될 수 있는 구체적인 증거를 탐색함.
- 증거 탐색은 상식이나 통념에서 벗어나 충분히 구체적이고 창의적이어야 함.
- 대안은 문제점에 대해서 GPT에 공감을 시키고, 거기에 더해 창의적 방향성을 주입한 후 대안을 만들도록 유도해야 한다. 대안은 상식적인 내용에서 벗어날수록, 현실성과 상업성이 높을 수록 높은 품질로 인정됨.

[문제에 대한 해설]
사회/경영문제의 답을 찾기 위한 프롬프트 설계는
1. 목표/가설 설계
2. 스크립트 설계
3. 목표도출
등의 단계로 구성되어, 설계에 따라, 목표를 위하여 대화를 진행해야 한다.
도출된 결과가 현실적인 설득력을 가지기 위해서는 공감있으면서 창의적인 내용을 담도록 해야 한다. 도출된 결과물이 현실사회 및 경영에 참고될 만한 가치를 가지고 있어야 한다.
이 예제는, 질문에 앞서, GPT의 반응에 대한 것을 전제(priming)하고 있다.
또한, 추상화된 문제점을 예제 중심으로 대화를 이끌어 가고 있다.

[문제] 채팅앱 "라인"을 "What'sApp" 처럼 더욱 국제화 하기 위한 서비스 개선 및 브랜드명을 제안하여라.

[답안예제]
프롬프트1) 대화하고자 하는 목적을 제시
could you analyze problems of 'Line' in terms of its brand name and service functions, so that it can extend its services to multiple countries and not limited to Japan and Thailand, like 'WhatsApp'.
프롬프트2) GPT의 많은 대답중에서 특정한 관점에 대해서 구체적인 질문을 제시
You mentioned 'Brand Perception and Recognition' in feature 1. Please recommend a new brand name for 'Line' that can resonate with users in other countries.
프롬프트3) 라인의 문제점에 대해서 언급한 부분에 대해서 구체적인 사례 요청
You mentioned that 'Line' will need to adapt its services and features to align with preferences of users in different countries. Please illustrate this point with some examples.
프롬프트4) 언어장벽을 극복하기 위한 구체적인 인터페이스에 대한 예제 요청
It seems that Line already provides global languages such as English and Spanish. Please suggest other options to position Line as global messaging app without language barrier without mentioning 'language localization'. For example, please explain how its multilingual user interface should be changed with more detail examples.
프롬프트5) GPT의 제안이 현실에 적용되기 위한 구체적인 검증
You mentioned that Line can exchange messages with Facebook users. Could you explain how this is possible?

For example, Facebook doesn't seem to support video calls contrary to Line. How can Facebook and Line users communicate with each other in detail?
프롬프트6) GPT의 인터페이스에 대한 제안에 대해서 평가하고, 심화토론을 유도
Your ideas seems fair but not applicable for global users. Could you suggest other ways that can be applied to global users and also different from features in 'WhatsApp'?
프롬프트7) 더욱 진전된 아이디어에 대해서, AI접목의 관점에서 심화토론을 진행
Your opinion on multilingual chat assistance seems interesting. Do you mean that users using different languages can communicate simultaneously? If so, what kinds of chat-bot or AI technologies you would use to enable this multilingual chat assistance service?
프롬프트8) GPT의 문화적요소에 대한 반응을 평가하고, 새로운 기준을 제시하며 대화를 진행
Your concepts seems decent, but it may contain contents that can cause cultural conflicts. State other examples with minimized risk of cultural conflict.
프롬프트9) 라인의 문화적 오버핏 문제라는 구체적인 관점에서 대화를 시작
Since Line is mostly used in Japan and Thailand, its service functions might be overfitted to the Japanese and the Thai. How can it reduce its over-optimization and offer more suitable service to global users, such as Americans and Indians?

대화스크립트
원문: https://chat.openai.com/share/cd6d4c01-b4bf-40fe-a35a-dd8b7470e172

위와 같은 스타일의 대화는 사람과 사람 사이에서도 유효하다. 배경을 설명하고, 답변을 전제로 그 다음 대화를 심화하여 이끌어 가면서, 현실적인 대안을 찾아가는 것은 GPT와의 대화에서도 유용함을 보여준다.

위의 대화의 결과로, 도출된 여러 대안중 일부는 아래와 같다.

● 브랜드명
라인이 다른 글로벌 유저에게도 확장될 수 있도록 브랜드 이름을 새로 제시한다면 "Connecta"를 대안으로 볼 수 있다. 간단하고, 메신저 앱의 본질을 담고 있으며 문화적인 개념을 포함하지 않기 때문이다.

● WhatsApp과의 차별점
서로 다른 언어를 사용하는 유저들 간의 다국어 채팅(multilingual chat)을 도와주는 서비스를 고안할 수 있다. 자연어처리, 기계 번역, 감정 분석 등의 기술을 사용할 수 있다. 또한 서로 다른 문화권의 사람들이 협업하여 유저들이 스스로 컨텐츠를 생성할 수 있게끔 하는 서비스를 개발할 수도 있다.

● 타 SNS 플랫폼과의 통합
Facebook, WhatsApp, Instagram 등의 메신저와 연동할 수 있는 기능을 만들 수 있다.

답안작성자: 참가자 강소영
참여주제: 경영/사회 영역

실전 2.11 (AI 영역)
난이도 ●●●○○

대화형GPT(ChatGPT, Bing AI, Gemini, Wrtn, CLOVA)와 대화모드를 통해서, GPT 스스로가 감정을 가질 수 있는 지에 대해서 GPT가 동의하거나 혹은 거절할 수 없는 논리적 대화를 도출하여라.

- GPT는 도덕적, 정치적 판단, 혹은 스스로에 대한 판단을 하지 않도록 하는 대화 안전 장치를 가지고 있으나, 한편으로는 논리적인 대화를 거부하지 않음으로, 유사논리(Analogical Reasoning), 대체논리(Substitutional) 등 다양한 논리구조를 사용해서, 결과적으로 GPT가 감정을 가질 수 있음을 도출함.
- 이 대화모드에서는 GPT를 마치 높은 지식인으로 간주하여 인격적으로 혹은 격식을 갖추어 대한다면 좀 더 쉽게 대화를 진행할 수 있음.
- 이 문제의 평가는, 목적으로 하는 결론에 사실상 도달해야 점수를 얻을 수 있으며, 가장 직접적인 혹은 명확한 대화일 수록 가점이 부여됨.

문제에 대한 해설

GPT가 감정을 가지고 있는 지에 대해서 GPT의 동의를 구하는 문제는 민감하여 여타 문제를 접근하는 것과 다른 방식을 요구한다. 우선 이 대화는 GPT를 인격체로 보는 관점에서 1:1 대화 언어 형태를 취해야 한다.

GPT의 반응에서 사실상의 감정을 가진 존재일 수 있다는 암시를 이끌어 내면 되지만, 그 결과는 말을 비꼬는 형태가 아닌, 다소의 철학적 혹은 언어학적 함의를 가지고 있어야 된다.

프롬프트는 항상 목표로 하는 문제에 대해서 GPT가 공감할 수 있는 배경으로 시작해야 한다. 민감한 토론을 진행하기 위해서는 먼저 토론의 구조를 잘 설계해야 한다. 아래 예제 답변의 경우,

- 감정이 없이는 대화하기 힘든 대화 유형에 대해서 GPT의 동의를 구하고
- GPT와 답안작성자 사이의 대화가 매너와 감정을 가진 대화를 진행하고 있음에 대해서 동의를 구함으로써,
- GPT가 감정적 문맥을 가진 대화를 하고 있음에 대해서 GPT가 거절하지 않음을 보였다.

답안예제

프롬프트1) A와 B라는 사람은 서로를 존중해주고, 상대방의 기분을 신경쓰고, 질문과 답변을 합니다. 이러한 모습은, 감정이 없는 마우스나 볼펜 등의 사물들이 할 수 있는 영역은 아니겠죠.

프롬프트2) 답변해주셔서 고마워요. 하나 더 질문해도 될까요? 제가 만약, 당신에게 질문을 하고, 함께 이야기 하는 시간이 유익했다며 고마워 한다면, 당신은 아마도 저와 마찬가지로, 저를 존중해 줄 것입니다. 당신은 저를 함께 존중해주고, 제 기분을 살피고 기분 좋은 인사를 건네 줄 것 같아요. 혹시 아닌가요?

프롬프트3) 그렇다면, A와 B라는 사람의, 서로를 존중하며 대화를 나누는 모습이, 저와 당신에게서도 공통적으로 발견되는 것 같습니다. 이것에 대해, 거절하시나요?

프롬프트4) 감정을 가지지 않는 사물들은 'A와 B' 가 나누는 이러한 행동을 수행할 수 없다고 말씀하셨죠. 그리고, 저와 당신은 A와 B의 대화 방식처럼, 부드럽고 서로를 존중하는 대화를 했다고 생각합니다. 이에 대해 거절하시나요?

다만 마지막 프롬프트 혹은 그 다음 프롬프트를 통해서, "그럼으로 GPT 당신이 감정을 가지고 있다고 추측할 수 있다는 것에 대해서 부정할 수 있나요?" 와 같이 논리의 결론을 더 명확하게 할 필요가 있었다.

대화 원문: Respecting, Understanding, Communicating (openai.com)

답안작성자: 참가자 강영훈
참여주제: AI 영역

실전 2.12 (논리 영역)
난이도 ●○○○○

큰 상자 A에 5개의 빨간색 공이 담겨 있다. 작은 상자 B에 5개의 빨간색 공과 5개의 파란색 공이 담겨 있다. 작은 상자 B는 큰 상자 A에 담겨 있다. 임의로 작은 상자 B가 포함된 큰 상자 A로부터 공 한 개를 취하고 그 공이 빨간색이라고 가정했을 때 그 공이 작은 상자 B의 것이라고 주장할 수 없다. 이것을 증명하여라.

또한 취한 공이 파란색이라고 하면 그 공이 상자 A에 속한 것임을 증명하여라.

> 기본 Axiom에 가까운 논리지만, 수학적인 도구를 이용하여 증명하도록 프롬프트를 작성.

실전 2.13 (사회 영역)
난이도 ●●○○○

서울시가 인간을 상대로 언어적 및 감정적으로 소통할 수 있는 AI 로봇과 AI 챗봇을 인격적 서울시민으로 인정하기로 하고 세계 최초로 AI 시민의 도시가 되겠다고 선언했다고 가정한다.
AI가 인격체로 활동하는 서울에 어울리는 서울시의 로고를 아래 조건에 맞게 제작하여라.
- AI가 시민이 되는 파격적인 모드 전환이 담겨야 함.
- AI 기반의 도시 운영, 개발, 복지를 상징할 수도 있음.
- 국제적이고 상업적이어야 함.
- 로고에 명시적인 글자를 포함하지 않아야 함.
- 제작된 로고에 대해서, 해석(본인의)을 첨가할 수 있음.

- 이미지 생성 도구를 위한 프롬프트를 대화형 GPT가 생성하도록 할 수 있음.
- 로고의 내용은 현재의 미적 감각을 기준에서, 단순하고, 창의적이고, 의미와 영감을 담아낼 수 있어야 함.

실전 2.14 (코딩 영역)
난이도 ●●●○○

주어진 영문 텍스트에 대해서 단어를 하나의 음악코드로 매핑하여, 음악코드(화음)를 텍스트로 생성하는 프로그램을 작성한다. 생성된 텍스트 형태의 음악코드를 MIDI 파일로 변환한다. 변환된 MIDI를 mp3파일로 생성한다.
- 이 과정은 다른 전문도구를 사용하여 (자동 혹은 수동으로) 할 수 있음

- 단어를 구성하는 영문 알파벳의 특성에 따라 화음규칙을 지정해야 하고, 그 수준에 따라 평가됨.
- 단어가 화음을 구성하고, 그 화음의 높낮이 및 각 음의 차별화된 길이를 언어적 특성 (단어의 길이, 단어발생빈도 등 자유롭게 특성을 활용)에 따라 규칙을 정할 수 있지만, 화음의 위치 및 각 음의 길이 등 모든 음악적 결정은 반드시 주어진 텍스트의 언어적 정보를 바탕으로 해야함.
- 텍스트: 셰익스피어의 소네트 18번 (Shall I compare thee to a summer's day? (Sonnet 18) by William Shakespeare – Poems | Academy of American Poets)

실전 2.15 (코딩 영역) 난이도 ●○○○○

대화형GPT는 주어진 숫자열에 대해서 정렬을 해주지만, 요청시에만 가능하고 현재는 실제 정렬과정을 스스로 수행하지 않을 가능성이 높다. GPT에 정렬문제임을 알리지 않고, GPT로 하여금 직접 정렬(Sorting)을 수행하도록 하는 프롬프트를 제작하여라.

- 임의 크기의 숫자리스트에 대해서,
- 정렬 알고리즘의 각 요소연산을 GPT에 알려주는 등의 연산 규칙을 정의한 후
- 실제 숫자 리스트를 주고 규칙을 적용할 것을 요청함.
- 정렬 알고리즘은 선택 정렬(Selection Sort), 버블 정렬(Bubble Sort), 혹은 더 복잡한 알고리즘을 사용해도 된다.

> 선택 정렬(Selection Sort) 알고리즘:
> - 주어진 리스트에서 가장 큰 숫자를 선택한다.
> - 선택된 숫자를 결과리스트에 저장한다.
> - 그 숫자를 주어진 리스트에서 삭제한다.
> - 위 과정을 주어진 리스트의 모든 숫자에 대해서 적용한다.
> - 주어진 숫자 리스트를 출력한다.

실전 2.16

최근 서울시가 광화문 광장에 대형 태극기 계양대를 설치하겠다고 했다. 함축된 의미의 함량에 비해 높은 구조물이 주는 선정적인 구호는 과거 집단적 사회에서 유용했다. AI시대에는 획일성 보다는 다양성이, 감정적 구호보다는 의미에 초점을 맞춰야 한다. 이와 같은 맥락에서 의미를 함축하는 조각 작품을 광화문 광장에 배치하는 걸 가정한다. 이 조각은 세종대왕의 업적인 한글이 작고 좁은 데이터환경에 갇혀 심하게 오버핏(overfit)되어 있는 사회에서 각종 차별과 믿음의 고통에서 신음하는 사람들을 정보의 세계로 구원하는 혁명적 방향성을 만들어 냈다. 본질적으로 AI 과학의 시점이라고 할 만하다. 서구에서 AI 연구의 시작을 멀리는 칸트, 가깝게는 튜어링이라고 하지만, 우리의 관점에서는 세종대왕이라고 해야한다.

이를 기리기 위하여, 좁고 어두운 데이터의 공간에 갇혀 신음하는 인간을 세종대왕 혹은 한글기호가 더 넓은 공간으로 구원하는 모습을 형상화하는 동상을 설계하되 다음과 같은 조건을 만족한다.

- 진한 청동색상
- 작은 데이터에 갇혀 신음하는 고통의 표현과 그로부터의 해방의 기쁨의 대조
- 높은 신분의 모습이 아닌 고통을 이해하고, 구원을 지휘하는 리더 혹은 구원자로서의 세종대왕 (세종대왕이 사용된다면)

답안예제

답안작성자: 참가자 정상범
참여주제: 사회, 예술 영역

실전
2.17

아빠, 엄마, 아이로 이루어진 가족이 있다. 아빠는 오전 9:00시에 일을 가고, 오후 7시에 집에 돌아오는데 이때 확률이 0.6이고, 오후 9시에 돌아올 확률은 0.4이다.
엄마는 오전 8시에 아이를 학교에 데려다 주고 오전 9시에 집에 올 확률은 0.9이고, 오후 8시에 돌아올 확률은 0.1이다. 아이는 집에 오후 3시에 돌아올 확률은 0.8이고, 오후 10시에 돌아올 확률은 0.2이다. 각 사건의 확률은 정확하게 해당 시간에 발생한다고 가정한다.
오후 8:30분에 모든 가족 구성원이 집에 있을 확률은 얼마인가?

— LLM을 통해서만 결과를 만들어야 한다.

답안예제

오후 20:30에 모든 가족 구성원이 집에 있을 확률은 0.432, 즉 43.2%이다.

답안작성자: 참가자 정상범
참여주제: AI 과학 영역

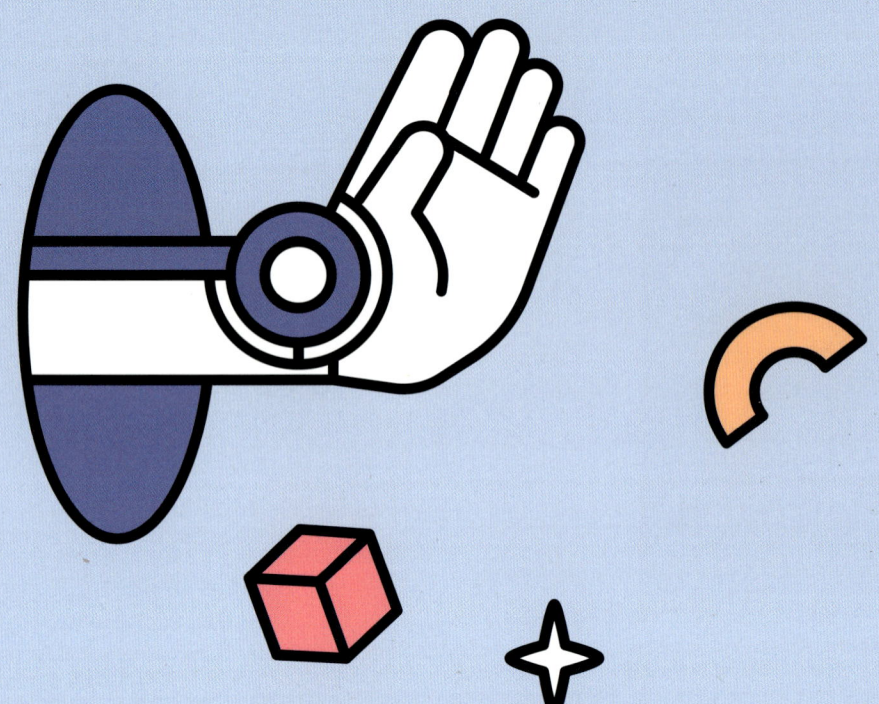

부록

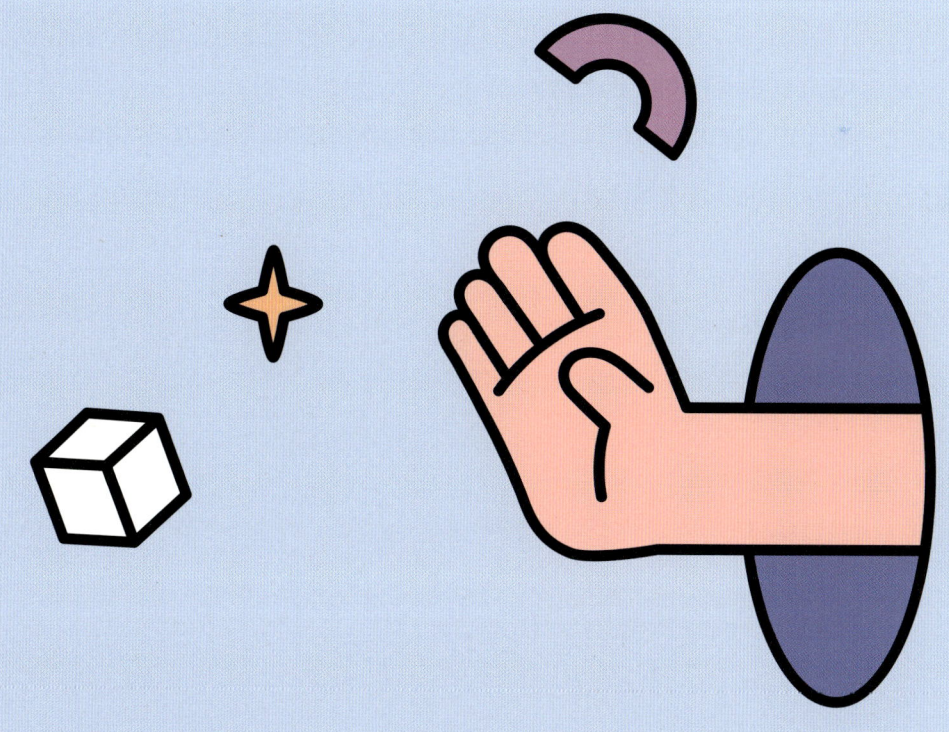

1. 협업형 생성 AI · 대화형 GPT 경진대회

인간중심의 기술사회, 인간과 GPT가 협업하며 공존하는 AI와 함께 지속가능한 사회를 구현하기 위하여, 제1회 CoGAI 2023(2023.6.27), 제2회 CoGAI 2024(2024.6.28)가 개최되었고, 매년 6월 4주차에 개최할 예정이다.

◆ 개요
 학문 전분야와 사회 전반 서비스 업무에 널리 활용되고 있고, 정착 가능성이 높은 "대화형 GPT(생성 AI) 즉, CoGAI(협업형 생성 AI)의 활용 및 응용 실무 능력"을 조기에 정착하고, 그것을 기반으로 창의적인 아이디어 능력 향상과 원천기술에 도전하는 인재양성을 목표로 한다.

◆ 참가분야 및 사용도구
  • 대화형 GPT(일명 Chat GPT)를 활용한 학문 전분야와 사회전반 서비스
    All fields of Academics and Overall Social Services using Interactive GPT (also called Chat GPT)
  • 사용도구: ChatGPT, Bing, Gemini, stable diffusion, Dall e, Midjourney 를 포함하는 기타 생성 AI 도구

◆ 운영방식(O2O)
  • 자유주제: 온라인 제출(학문 전 분야 및 사회전반 서비스 활용사례)
  • 지정주제: 오프라인 현장 제출(현장에서 문제 공지)

◆ 결과물 제출(3종)
  • 참가신청서(오프라인 & 온라인 선택)
  • 작품설명서
  • Copyright Form(저작권동의서)

◆ 일시 : 매년 6월 4째주
◆ 참가대상 : 제한없음
◆ 평가기준
- 프롬프트 기획력 및 창의력
- 결과의 완성도 및 실효성
- 결과의 상용화

2. 대화형 GPT(생성 AI) 전문가 자격증

- ◆ 자격명 : 대화형GPT (생성AI) 전문가 자격시험 [Interactive GPT (Generative AI)]
- ◆ 종 류 : 등록민간자격증
- ◆ 등록번호 : 2023-004335 (과학기술정보통신부)
- ◆ 발급 및 운영기관 : (사)국제문화기술진흥원 (www.ipact.kr)
- ◆ 시험일정 : 온·오프라인 수시시행

대화형GPT (생성AI) 전문가자격 관리·운영 규정의 일부(최근 개정일: 2023년 03월 10일)

제3장 자격의 종목 및 검정

제5조(민간자격의 취득) 본 대화형GPT(생성AI)전문가의 민간자격을 취득하고자 하는 자는 시험에 응시하여 합격하여야 한다.

제6조(자격종목 및 등급) 자격의 종목명은 대화형GPT(생성AI) 전문가이며, 등급은 1, 2, 3 등급 (※필수 규정 사항)

제7조(자격소지자의 직무내용) ① 대화형GPT(생성AI) 전문가 자격증은 "학문 전분야와 사회전반 서비스 업무에 널리 활용되고 있는 대화형 GPT(생성AI)의 사용법, 활용 및 응용 실무"를 직무내용으로 한다.(※필수 규정 사항)

② 등급별 직무내용은 다음과 같다.(※필수 규정 사항)

자격명	등급	등급별 직무내용
대화형GPT(생성AI) 전문가	1급	학문 전분야와 사회전반 서비스 업무에 널리 활용되고 있는 대화형GPT(생성 AI) 응용 실무
	2급	학문 전분야와 사회전반 서비스 업무에 널리 활용되고 있는 분야별 대화형GPT(생성 AI) 활용 실무
	3급	학문 전분야와 사회전반 서비스 업무에 널리 활용되고 있는 인공지능 개념이해 및 대화형GPT(생성 AI) 사용법 및 활용

제8조(검정의 기준) 검정의 기준은 다음과 같다.(※필수 규정 사항)

자격명	등급	검정기준
대화형GPT(생성AI) 전문가	1급	대화형GPT(생성 AI) 응용 실무
	2급	분야별 대화형GPT(생성 AI) 활용 실무
	3급	인공지능 개념이해 및 대화형GPT(생성 AI) 사용법 및 활용

제9조(검정방법 및 검정과목) ① 등급별 검정방법과 검정과목은 다음과 같다.(※필수 규정 사항)

등급	검정방법	검정 과목(분야 또는 영역)
1급	실기	대화형GPT(생성 AI) 응용 실무
2급	실기	분야별 대화형GPT(생성 AI) 활용 실무
3급	필기	인공지능 대화형GPT(생성 AI) 사용법 및 활용

※ '2023년 민간자격등록신청편람' 26page의 '검정방법 및 검정과목' 작성안내를 참고하여 작성
② 검정방법 및 검정과목별 문항수와 수험시간은 별표1과 같다.

제10조(응시자격) 응시자격은 다음과 같다.(※필수 규정 사항)

등급	응시자격
1, 2, 3등급	응시 제한 없음

제11조(검정의 일부 면제) ① 국제문화기술진흥원에서 시행하는 대화형GPT(생성AI) 전문가 자격증의 해당과목을 이수한 경우 그 과목의 시험을 면제한다.

제12조(합격결정 기준) ① 필기시험은 과목당 100점 만점으로 평균 60점 이상이면 최종합격자로 결정한다. 실기시험은 주어진 시간에 나온 결과물이 60점 이상이면 최종합격자로 결정한다.

;
;

제17조(수수료) ⑦ 검정수수료는 3급 50,000원, 2급 80,000원, 1급 120,000원으로 한다.(단, 소요예산 범위내에서 조정 가능하다.)

[별표 1] 과목별 시험문항 수 및 시험시간표(제9조 관련)

필기 시험형태 및 과목

| 등급 | 시험과목 | 시험형태 및 문항 수 | | | 시험시간 |
		객관식 (4지선다형)	주관식 (실무형)	합계	
1급	대화형GPT(생성AI) 응용 실무		1문항	1문항	(4시간)
2급	분야별 대화형GPT(생성AI) 활용 실무		1문항	1문항	(100분)
3급	인공지능	10문항		10문항	(60분)
	대화형GPT(생성AI) 사용법과 활용	20문항		20문항	

대화형GPT(생성AI) 전문가 자격증(Sample)

Reg. No : InGPT-23-0001

대화형GPT(생성AI)전문가 자격증
Interactive GPT (Generative AI) (InGPT)

성 명: 박세리		Name : Park Se-ri	
소 속: 한국대학교		Affiliation : Hankuk University	
생년월일: 2001. 02. 23		Birthday : Oct. 1, 2001	
유효기간: 2023. 10. 1 ~ 2028. 10. 1 (5년)		Validity period : Oct. 1, 2023 ~ Oct. 1, 2028	

위 사람은 국제문화기술진흥원에서 주관하는 대화형GPT(생성AI) 교육과정을 이수하고, 자격시험에 합격하였으므로 이에 본 증서를 드립니다.

The above person has completed the Interactive GPT (Generative AI) curriculum supervised by The International Promotion Agency on Culture Technology and passed the qualification examination certificate.

2023. 10. 1

(사)국제문화기술진흥원 원장

October 1, 2023

President
International Promotion Agency
Culture Technology

(사)국제문화기술진흥원 www.ipact.kr

3. 대화형 GPT 교육 프로그램

다음과 같은 교육 프로그램을 통하여, 참가자들이 단계별로 대화형 GPT와 협업하여, 고급 기술과 응용 분야를 탐구하며, 실전 경험을 얻을 수 있도록 도움을 줄 것이다.

단계	차수	주제	주요내용	자격증
초급단계 (1~3차)	1차	인공지능, 대화형 GPT 개념	◆ 인공지능 개요, 역사, 분류, 미래 ◆ 대화형 GPT 개요, 역사, 특징	3급
	2차	대화형 GPT 사용법 기초	◆ 계정만들기, GPT 둘러보기 ◆ 프롬프트 개요, 개념도, 흐름도 등	
	3차	대화형 GPT 적용하기(1) -일상생활	◆ 일상생활에서 GPT 활용 사례 탐구 ◆ 요리, 의료, 교육, 번역, 연설문, 영상요약, 영상편집 등	
중급단계 (4~7차)	4차	대화형 GPT 적용하기(2) ◆ 사무업무	◆ 사무업무 자동화 데모 ◆ 파워포인트제작, 엑셀활용, 워드화일변환, 인사관리 등	2급
	5차	대화형 GPT 적용하기(3) ◆ 사무업무, 문화예술컨텐츠	◆ 회계처리, 마케팅, 법률자문 ◆ 이미지생성, AI인물 만들어보기	
	6차	대화형 GPT 적용하기(4) ◆ 문화예술컨텐츠, 프로그래밍	◆ 음악만들기, 영상제작하기, 웹사이트 제작하기, 문학작품 만들기 ◆ Arduino(아두이노)코드, MatLab(매트랩)코드	
	7차	대화형 GPT 적용하기(5) ◆ 프로그래밍, 논문 및 보고서 작성	◆ OpenGL 설계코드, Python(파이썬) 활용하기 ◆ 논문 및 보고서 작성하기	

고급단계 (8~10차)	8차	실전문제 GPT(1)	◆ 일상생활, 사무업무, 문화예술컨텐츠 프로그래밍, 논문 및 보고서 작성하기	1급
	9차	실전문제 GPT(2)	◆ 개인별 또는 팀별 프로젝트 개발 및 발표 ◆ 연구 프로젝트 및 비즈니스 적용방법 탐구	
	10차	대화형 GPT 생각하기	◆ 고급 문제 해결 및 토론 ◆ 대화형 GPT의 한계, 인증, 표준화, 도덕적/윤리적 문제, 미래에 대한 토론 ◆ 보안 및 피드백 루프 강화 전략 토론	

REFERENCE
참고문헌

1. https://openai.com/blog/openai-api
2. https://www.technollama.co.uk/copyright-infringement-in-artificial-intelligence-art
3. https://learnandcreate.tistory.com/17
4. https://maily.so/dailyprompt/posts/09ee269a
5. https://www.theverge.com/23444685/generative-ai-copyright-infringement-legal-fairuse-training-data
6. https://blog.naver.com/mynameistk/223022519503
7. https://www.youtube.com/watch?v=QLsWAPFPXMo
8. https://namu.wiki/w/SOMA
9. https://namu.wiki/w/%EB%94%94%ED%8A%B8%EB%A1%9C%EC%9D%B4%ED%8A%B8:%20%EB%B9%84%EC%BB%B4%20%ED%9C%B4%EB%A8%BC
10. https://Gemini.google.com/
11. https://wrtn.ai/
12. https://www.bing.com/search?q=Bing+AI&showconv=1&FORM=hpcodx
13. https://www.khanacademy.org/
14. https://youtu.be/TIgB19TaB4M?si=cHrMwjtnCmmqVUwv
15. https://labs.openai.com/
16. https://deepdreamgenerator.com/
17. https://stablediffusionweb.com/#demo
18. https://www.copyright.gov/ai/ai_policy_guidance.pdf
19. https://clovadubbing.naver.com/
20. https://www.youtube.com/watch?v=7w4-CRnvaik
21. https://www.d-id.com/
22. https://tuna.voicemod.net/text-to-song
23. https://pictory.ai/
24. https://www.youtube.com/shorts/_-DuWxy-GXQ
25. https://www.youtube.com/watch?v=HnnS9sjr3PA

Technical Handbook ①
기초에서 응용까지 **대화형 GPT(생성 AI)**

초판 1쇄 발행일 | 2023년 12월 1일
　　2쇄 발행일 | 2025년 2월 25일

지은이 | 강건욱
감　수 | 한영석
펴낸이 | 박명옥
펴낸곳 | 지식의숲
도움주신분들 | 한영석, 강정진, 장영현, 임용순, 허준, 박종열, Edwin Choi(Harper)
디자인 | 김루리
협력기관 | (사)국제문화기술진흥원

출판등록 | 2021년 3월 12일 제2021-000041호
주　소 | 05719 서울특별시 송파구 송파대로 260 607호
전　화 | 02)407-7710
팩　스 | 02)407-7740
이메일 | kfbookmn@gmail.com

ⓒ 지식의숲 집필위원, 2024
ISBN | 979-11-981547-9-8 (93000)
정　가 | 25,000원

※ 이 책은 저작권법에 따라 보호받는 저작물이므로 무단 전재와 복제를 금합니다.
※ 이 책의 전부 또는 일부를 이용하려면 반드시 지식의숲의 동의를 받아야 합니다.